시베리아 만주 · 퉁구스족 신화론

郭 進 石

지식과교양

跋文

　곽 교수가 나를 두고 '청람지미(青藍之美)'를 이룩해주기를 바라고 있었다. '청(青)', 곧 푸른 빛은, '남(藍)', 곧 쪽빛에서 나와서는 남보다 더 푸르다는 것을 뜻하는 이 한자 숙어는 가르침 받는 사람이 가르침 주는 사람보다 더 뛰어나게 됨을 의미한다. 나는 곽 교수가 나의 '청'이기를 바랐었다. 그가 석·박사 과정을 밟는 동안 내내, 나는 그에게 당부하고 또 당부했다.

　한데 『시베리아 만주-퉁구스족 신화론』, 이 한 권이야 말로 눈부신 '청'이고 푸름이다. 곽 교수의 청색을 지난 시절 내가 간행한 『동북아시아 샤머니즘과 신화론』의 남색과 비교해 보면 그의 '청'은 눈비시게 빛나게 될 것이다. 그걸 확인하는 것은 나로서는 크나큰 기쁨이다. 그것은 그를 가르친 보람으로 사뭇 소슬하다.

　곽 교수는, 그가 대학원에서 학문을 닦고 있던 그 오년에 걸친 세월 동안, 그야 말로 '일로매진(一路邁進)', 이를테면 외곬으로 그가 스스로 택한 길을 걸어 나갔다. 학문도 취미도, 일상생활도 오직 '공부'에 바쳐졌다. 민속학과 민족학에 바쳐졌다. 오로지 한국 문화며 한국인의 심성의 원형이며 뿌리에 관한 연구에 바쳐졌다.

　그에게 알타이 산맥 동쪽의 동부 시베리아는 한국민족의 이웃으로 끝나는 게 아니었다. 그 광대한 대지는 우리 민족의 문화며 심성의 원초와 심층이 응결되고 결정(結晶)지워져 있는 우리의 텃밭이었다. 우리 문화의 모태 같은 것이었다.

부여와 고구려의 역사가 일러주고 있고 신라의 신화며 문화가 증언해주고 있듯이, 한 민족은 만주-퉁구스족의 한 갈래다. 그가 다루고 있는 오로치족, 울치족, 우데게족, 나나이족, 에벤크족, 에벤족 등의 종족은 한국 민족의 사촌들이다. 그것을 그가 우리 인문학의 역사에서 생생하게 증명해 낸 것이다.

곽 교수가 러시아 노보시브르스크의 〈러시아 과학원 시베리아 지부 고고학·민족학 연구소〉에서 객원연구원으로 있을 때 시베리아 만주-퉁구스족, 고아시아족, 투르크족, 몽골족의 신화며 샤머니즘 연구에 몰두한 것은 그의 정신적, 정서적인 귀향 같은 것이었다.

그는 거기서 러시아 학자들의 연구 결과를 참고삼는 한편으로 많은 자료를 수집했었다. 그런 노력은 러시아 자료를 바탕으로 시베리아 민족들의 문화에 들이민 귀중한 삽질이었다.

그러면서 곽 교수는 한국 문화며 신화의 원류를 추적하는 성과를 수확할 수 있었다. 그 가장 손쉬운 본보기의 전형이 곧, '시베리아 만주-퉁구스족 곰 신화의 양상과 유형'이다. 단군신화를 알고 있는 한국인들로서는 거기서 또 다른 한국의 신화며 민속을 쉽게 또 재미나게 읽게 될 것이기 때문이다.

그러기에 『시베리아 만주-퉁구스족 신화론』에서 독자는 누구나 한국 문화의 원천으로 돌아가게 되기를, 그리고 한국인의 심성의 원류를 향해서 정신적인 귀향을 하게 되기를 바라고 싶다. 그렇게 되기를 다짐 두고 싶다.

2011년 4월
김 열 규

이 글은 한도안 정신적 고향, 그것도 믿음에다 초점을 둔 문화의 고향을 찾아 시베리아 일대를 방황한 셈이
다. 필자는 언젠가 통일이 되고, 그리고 참다운 데탕프 시대가 열리면 이 방황을 실제로 천지에서 해 볼 꿈을
버리지 못하고 있다. 그리고 그것이 나의 참다운 귀향, 가장 원천인 귀국이 될 거라는 꿈도 아울러 저녀고 있다.

— 김열규, 『한국인, 우리들은 누구인가』 중에서

　　대학원시절 위의 글을 읽으면서부터 한국인, 한국문화의 고향 또는 원천
이 시베리아에 있다는 사실에 대해 늘 호기심을 가지게 되었다. 이 같은 호
기심으로 인해 그동안 시베리아 신화와 그 모태인 신앙에 대한 글들을 몇
편 발표하기도 하였다. 그 결과물의 하나로서 이미 『시베리아 만주·퉁구
스족 신화』를 통해 시베리아 만주-퉁구스족 신화 자료를 소개한 적이 있다.
　　넓게는 시베리아 신화와 신앙, 좁게는 시베리아 만주-퉁구스족 신화와
신앙을 살피는 일은 곧 우리의 신화와 신앙을 살피는 일이기도 하다. 특히,
만주-퉁구스족이 우리의 청동기 문화와 직접적으로 관련되어 있었다는 점
을 생각하면 더욱 그렇다. 따라서 지금까지 우리에게 잘 알려져 있지 않았
던 시베리아 만주-퉁구스족 신화와 신앙의 실상을 살피는 일은 그 자체로
서 매우 중요한 의의를 지닌다고 할 것이다. 앞으로 계획하고 있는, 시베리

아 고아시아족(니브흐족 · 축치족 · 꼬략족 · 유카기르족 · 이텔멘족 등)의 신화와 신앙에 대한 연구도 이와 무관하지 않다. 고아시아족은 우리의 신석기 문화와 밀접히 관련되기 때문이다.

이 책은 크게 2부로 나뉘어져 있다. 제1부에서는 오로치족, 울치족, 우데게족, 나나이족, 에벤크족, 에벤족 등 시베리아 만주-퉁구스족의 신화와 신앙을 살펴본 글들을 엮었다. 특히, 이 글들에서는 시베리아 만주-퉁구스족 신화의 다양한 양상을 소개함과 아울러 그것을 신앙과 관련시켜 살펴보고자 하였다. 우선 시베리아 만주-퉁구스족을 개괄적으로 살펴본 다음 시베리아 만주-퉁구스족에 속하는 개별 민족들의 신화와 신앙을 구체적으로 살펴보았다. 그리고 그 신화와 신앙에 반영된 시베리아 만주-퉁구스족의 세계관을 정리하였다.

제2부에서는 시베리아 신화와 샤머니즘을 살펴본 글들을 엮었다. 시베리아 곰 신화의 양상과 유형을 살핀 글과 시베리아 신화나 의례에 나타난 활/화살의 의미를 살핀 글, 그리고 시베리아 샤먼 북에 나타난 세계관을 살핀 글과 우리나라 민담에 나타난 시베리아 샤머니즘적인 모티프를 살핀 글 등이 그것이다.

한국문화의 고향 또는 원천에 대한 꿈을 꾸게 해 주시고, 또 그 꿈이 이루어질 수 있도록 언제나 가르침을 베풀어 주신 김열규 선생님께 고개 숙여 감사드린다. 그리고 필자의 꿈이 이루어질 수 있도록 러시아 자료 수집과 관련하여 아낌없는 도움을 준 부경대 사학과 강인욱 교수와 원고 교정과 색인 작업을 도와준 이현주 양에게도 고마운 마음을 전하고 싶다. 끝으로 어려운 여건에도 불구하고 출판을 허락하신 지식과교양 윤석원 사장님께도 감사의 말씀을 드린다.

2011년 4월
곽 진 석

제1부 : 시베리아
만주 - 퉁구스족 신화론

I. 시베리아 만주 - 퉁구스족 개관

이 글은 넓게는 '시베리아 신화론'을, 좁게는 '시베리아 만주-퉁구스족 신화론'을 지향하고 있다. 다시 말해서 '시베리아 만주-퉁구스족 신화론'을 통해 '시베리아 신화론'으로 나아가는 것을 목표로 하고 있다.

우리 상고대 문화와 밀접한 연관성을 지닌 시베리아 만주-퉁구스족의 신화를 살펴봄으로써 우리의 신화뿐만 아니라 문화와의 동질성과 이질성이 어느 정도 드러날 것이다. 신화에는 그것을 형성한 공동체의 이념이 고스란히 반영되어 있기 때문이다. 따라서 이 같은 연구의 결과는 우리 문화가 동북아시아 문화 속에서 차지하는 위상을 간접적으로나마 확인시켜 줄 것이고, 나아가 우리 문화의 원천 또는 정체성도 확인시켜 줄 것이다. 우리 문화는 처음에 범시베리아적인 문화권 속에서 형성되었을 것이기 때문이다. 또한 한반도와 만주, 그리고 연해주 일대를 아우르는 하나의 문화대(文化帶)도 만주-퉁구스족의 문화와 크게 다르지 않을 것이기 때문이다.

시베리아에 거주하는 민족에는 우고르어군에 속하는 한트족(오스족), 만시족(보굴족)과 사모예드어군에 속하는 에네츠족(예니세이 사모예드족), 네네츠족, 느가나산족, 셀쿱족 등이 있다. 이 민족들이 사용하는 언어는 소위 우랄 어족에 속한다.

그리고 투르크어군에 속하는 타타르족, 알타이족, 쇼르족, 하카스족, 투반족, 야쿠트족(사하족), 돌간족과 몽골어군에 속하는 부랴트족 그리고 만주–퉁구스어군에 속하는 오로치족, 울치족, 우데게족(우데족, 우데헤족), 나나이족(골디족)(이상 만주어군) 및 에벤크족, 에벤족(라무트족), 니기달족(이상 퉁구스어군) 등이 있다. 이 민족들이 사용하는 언어는 소위 알타이 어족(語族)에 속한다. 마지막으로 고시베리아 또는 고아시아 제어(諸語)를 사용하는 축치족, 코략족, 이텔멘족(캄차달족), 유카기르족, 길랴크족(니브흐족) 등 고아시아족이 있다.

오로치족

오로치족은 아무르강 하류 하바로프스크 주에 거주한다. 이전에 그들은 타타르 해협으로 흐르는 강의 분지를 따라서, 그리고 쿤가리강 상류에 살았다. 오늘날 그들은 대부분 투민강 하구 근처에 있는 우스카 마을과 그 주변 지역에서 살고 있다. 오로치족의 작은 그룹들은 콤소몰스키 지방의 쿤가리강 유역 쿤 마을에 거주한다. 오로치족은 11개의 부족으로 구성되어 있는데, 그 기원은 분명하지 않다. 오로치족의 경제활동은 어로와 수렵 그리고 채취에 바탕을 두고 있고, 종교는 애니미즘, 토테미즘 그리고 샤머니즘에 바탕을 두고 있다. 2000년 인구통계에 의하면 인구는 약 915여 명이다.

울치족

울치족은 아무르강 하류 하바로프스키 주 울치 지역에 거주한다. 공식 명칭은 울치이지만 그들은 스스로 나나라고 부른다. 울치족은 아무르 강 유역에 거주하는 나나이족, 오로치족, 우데게족, 에벤크족, 니기달 족, 길랴크족 등이 관여하여 구성되었다. 따라서 오로치족의 문화는 이들 민족의 영향 아래서 형성되었다. 언어적으로는 나나이족과 가장 가 깝고, 문화적으로는 길랴크족과 가장 가깝다. 울치족의 경제활동은 어 로와 수렵 그리고 채취에 바탕을 두고 있고, 종교는 애니미즘, 토테 미즘 그리고 샤머니즘에 바탕을 두고 있다. 2000년 인구통계에 의하면 인구는 약 3만 2천여 명이다.

우데게족

우데게족은 주로 연해주와 아무르강 유역에 거주한다. 우데게족은 원주민과 퉁구스족, 만주족, 몽골족, 투르크족 등 다양한 민족으로 구 성되어 있기 때문에 하나의 인종적인 공통성으로 통합되지 않는다. 이 러한 민족 구성으로 인하여 우데게족의 문화는 다양성과 함께 복합성 을 보여준다. 우데게족의 경제활동은 어로와 수렵 그리고 채취에 바 탕을 두고 있고, 종교는 애니미즘, 토테미즘 그리고 샤머니즘에 바 탕을 두고 있다. 2000년 인구통계에 의하면 인구는 약 2천여 명이다.

나나이족

나나이족은 주로 아무르강 중류의 순가리강과 우수리강 저지대와 아무르강 하류의 평원에 거주한다. 그들은 골디라고 불리기도 하지만 스스로 '땅의 사람들'이라는 의미를 지닌 나니 또는 나나이라고 부른다.

나나이족은 문화적 차이를 지닌 20개 이상의 부족으로 이루어져 있는데 울치족과 가장 유사하다. 나나이족의 경제활동은 어로와 수렵 그리고 채취에 바탕을 두고 있고, 종교는 애니미즘, 토테미즘 그리고 샤머니즘에 바탕을 두고 있다. 2000년 인구통계에 의하면 인구는 약 10만 5천여 명이다.

에벤크족

에벤크족은 동쪽으로 오호츠크해 해안에서 서쪽으로 예니세이강까지, 그리고 북쪽으로 북빙양에서 남쪽으로 아무르강까지의 시베리아 전 지역에 거주한다. 그들은 경제활동의 유형에 따라 크게 두 그룹으로 나누어진다. 하나는 사냥과 순록 사육을 주로 하는 그룹으로서 시베리아 북부지역에 거주하고, 다른 하나는 말과 가축 방목을 주로 하는 그룹으로서 시베리아 남부지역에 거주한다. 에벤크족의 종교는 애니미즘, 토테미즘 그리고 샤머니즘에 바탕을 두고 있다. 2000년 인구통계에 의하면 인구는 약 29만 9천여 명이다.

에벤족

에벤족은 '해안의 거주자'를 의미하는 라무트로 불리기도 한다. 이 민족은 주로 북극의 야쿠트 공화국, 극동의 마가단 주, 추코트와 코략 자치주, 캄차트카 주, 하바로프스크 지역 오호츠크 지방에 거주한다.

에벤족의 언어는 만주–퉁구스어 가운데 북퉁구스 하위 그룹에 속하는데, 에벤크어와 유사하다. 에벤족의 경제활동은 사슴 방목과 수렵 그리고 어로에 바탕을 두고 있고, 종교는 애니미즘, 토테미즘 그리고 샤머니즘에 바탕을 두고 있다. 2000년 인구통계에 의하면 인구는 약 1만 7천여 명이다.

II. 시베리아 오로치족의 신화와 신앙

1. 오로치족의 신화

오로치족의 구비문학 장르는 크게 1)신화миф, 2)민담сказка, 3)전설предание, 4)실제 사건에 대한 이야기рассказ о действительных событиях, 5)노래песня, 6)수수께끼загадка 등으로 구분된다. 그리고 신화는 다시 창조신화, 토템신화, 정령신화, 샤먼신화 등으로 구분된다.[1]

1) 창조신화

오로치족의 신화 유형 가운데 창조신화космогонический миф가

---

1) В. А. Аврорин и Е. П. Лебедева ed., *Орочские Сказки и Мифы*, Новосибирск, 1966, p.27.

있다. 이 유형의 신화는 혼돈으로부터 땅의 창조, 지상에서 최초의 인간과 동물의 출현, 바다에서 최초의 어류의 출현, 그리고 하늘에서 천체의 출현 등에 관련된 모티프를 포함하고 있다.[2] 이 같은 신화는 신화적인 세계관을 보여주는 다른 형태의 신화보다 특별한 위치를 차지한다. 왜냐하면 이 유형의 신화는 우주의 시공적인 변수와 상태를 기술하고 있기 때문이다.

[자료 1]

'하다우'xaдay가 인간을 창조했다. 그러나 인간에게 옷이 없었기 때문에 '하다우'는 그에게 옷을 가져다 주기 위해 길을 떠나면서 그의 보조자인 개에게 다음과 같이 말했다. "내가 돌아와서 음식을 줄테니까 내가 없을 동안 인간에게 음식을 주지마라. 인간이 옷을 가지게 되면 그는 앞으로 죽지 않을 것이고 또 병에 걸리지도 않을 것이다." 그러나 '하다우'가 떠난 후 개는 인간에게 음식을 주어 버렸다. '하다우'가 돌아와서 이 사실을 알고 개에게 화를 내면서 말했다. "왜 인간에게 음식을 주었느냐? 앞으로 너는 인간의 음식 중에 뼈만 먹어야 할 것이다. 인간에게 손톱처럼 단단한 옷을 가져다 주고 싶었지만 네가 내 말을 어겼기 때문에 그에게 옷을 주지 않을 것이다." 그 후 '하다우'는 인간에게 옷 대신 손톱만을 주었다.[3]

[자료 2]

한 미녀가 숲 속에서 노파와 함께 사는 노인의 집에 왔다. 이 때 노인은 쇠를 연마하고 있었는데, 그는 위대한 대장장이였다. 미녀는 노인에게 무엇이든지 만들어 줄 것을 부탁했다. 노인은 아무런 대답 없이 미녀를 집게로 집어 모닥불에 집어 넣었다. 노파는 9일 밤낮으로 풀무질을 하여 불을 피웠는데, 미녀는 흔적도 없이 다 타버렸다. 그 후에 노인은 모닥불 속에서 쇠 조각 하나를 찾아내어 모루 위에서 해머로 두들겨 팔, 다리, 머리를 가진 남자를 만들었다. 노인은 일을 마친 후에 노파에게 말했다. "부인, 그에게 흠이 있는지 한번 살펴 보시오." "그에게 흠이 있습니다. 바로 여기가

2) C. A. Токарев ed., *Мифы Народов Мира*, ТОМ 2, Москва, 1998, p.6.
3) B. A. Аврорин и E. П. Лебедева ed., op. cit., pp.195-196.

갈라져 있습니다." 노인은 다시 그를 모닥불에 집어 넣었고, 노파는 또 9일 밤낮으로 풀무질을 하여 불을 피웠다. 노인은 불 속에서 더 커진 쇠 조각을 찾아서 다시 사람을 만들기 시작했다. 일을 마친 후에 노파로 하여금 살펴 보도록 했지만, 이번에는 흠이 조금도 없었다. 노인은 매우 기뻐했고, 노파는 자신이 남편과 함께 모든 인간을 만들었다고 말했다.[4]

[자료1]과 [자료2]는 최초의 인간창조 모티프를 포함하고 있는 오로치족의 신화이다. 이 신화들에서 최초의 인간 창조자는 '하다우'로 나타난다. [자료1]에서는 '하다우'가 인간을 창조했다는 결과만을 말하고 있고, [자료2]에서는 '하다우'가 쇠로 인간을 창조한 과정까지도 말하고 있다.

'하다우'는 오로치족의 최고신 '엔두리'эндури의 보조자로, 그에 의해 지상세계를 창조하도록 파견된 신이다.[5] '하다우'는 지상세계에 내려와 땅을 만들었고, 산과 강, 그리고 바다를 만들었으며 인간에게 법규를 가르쳤다. 이런 점에서 '하다우'는 창조자 또는 최고신의 속성뿐만 아니라 문화영웅의 속성도 지니고 있다. [자료2]에서 '하다우'가 대장장이로 표현되어 있는 점을 생각하면 더욱 그렇다. 대장장이는 인간에게 불의 자연현상을 알게 했을 뿐만 아니라 '하늘의 불', 즉 태양/번개를 구현하는 최고신 또는 문화영웅으로서의 신화적 인물이다.[6] 오로치족의 다른 자료에 의하면, '하다우'는 천상계의 신으로서 보조자인 아내의 도움을 받아 모루에서 쇠로 샤먼의 영혼을 만들기도

---

4) Ibid., p.197.
5) Л. Я. Штернберг, Гиляки, Орочи, Гольды, Негидальцы, Ай ны, Хабаровск, 1933, p.425.
   다른 자료에 의하면, '엔두리'는 천상세계의 창조자이고 '하다우'는 지상세계의 창조자이다.
   cf) В. Г. Ларькин, Орочи, Москва, 1964, p.95.
6) С. А. Токарев ed., op. cit., pp.21-22.

하고 또 샤먼의 의례를 위해 북과 방망이, 치마, 작은 방울이 달린 허리
띠 등을 만들기도 한다.[7] 그는 '신적인 장인(匠人)божественный м
астер[8])'의 면모를 지니고 있는 셈이다.

결국 [자료1]과 [자료2]에서 인간을 창조한 주체는 '하다우'라는 최고
신이고, 그가 인간을 창조한 재료는 쇠라는 점이 드러난다. 인간의 창
조와 관련된 한국 신화에서 인간 창조의 주체는 '미륵', '미륵당서
인님', '청의동자 반고씨 또는 옥황의 도수문장' 등 거인신의 속성을 지
니고 있는 존재다.[9] 이 경우에도 오로치족의 경우와 마찬가지로 인간
을 창조한 주체는 최고신 또는 문화영웅의 속성을 지닌 존재라고 할
수 있을 것이다.

또 오로치족의 신화에서 인간은 쇠로부터 창조되었다. 쇠는 대장장이와
밀접히 관련됨으로 해서 그 주술성이나 신성성이 이미 보장되어 있다. 따
라서 인간이 쇠로부터 창조되었다고 하는 것에는 인간 창조에 있어서의
신성 관념이 반영되어 있다고 보인다. 또 이웃민족인 나나이족의 신화에
서는 처음에 함께 살았던 오빠와 누이의 손가락에서 나온 핏방울로부터
인간이 태어났다고 말해진다.[10] 이와 관련된 한국 신화에서 인간 창조
의 재료는 벌레와 흙 등으로 나타난다. 하늘에서 미륵의 쟁반에 떨어진

7) В. А. Аврорин и И. И. Козьминский, "Представления Орочей о Вселен
ной, о Переселенин Душ и Путешествиях Шаманов, Изображённые на
Карте, *Сборник Музея Антропологии и Этнографии*, Том XI, Москва–Лен
инград, 1949, p.331.

8) С. А. Токарев ed., op. cit., p.21.

9) 자료에 따라서는 특별한 인간 창조의 주체가 명시되지 않고 자생적으로 '인생어인(人生於
寅)'했다는 경우도 있다. 제주도 〈천지왕본풀이〉 계통의 자료가 그런 경우이다.
박종성, 『한국 창세서사시 연구』, 태학사, 1999, pp.89-103.

10) А. В. Смоляк, "Представления Нанай цев о Мире", Природа и Человек
в Религиозных Представлениях Народов Сибири и Севера: Вторая Поло
вина XIX-Начало XX в., Ленинград, 1976, p.133.

벌레가 인간으로 되었다거나 또는 흙으로 인간을 만들었다고 말해지기 때문이다.[11] 특히, 후자와 관련해서 트란스-바이칼 퉁구스족, 알타이족, 부랴트족, 그리고 보굴족, 예니세아-오스족 등 대부분의 시베리아 민족들은 그들의 신화에서 인간의 몸이 흙으로 만들어졌다고 생각한다.[12] 그러나 이 모티프들은 『성경』의 창세기에도 보이는 것처럼 세계 여러 민족의 신화에서 두루 나타나는 보편적인 모티프라고 보아야 할 것이다. 다만, 상고대 시베리아 문화와 한반도 문화의 관련성으로 미루어 볼 때 이 모티프가 가지고 있는 북방문화적 요소를 지적할 수는 있을 것이다.

[자료 3]

우리가 지금 살고 있는 땅은 처음에 물이었고, 물은 땅이었다. 그때 '엔두리'가 모든 것을 개조 하면서 땅과 물을 나누었다. 그 후 '엔두리'가 돌아가면서 하다우를 부르자 '하다우'가 그에게 물었다. "왜 당신은 나를 불렀습니까?" "내가 쓸데없이 널 불렀겠느냐. 이곳에는 땅과 물이 섞여 있어서 내가 땅과 물을 나누었다. 그곳으로 널 보내기 위해 불렀다." '하다우'는 그의 말을 따라 그곳으로 갔다.[13]

[자료 4]

땅이 점차 굳어지기 시작했을 때, '하다우'는 일곱 마리 독수리와 일곱 마리 까마귀를 만들었다. 땅은 차가워졌지만 아직 물로 덮여 있었다. 그래서 독수리와 까마귀는 계속 날아다녔지만 어떤 땅도 발견할 수 없었다. 얼마 후 그들은 바위 하나를 발견하고 그곳에 내려앉아 살게 되었다. 그러면서 그들은 이미 사람처럼 되어 각각 아들과 딸을 낳았다. 그들의 아버지는 사냥을 했고, 어머니는 모든 가정 일을 했다. 그 후 바닷물이 줄어들기 시작하면서 그들이 살던 땅은 점점 더 크게 되었다.[14]

---

11) 전자는 김쌍돌이본 〈창세가〉에서, 후자는 강춘옥본 〈셍굿〉에서 보인다.
　　김헌선, 『한국의 창세신화』, 길벗, 1994, pp.230-235, pp.251-285.
12) Uno Holmberg, *The Mythology of All Races*, Vol. Ⅳ, New York, 1964, pp.371-373.
13) В. А. Аврорин и Е. П. Лебедева ed., op. cit., p.192.
14) Ibid., pp.194-195.

[자료3]과 [자료4]는 땅의 생성·출현 모티프를 포함하고 있는 오로치족의 신화이다. 이 신화에서 땅을 최초로 창조한 존재는 나타나지 않는다. 땅은 태초부터 이미 존재했던 것이다. 그것도 물로 덮여진 혼돈의 상태로 존재했었다. 다만, [자료3]에서와 같이 '엔두리'라는 존재가 물과 땅을 나눔으로써 비로소 땅이 나타나게 되었다. 이런 점에서 한국의 경우와 유사한 점이 발견된다. 한국의 경우에도 천지를 창조한 신은 등장하지 않고 다만 김쌍돌이본 〈창세가〉와 고창학본 〈초감제〉에서와 같이 '미륵'과 '도수문장'과 같은 존재에 의해 이미 있던 미분된 천지가 분리되고 있기 때문이다.15) 최초의 창조보다는 어떻게 태초의 혼돈에 질서가 자리잡게 되었는가에 더 큰 비중을 두고 있다. 그러나 대부분의 만주–퉁구스족 신화에서처럼 오로치족의 경우에는 물과 땅이 분리되면서 질서가 잡히고 있지만, 한국의 경우에는 하늘과 땅이 분리되면서 그렇게 되고 있다는 점에 차이가 있다.

[자료 5]

세계가 한 개의 매우 작은 섬과 함께 끝없는 바다로 이루어져 있을 때, 그 섬에 한 노파가 살고 있었다. 이곳에 하늘로부터 오리 한 마리가 내려와 노파와 함께 7년 동안 살았다. 8년째에 노파가 오리를 그곳에서 추방했는데, 오리는 하늘로 날아오르면서 발로 흙을 움켜쥐었고 그 흙을 바다에 뿌렸다. 흙을 조금 던진 곳에는 작은 섬이 생겼고, 더 많이 던진 곳에는 산이 만들어졌다.16)

[자료 6]

태초에 모든 땅은 물로 덮여 있었다. 세 마리 백조가 물속으로 들어가 약간의 흙을

---

15) 박종성, op. cit., p.78.
16) В. В. Подмаскин, *Духовная Культура Удэгейцев XIX–XX вв.*, Владивосток, 1991, p.118.

가지고 나왔는데, 그 흙에서 땅이 만들어졌다.[17)]

[자료5]는 땅의 생성 · 출현 모티프를 포함하고 있는 우데게족의 신화이고, [자료6]은 나나이족의 신화이다. 앞에서 살핀 오로치족의 신화에서는 땅과 물의 분리에 의해 땅이 출현했지만, 우데게족의 신화에서는 오리가 바다 속에서 가지고 나온 흙에 의해 이미 존재했던 땅이 더욱 넓어졌고, 나나이족의 신화에서는 백조가 땅을 덮고 있는 물속에서 가지고 나온 흙에서 땅이 만들어졌다.[18)] 그러나 이들 신화들은 한결같이 태초에는 땅과 물이 분리되지 않은 혼돈의 상태였지만 그 후 그것들이 분리되거나 물속에서 가지고 나온 흙에 의해 땅이 출현 · 생성되었다는 관념들을 보여주고 있다. 여기에는 혼돈 또는 무질서와 동일시되는, 최초로 생긴 물로부터 실제적인 우주가 발생한다는 관념, 즉 '원초의 대양'에 대한 관념이 포함되어 있다.[19)] 이 같은 태초의 상황에 대한 관념은 하늘, 땅, 그리고 물을 분리되지 않은 동일한 '시초'로 생각하는 울치족에게서도 나타난다.[20)]

한편, 인간과 땅의 출현과 관련하여 독수리와 까마귀, 오리, 백조 등의 새가 등장한다. [자료4]에서 인간의 출현과 관련된 독수리와 까마귀, [자료5]에서 땅의 확장과 관련된 오리, 그리고 [자료6]에서 땅의 생성과 관련된 백조 등이 그것이다. 동북아시아 신화에서 새는 우주발생

17) А. В. Смоляк, op. cit., p.132.
18) '태초에 땅이 물로 덮여 있었다'는 표현은 퉁구스족에게서 흔히 보이는 모티프이다.
   А. П. Окладников, Лики Древнего Амура : ПетроглифыСакачи-Аляна, Новосибирск, 1968, p.167.
19) 땅을 창조하기 위해 '원초의 대양'으로 잠수하는 새에 대한 모티프는 전세계적인 보편적 주제와 관련된다.
   Uno Holmberg, op. cit., p.331.
20) А. М. Золотарев, Родовой Строй и Религия Ульчей, Хабаровск, 1939, p.35.

에 직·간접적으로 관여한다.[21] 그들 신화에서 독수리 또는 까마귀, 오리, 백조와 같은 새는 창조자, 문화영웅, 종족의 시조 등으로 나타나기 때문이다. 특히, 아무르강 유역의 만주-퉁구스족의 신화에서 그 새들은 땅의 창조나 인간의 출현과 관련하여 매우 중요한 역할을 수행한다.[22] [자료4]에서 독수리와 까마귀가 오로치족의 시조로서 그 역할을 다하고 있고, [자료5]와 [자료6]에서 오리와 백조가 땅의 창조자로서 그 역할을 다하고 있는 것이 그것이다.[23]

[자료 7]

처음에 세 개의 해가 있었다. 그때 땅을 덮고 있던 물은 줄어들었고, 땅은 굳어지기 시작했다. 땅은 참기 어려울 정도로 뜨거웠다. 바위와 돌들도 끓었다. 이때 땅에는 단지 '하다우' 한 사람만 있었다. 땅이 완전히 굳었을 때, '하다우'는 활을 쏘아 두 개의 해를 떨어뜨리고 한 개의 해만을 남겨 놓았다.[24]

[자료 8]

한 사냥꾼이 아내와 함께 살고 있었다. 그때 두 개의 해가 있었는데, 하늘과 땅이 거의 맞닿아 있어서 너무 뜨거워 땅에서는 식물과 동물이 살 수 없었다. 그러던 중 사냥꾼의 아이가 태어나자마자 너무 더워서 죽었다. 사냥꾼은 화가 나서 활과 화살을 만들어 바위 뒤에 숨어 있다가 떠오르는 해를 향해 쏘았다. 화살을 맞은 한 개의 해는 어두컴컴해져 달로 변해 버렸다. 그 후 다른 한 개의 해만이 떠올랐다. 그때부터 세상에는 한 개의 해와 달이 있게 되었고, 식물과 동물도 다시 살 수 있게 되었다. 또 강물도 다시 흐르기 시작했다.[25]

---

21) C. A. Токарев ed., op. cit., pp.346-349.
22) A. П. Окладников, op. cit., p.168.
23) 추코트반도와 캄차카반도에 주로 거주하는 고아시아족의 신화에서는 특히 까마귀가 창조자, 종족의 조상, 신화적인 트릭스터, 문화영웅 등 다양한 역할을 수행한다.
C. A. Токарев ed., op. cit., pp.274-278.
24) B. A. Аврорин и E. П. Лебедева ed., op. cit., pp.193-194.
25) M. Д. Симонов, B. T. Кялундзюга, M. M. Хасанова ed., *Фольклор Удэге*

[자료 9]

처음에 모든 땅은 물로 덮여 있었다. 그때 세 개의 해가 떠올라 땅 위의 모든 것이 타 버렸다. 그래서 한 용감한 사람이 활과 화살을 들고 두 개의 해를 쏘아 떨어뜨리기 위해 해가 떠오르는 곳으로 갔다. 그 사람은 해가 떠오르는 것을 기다렸다가 두 개의 해를 활을 쏘아 떨어뜨렸다. 이때부터 한 개의 해만이 하늘에 떠올랐다.[26]

[자료 10]

사람들이 자꾸 태어나 땅에 사는 사람들이 지나치게 많게 되었다. 그때 세 개의 해가 하늘로 떠올라 사람들은 빛 때문에 장님이 되었고, 열 때문에 타 죽었다. 빛과 열이 매우 강해서 땅이 타고 강물이 끓었다. 그래서 물고기들이 물 밖으로 뛰쳐나갔다. 그러다가 해가 져 밤이 되면 세 개의 달이 떠올라 사람들이 잠들지 못했다. 그때 '돌 라추-하다이'долачу-хадай가 활을 만들어 두 개의 해와 달을 쏘아 떨어뜨렸다. 그러자 자연은 이전의 모습으로 돌아갔다. 이와 함께 그는 장례식을 제정했고, 다른 종교의례도 실시했다. 그리고 죽은 사람의 영혼을 저승세계인 '부니'буни로 데리 고 갔다. 그때부터 죽은 사람의 세계와 산 사람의 세계가 분리되었고 땅에 사는 사람 들의 수가 줄었다.[27]

[자료7], [자료8], [자료9], [자료10]은 각각 여분의 해나 달을 활을 쏘 아 떨어뜨리는 모티프를 포함하고 있는 오로치족, 우데게족, 나나이족, 울치족의 신화이다. 이들 신화는 태양 창조나 태양 제거라는 모티프를 가지고 있다는 점에서 태양신화солярный миф의 범주에 포함될 만 하다.

이들 신화에서 해나 달은 어떤 존재에 의해 창조된 것이 아니고 태 초에 이미 주어져 있었다. 그것도 두 개 또는 세 개의 해나 달이 이미

й цев: Ниманку, Тэлунгу, Ехэ, Новосибирск, 1998, p.81.
26) А. П. Деревянко ed., Нанайский Фольклор: Нингман, Сиохор, Тэлунгу, Новосибирск, 1996, p.399.
27) А. М. Золотарев, op. cit., p.165.

태초에 존재하고 있었던 것이다.[28] 그리고 다수의 해와 달의 열이나 빛 때문에 지상에서는 아무것도 살 수가 없었다. 이런 점들은 한국의 창세신화와도 비교된다. 한국의 경우에도 대개 해와 달은 태초에 이미 존재하고 있었거나 특정한 장소에 있는 것을 옮겨 오고 있기 때문이다.[29] 또 태초에 두 개의 해와 달이 떠올라 지상에서 사람들이 살 수 없었다고 말하고 있기 때문이다. 이 같은 다수의 해에 대한 신화는 아무르강 하류와 사할린에 거주하는 민족들, 즉 오로치족, 우데게족, 나나이족, 울치족, 니브흐족에게서 공통적으로 전해지고 있다.[30]

태초에 이미 존재했던 다수의 해와 달이라는 모티프가 갖는 신화적인 의미는 신이 창조한 것들의 예기치 않은 결함을 설명하는 것이라고 할 수 있다. 세계 각 지역에는 신이 창조한 인간의 육체를 악마가 더럽히는 신화가 전해지고 있다. 이런 내용의 신화는 인간 육체의 허약함이나 인간의 정신적 결함을 설명하고 있다.[31] 따라서 이런 유형의 신화는 인간의 정신적, 육체적 결함의 기원에 대한 이야기라고 할 수 있을 것이다. 이런 점에서 태초에 이미 다수의 해와 달이 존재했고, 그 빛이나 열로 인해 인간과 동물, 그리고 식물이 지상에서 살 수 없었다고 하는 것은 신이 창조한 세계의 결함이나 불완전성, 즉 태초의 혼돈 상황을 암시하는 것으로 보인다.

[자료7], [자료8], [자료9], [자료10]에서 다수의 해나 달을 없애 그것들을 하나로 만드는 존재는 각각 '하다우', '사냥꾼'[32], '용감한 사람'[33], '하다

---

28) 나나이족의 다른 자료에는 6개의 태양으로 나타나기도 한다.
  A. B. Смоляк, op. cit., p.134.
29) 강춘옥본 〈셍굿〉에서는 해와 달이 미륵의 신체에서 생성되었다고 말해지기도 한다.
30) A. B. Смоляк, op. cit., p.133.
31) Uno Holmberg, op. cit., p.377.
32) 우데게족의 다른 자료에는 다수의 해나 달을 없앤 존재가 '힘센 남자'로 나타나기도 한다.

이' 등이다. 이들은 이름의 차이에도 불구하고 한결같이 태초의 혼돈을 질서로 바꾸고 있다는 점에서 문화영웅34)의 면모를 지니고 있다. 또 이들은 활을 사용하여 다수의 해나 달을 제거한다. 이럴 경우 활과 화살은 시베리아 민족들의 신화에서 보이는 것처럼 문화영웅들이 숲에 길을 내거나, 길을 막는 바위에 구멍을 뚫거나, 아니면 강물을 가르거나 할 때 사용되는 특별한 주술적인 무기이다.35) 주술적인 활을 통해 이들 문화영웅들은 태초의 혼란이나 무질서에 질서를 부여하고 있는 셈이다.36) 아무르강 하류에 이러한 모티프를 담고 있는 암각화가 있다.

[그림 1] 37)

В. В. Подмаскин, op. cit., p.118.

33) 나나이족의 다른 자료에는 다수의 해나 달을 없앤 존재가 '카도' кадо 또는 '하도' хадо로 나타나기도 한다.
А. В. Смоляк, op. cit., pp.132-133.

34) 문화영웅은 1)세계나 인간을 창조한 인물, 2)인간을 위해 최초로 문화의 물건을 얻거나 창조한 인물, 3)인간에게 사냥방법이나 일 등을 가르친 인물, 4)어떤 사회조직, 혼례관습, 주술, 의례나 축제 등을 제공하거나 실시한 인물, 5)신과 인간 사이의 매개자 등 신화적인 인물로 정의될 수 있다.
С. А. Токарев ed., op. cit., p.25.

35) Н. И. Веселовский , "Роль Стрелы в Обрядах и Её Символическое Значение", *Записки Восточного Отделения Русского Географического Общества*, Том ХХV, Вып 1-4, Петроград, 1921, p.274.

36) 활과 화살은 시베리아 여러 민족들의 신화에서 문화영웅들의 주술적인 무기로 사용되기도 하고, 또 샤먼들의 신화나 의례에서는 정령과의 교통, 사악한 정령의 퇴치 등 매우 중요한 역할을 수행한다.
Л. П. Потапов, "Лук и Стрела в Шаманстве у Алтайцев", *Советская Этнография*, No. 3, 1934, pp.64-75.

[그림1]은 아무르강 하류 사카치—알리안 지역에 있는 암각화인데, '우주창조도'라고 할 만한 그림이다. [자료7], [자료8], [자료9], [자료10]의 신화적인 세계가 형상화된 것이 [그림1]인 셈이다. 이 그림은 몸통에 3중의 동심원을 가지고 있는 사슴과 그것을 향해 활을 겨누고 있는 사람, 그리고 새와 뱀 등으로 구성되어 있다. 동심원을 가진 사슴은 '태양사슴'이라 불리는 것으로, 동심원은 곧 태양 상징이다. 이 같은 상징성은 그 자체가 태양인 '신화적인 뱀'으로 해서 더욱 배가되고 있다. 또한 오리, 백조와 같은 물새는 땅의 창조와 같은 우주발생에 관여하는 새로 보인다.[38] 이러한 상징적인 문맥을 고려할 때 사슴을 향해 활을 겨누고 있는 궁수(弓手)는 신화 속의 '하다우'·'하다이'·'하도'·'카도'와 같은 문화영웅이라고 보아도 틀리지 않을 것이다. 온갖 생명의 상징에 힘입은 문화영웅이 세계에 새로운 질서를 부여하고 있는 그림이 곧 [그림1]이다.

한국의 창세신화에서도 태초에 생겨난 두 개씩의 해와 달은 전승지역에 따라 '미륵'과 '석가', '선문이'와 '후문이', '대별왕'과 '소별왕'에 의해 완전히 제거되거나 다른 별자리로 변하기도 하고, 또 특정지역으로 옮겨지기도 한다.[39] 이럴 경우 '미륵'과 '석가', '선문이'와 '후문이', '대별왕'과 '소별왕'은 아무르강 하류에 거주하는 민족들의 신화에서처럼 문화영웅적인 속성을 지니고 있는 존재이다. 또 이들은 한결같이 활이라는 주술적인 무기를 사용하여 다수의 해와 달을 조정하고 있다는 점에서도 유사하다. 다만 사라진 여분의 해와 달의 행방이

---

37) А. П. Окладников, *Петроглифы Нижнего Амура*, Ленинград, 1971, p.208.
38) Ibid., pp.90~100.
39) 이에 대한 자세한 논의는 박종성, 『한국 창세서사시 연구』, 태학사, 1999 참조.

한국의 창세신화에서는 더 다양하게 나타날 뿐이다. 또 [자료8]에서는 제거된 해에서 달이 생성되고 있지만, 한국의 경우에는 달이 태초에 이미 존재했던 것으로 표현될 뿐이다.

2) 토템신화

오로치족의 세계관에서 동물은 매우 중요한 자리를 차지한다.[40] 그들의 관념에 따르면, 땅은 뿔 없는 거대한 사슴에 비유되면서 그 몸체는 실제적인 자연현상을 나타낸다. 즉, 땅의 '척추'는 산맥, 땅의 '피부'는 관목이나 풀, 땅의 '이'는 짐승이나 새를 나타내는 것이 그것이다. 또 그들은 사슴이 발을 굴릴 때 지진이 일어난다고 생각한다. 이처럼 오로치족에게 있어서 인간세계와 동물세계는 서로 밀접히 관련되어 있다.[41] 동물이 오로치족의 토템으로서 숭배되는 것도 그러한 관념 가운데 하나이다.

[자료 11]

옛날에 누이동생이 간교로 오빠와 결혼을 하여 남자아이와 여자아이를 낳았다. 그 아이들이 이미 자랐을 때, 오빠는 자신의 아내가 누이동생이라는 것을 우연히 알았다. 그 후 오로치족은 누이동생과 동거하는 것을 엄격하게 처벌하였다. 오빠는 이 사실을 알고 자신의 누이-아내를 죽였고, 아이들을 동물에게 던져 버렸다. 그러나 암호랑이는 남자아이를 우연히 발견하고 그를 키웠고, 수 곰은 여자아이를 우연히 발견하고 그녀를 키웠다. 성장한 남자아이와 여자아이는 각각 암호랑이, 수곰과 결혼했다. 이 결혼으로 각각 오로치족과 우데게족이 시작되었다.[42]

---

40) С. В. Березницкий , *Мифология и Верования Орочей* , Санкт-Петербург, 1999, p.19.
41) Ч. М. Таксами, "Общие Чертыв Духовной Культуре Народов Приамурья и Сахалина, *Этнокультурные Контакты Народов Сибири*, Ленинград, 1984, p.83.
42) С. В. Березницкий , op. cit., p.79.

오로치족의 신화와 신앙에는 동물, 특히 곰이나 호랑이와의 친족관계에 대한 관념이 내포되어 있다. 그 가운데 '동물조상'животное-предок에 대한 관념이 가장 일반적이다. 이처럼 조상으로 관념되는 곰이나 호랑이를 사냥하는 것은 금지되어 있다.

[자료11]에서 알 수 있는 것처럼, 호랑이와 곰은 각각 오로치족과 우데게족의 기원과 관련되어 있다. 호랑이와 곰이 그 민족들의 '동물조상'으로 숭배되고 있는 셈이다. 오로치족의 관념에 의하면, 곰은 특히 인간과 가장 가까운 동물로서 단지 짐승 가죽을 쓰고 있을 뿐 과거에는 인간이었다. 다른 한편으로 곰은 '곰의 정령'의 소유물로 그와 가장 가까운 존재이기 때문에, 또 곰의 모습으로 변신한 '곰의 정령'의 친척이기 때문에 오로치족은 곰을 특별히 숭배하기도 한다.[43] 이 같은 곰 숭배와 함께 시베리아에 거주하는 여러 민족들처럼 오로치족도 '곰 축제'медвежий праздник를 행한다.

[자료 12]

오빠가 어른이 되었을 때, 누이동생이 곰으로부터 쌍둥이를 낳았다는 사실을 우연히 알았다. 그는 화가 나서 곰을 죽여 버렸고, 누이동생과 아이들은 곰으로 변신하여 숲으로 가버렸다. 어느 날 오빠는 사냥을 하다가 누이-암곰을 해쳤다. 누이-암곰은 죽으면서 오빠에게 곰과 오로치족의 화해를 위한 의례를 알려 주었다. 이때부터 오로치족은 곰 축제를 거행하게 되었다.[44]

[자료12]는 오로치족의 '곰 축제'의 기원을 설명하는 신화이다. 이 같은 '곰 축제'는 곰 숭배에서 가장 중요한 의례로서, 야생곰 사냥에서 뿐

---

43) Л. Я. Штернберг, op. cit., p.437.
44) Ibid., p.80.

만 아니라 사육된 곰의 의례적인 살해에서도 거행된다.[45] 곰을 죽인 후에 여러 전통적인 규칙을 준수하면서 곰 고기를 먹는다. 그 후 모든 뼈는 정성스럽게 모아서 한 장소에 매장하고 두개골은 장대에 걸어둔다. 그리고 이 두개골 주위에 죽은 곰이 '곰의 정령'에게 가지고 갈 물건들을 놓는다. 마지막으로 죽은 곰은 '곰의 정령'에게로 되돌아 간다고 믿기 때문에 그에게 융숭한 대접을 하면서 다음과 같이 말한다. "많이 드십시오. 마지막으로 당신에게 음식을 드립니다.", "당신의 주인에게로 잘 가십시오. 우리가 당신을 다시 볼 수 있도록 새로운 털로 갈아입고 다음에 다시 오십시오."[46] 이 같이 오로치족은 '곰 축제'를 통해 사냥의 풍요를 보장할 생명력의 재순환을 기원하고 있다.

3) 정령신화

오로치족은 각종 자연의 정령을 숭배한다. 자연의 정령들은 그들의 삶을 직간접적으로 지배하기 때문이다. 이 같은 자연의 정령과 관련된 다양한 정령신화들이 있다.

[자료 13]

한 여인이 자신의 집에 손님으로 온 호랑이의 정령과 결혼을 하여 아들과 딸을 낳았다. 그들 가운데 아들은 아버지와 함께 사냥을 갔고, 딸은 한 남자에게 시집을 갔다. 그 후 아내가 호랑이의 정령으로부터 태어났다는 것을 안 남편과 친척들이 그녀를 피신시켰다. 그녀는 두 딸을 낳은 다음 죽었다. 두 딸 가운데 한 명은 남자와 결혼

---

45) 두 경우 가운데 나나이족, 우데게족, 에벤크족은 다른 고아시아족, 만주-퉁구스족과 달리 야생곰 사냥에서만 '곰 축제'를 거행한다.
   В. А. Аврорин и Е. П. Лебедева ed., *Орочские Тексты и Словарь*, Ленинград, 1978, p.37.
46) Л. Я. Штернберг, op. cit., pp.437~440.

을 했고, 다른 한 명은 호랑이의 정령이 데리고 가버렸다.[47]

오로치족의 신앙에는 곰과 호랑이의 정령에 대한 관념도 있다. '곰/
호랑이의 정령'은 각각 '달의 땅'의 절반인 '곰 땅'과 '호랑이 땅'에 사는
거대한 동물로서 동물이나 동물의 영혼에게 명령을 할 수 있는 힘을
지니고 있다. 또 사냥에서의 성공과 행운도 그들의 의지에 달려 있다.
따라서 오로치족의 신앙에서 '곰/호랑이의 정령'에 대한 숭배는 매우
특별한 자리를 차지한다.[48]

[자료 14]

　예전에 어머니와 함께 일곱 명의 아들이 살고 있었다. 그들은 '도호지카'Доходик
a 부족 사람들이다. 그들의 어머니는 큰 샤먼이었다. 어머니는 곤충의 이를 잡기 위해
머리카락과 함께 자신의 머리뼈 상부를 떼어낼 수 있었다. 어머니는 그런 샤먼이었다.
그녀의 아들들은 훌륭한 사냥꾼이었다. 그들은 특히 사슴을 많이 죽였다. 사슴 뼈가 도
처에서 굴러다니고, 또 그들은 사슴 뼈를 존중하지 않고 심지어는 막대기로 사용했다.
어머니는 그들에게 이처럼 하지 않도록 간청했다. 어머니는, 사슴에게는 자신들의 주
인인 정령 '토니'Тони가 있고, 또 그 정령은 그들에게 화낼 수 있다고 말했다. 하지만
아들들은 어머니의 말을 믿지 않고 증거를 보여줄 것을 요청했다. 그들은, 어머니가 직
접 '토니'에게로 총을 쏠 것을 간청했고, 자신들은 어머니를 때리고 험담했다. 어머니
는 흐느껴 울면서 굿을 거행한 다음 집으로 돌아왔다. 그런 다음 어머니는 자신의 머리
위에 총을 놓도록 아들들에게 시켰다. 그들은 어머니가 지시한 대로 총을 머리 위에 놓
았다. 이후에 한 노파가 다시 굿을 하고 그들에게 말했다. "너희들의 총은 많은 사슴을
죽였다. 가서 사슴을 데려오라. 도착하면 일곱 명의 사람이 사슴 위에 앉아 있는 것을
보게 될 것이다." 아들들은 갔다. 그들은 숲으로 가서 거대한 사슴과 일곱 명의 사람이
사슴 위에 앉아 있는 것을 보았다. 그들은 몹시 놀랐지만 사슴을 집으로 데려왔다. 집
에 있던 어머니는, 사슴 위에 앉아 있던 사람은 바로 그들 자신이고, 또 그들의 죽음이

---

47) С. В. Березницкий , op. cit., p.98.
48) Л. Я. Штернберг, op. cit., pp.40–41.

가까웠다는 것을 아들들에게 말했다. '토니'는 그 늑골로 작은 천막을 지을 수 있을 정
도로 크다. 죽은 사슴의 골수를 먹었고, 그 뇌의 두께는 큰 양철통만하다. 그들은 사슴
을 먹고 또 먹었다. 그러나 모든 것을 먹을 수 없다. 이 이후에 얼마 되지 않아 갑자기
죽기 시작했다. 노파는 그들을 매장한 다음 사슴에게로 가 그 고기를 조금 먹고 역시
죽었다. 죽은 사슴은 모든 사슴의 주인인 정령이었다.[49]

오로치족은 자연현상을 사슴에 비유하여 설명하기도 한다. 이것은
모든 자연현상이 사슴의 의지와 관련되어 있다는 것을 의미한다. 오로
치족에게 있어 '신화적인 사슴'은 한편으로는 인간이 사는 토대를 이루
기도 하고, 다른 한편으로는 인간의 삶과 행복에 영향을 미치는 지배
자가 되기도 한다. 이런 점에서 오로치족은 사슴의 정령을 숭배한다.

오로치족 샤머니즘에서 곰은 샤먼의 지하계 여행 때 보조자 역할을
하는 것으로, 사슴은 샤먼의 천상계 여행 때 보조자 역할을 하는 것으
로 간주되기도 한다.

4) 샤먼신화

오로치족 사회에서 샤먼은 중요한 역할을 수행한다. 경제활동과 관
련된 의례를 거행하기도 하고, 질병 치료와 관련된 의례도 거행하기
때문이다. 이런 신앙적인 바탕 위에서 샤먼의 각종 행위와 관련된 샤
먼신화들이 있다.

[자료 15]

어떤 사람이 숲에서 점술 돌을 발견했다. 그 돌을 가져와서 철쭉나무 연기로 그을

---

49) В. А. Аврорин и Е. П. Лебедева ed., *Орочские Тексты и Словарь*, Лени
нград, 1978, p.131.

렸다. 그는 돌에게 물어 보았다. "돌아, 내가 널 가져도 좋겠냐?" 돌이 대답했다. "좋
아!" 그가 다시 물어 보았 다. "돌아, 너는 악마가 아니냐? 나는 샤먼이냐? 돌아, 내게
샤먼의 꿈을 보는 능력을 주라! 돌아, 내가 잘 살 수 있을 것 같으냐? 내가 네게 묻는
다. 내가 아픈 사람을 치료할 수 있느냐? 돌아, 너는 정령과 악마의 길을 알아야 한
다." 점술 돌이 없는 것은 샤먼의 위기다. 돌은 질병에 대해 샤먼에게 말하고, 샤먼은
질병을 치료한다. 돌은 악마의 길을 찾고, '하다우'는 샤먼에게 그 길에 대해 말한다.
점술 돌이 없는 것은 샤먼의 위기다! '하다우'는 가르쳤다. "사람은 질병에 걸리고, 샤
먼은 그걸 치료한다."[50]

오로치족에 의하면, 최고신 '엔두리'의 보조자인 '하다우'가 '오무아'o
мya라는 돌 요람에서 태어났고, 또 여러 부족의 조상들이 돌에서 태어
났다. 이런 관념 때문에 그들은 신성한 돌에 제물을 바치면서 숭배한
다. 특히, [자료15]에서 볼 수 있는 것처럼 샤먼은 점술 돌 '한고우키'xa
нгоуки에게 환자에게 어떤 악령이 주입되었는지, 물건이 어디에 감
추어져 있는지, 날씨가 어떨지, 앞으로 무슨 일이 일어날지 등을 물어
본다.[51] 이 돌은 샤먼의 역할을 수행하는 데 있어 매우 중요한 주술적
인 도구인 셈이다.

2. 오로치족의 신앙

오로치족의 전통적인 경제 형태는 수렵과 어로 등 채집경제이다. 이
경제 형태와 관련된 각종 의례에는 샤먼에 대한 신앙, 즉 샤머니즘이
반영되어 있다.[52] 이것은 오로치족이 샤먼의 절대적인 힘을 믿고, 또

---

50) В. А. Аврорин и Е. П. Лебедева ed., *Орочские Сказки и Мифы*, Новосиб
   ирск, 1966, p.209.
51) С. В. Березницкий, op. cit., p.119.

자기 자신에 대한 샤먼의 영향력을 인정한다는 것을 의미한다. 그들의 관념에 따르면, 샤먼의 도움 없이는 환자를 치료할 수도 없고 죽은 사람을 장사지낼 수도 없으며 사냥의 성공을 예언할 수도 없다. 그리고 친척들을 온갖 불행으로부터 보호할 수도 없다. 샤먼은 이런 목적을 이루기 위해 자신의 보조령과 접촉한다. 이 접촉 행위는 샤먼의 육체적인, 정신적인 긴장을 필요로 한다. 이것을 통해 보조령으로부터 각종 정보를 얻기도 하고 사악한 정령과 싸우기도 한다.

오로치족의 각 부족마다 한 명의 '강한 샤먼'과 그를 돕는 소수의 '약한 샤먼'이 있다.[53] '약한 샤먼'은 단지 자신의 가족이나 친척만을 치료할 수 있지만, '강한 샤먼'은 모르는 사람까지도 치료할 수 있다. 이밖에도 '강한 샤먼'만이 죽은 사람의 영혼을 저승으로 인도할 수 있고, 사냥의 성공을 예언할 수 있다. '약한 샤먼'은 거의 각 가정마다 있는데, 이것은 가정적인 샤머니즘의 기반 위에서 '강한 샤먼'에 대한 숭배가 이루어졌다는 것을 말해 준다.[54] 샤먼은 의례를 거행할 때 각종 도구들을 사용한다.[55] 그 가운데 가장 중요한 것은 북과 북 방망이다.

---

52) Ibid., p.7.
53) 오로치족의 '강한' 샤먼은 제주도 무속에 있어서 어떤 큰굿도 할 수 있는 '큰심방'과 유사하고, '약한' 샤먼은 큰굿 속의 부분적인 쉬운 굿을 하는 '소미'와 유사하다.
   현용준, 『제주도 무속 연구』, 집문당, 1986, p.42.
54) В. Г. Ларькин, op. cit., p.101.
55) С. В. Березницкий , op. cit., pp.112-119.

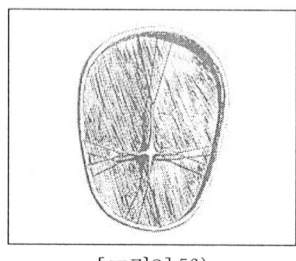 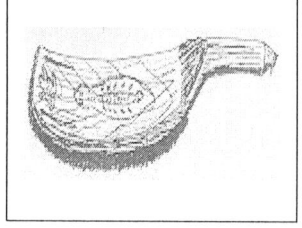

[그림2] 56)   [그림3] 57)

　[그림2]는 샤먼의 북 '운투'унту이다. 이 북의 형태는 계란을 반으로 절단한 것 같고, 사슴 가죽으로 만든다. 북 내부에 사슴의 두꺼운 가죽으로 만든 열십자형의 손잡이가 있는데, 그 끝은 뱀 머리 형태로 되어 있다. 그리고 북 손잡이에는 정령들이 그려져 있다. 이러한 북은 샤먼이 정령을 불러 모으거나, 비상할 때 사용된다.

　[그림3]은 북 방망이 '기수'гису이다. 단단한 나무로 만들어지는데, 때리는 부분은 약간 구부러졌고 수달, 개 혹은 사슴의 모피를 펴서 붙였다. 그 뒤쪽 면에는 물고기 가죽에 새긴 뱀, 여우, 늑대, 곰, 개구리, 도마뱀 등의 보조령 형상을 붙이거나, 또는 그 형상을 나무에 칼로 새긴다. 손잡이에는 정령, 혹은 곰의 머리가 새겨져 있다.

 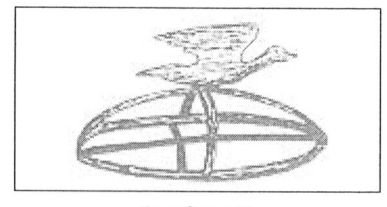

[그림4] 58)   [그림5] 59)

---

56) Ibid., p.108.
57) Ibid., p.112.

[그림4]는 샤먼이 정령에게 주기적으로 감사하는 의례인 '우니'уни
때 쓰는 관이고, [그림5]는 샤먼이 환자의 영혼을 찾는 의례인 '하냘라'
ханяла때 쓰는 관이다. [그림4]의 정수리 부분에는 영양 가죽끈으로
만든 작은 형상의 뱀, 사슴, 토끼 등이 있고, [그림5]의 정수리 부분에는
작은 형상의 새가 있다.60) 이 동물들은 샤먼의 보조령들이다.

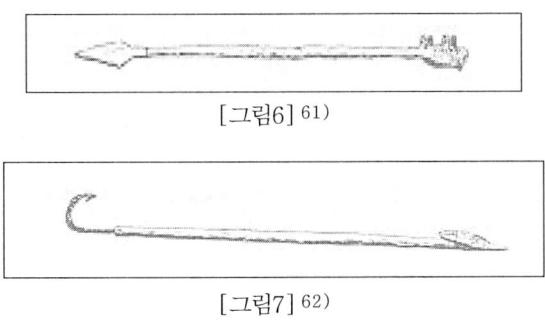

[그림6] 61)

[그림7] 62)

---

58) Ibid., p.106.

59) Ibid., p.106.

60) [그림5]에 보이는 새는 '샤먼의 새'шаманская птица로서 샤먼 그 자체이거나 샤먼의
영혼을 태우는 동물로 관념된다. 이런 새를 우주를 왕래할 수 있는 '우주의 새로 간주할
수 있을 것이다. 이러한 관념은 한국의 금관이나 민속에도 반영되어 있다. 한국 금관의
입식(立飾)은 크게 수목형(樹木形), 녹각형(鹿角形), 조익형(鳥翼形)으로 나뉜다.(김열규,
「동북아 맥락 속의 한국신화 ─금관의 무속신화적 요소를 중심으로 한─」, 『한국고대문화
와 인접문화와의 관계』, 한국정신문화연구원, 1981.) 이럴 경우 조익형 금관의 새를 '샤
먼의 새'로 보아도 무방할 것이다. 금관총 금관의 내관에 세워진 새 날개, 의성 탑리 고
분과 달성 고분에서 출토된 관모(冠帽)의 새 날개 장식, 길림성 집안현에서 출토된 금동
관 장식, 쌍영총과 무용총의 새깃 또는 닭깃으로 된 머리 장식, 서봉총 금관 정수리에
얹혀진 작은 새 등도 이런 관점에서 이해될 수 있을 것이다. 또 '其有官品者 又揷二鳥翅
其上'(周書)이나 '土人加揷二鳥翅'(北史)이라고 한 고구려의 민속과 '若朝拜祭祀 其冠兩廂
可翅'(周書·北史)라고 한 백제의 민속, 대전 괴정동에서 출토된 농경문청동기 앞면의 장
대 위에 앉아 있는 새에서도 이런 관념을 발견할 수 있다. 한국신화에 등장하는 신성수
(神聖獸)로서의 새도 이와 관련이 있을 것이다.

61) С. В. Березницкий, op. cit., p.114.

62) Ibid., p.114.

[그림6]과 [그림7]은 샤먼의 창인 '게다'геда이다. 막대기 끝에 곰 형상의 정령과 하늘에 사는 샤먼의 아내인, 뾰족한 머리를 가진 정령 '보오초'боочо가 새겨져 있다. 이 창들은 '하냘라' 의례에서 환자의 몸을 떠난 영혼을 사로잡는 데 사용된다. 이때 샤먼은 바다표범이나 고래 등으로 변하기도 하고, 자신의 보조령의 힘을 빌리기도 한다. 샤먼은 환자의 몸을 떠난 영혼을 갈고리창으로 잡아 그것을 삼켰다가 환자의 몸에 불어 넣는다. 그렇게 함으로써 상실되었던 환자의 영혼이 회복되고, 질병은 치유된다.

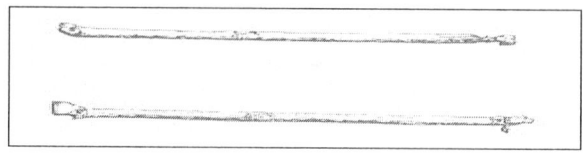

[그림8] 63)

[그림8]은 샤먼의 지팡이 '쿠바라'кувара이다. 위쪽 지팡이 오른쪽 끝에는 곰과 정령 '보오초'가, 왼쪽 끝에는 곰의 발굽이 조각되어 있다. 그리고 아래쪽 지팡이 오른쪽 끝에는 새와 둥근 머리를 가진 정령 '만기'манги가, 왼쪽 끝에는 사슴의 발굽이 조각되어 있다. 이 지팡이는 '하냘라'의례에서 샤먼이 몸을 떠난 환자의 영혼을 찾을 때 사용된다. 이때 곰과 정령 '보오초'가 조각된 위쪽 지팡이는 샤먼 영혼의 하계여행과 관련되는 것으로, 새와 사슴이 조각된 아래쪽 지팡이는 상계여행과 관련되는 것으로 보인다.

오로치족 샤먼이 행하는 의례는 그 목적에 따라 다음과 같이 구분된다.64)

---

63) Ibid., p.113.
64) С. В. Березницкий, op. cit., pp.127~137.

1) 입무의례(入巫儀禮)[65]

누구나 개인적인 희망으로 샤먼이 될 수 있는 것은 아니다. 샤먼은 죽은 샤먼의 조상령이나 보호령에 의해 선택된다. 그들로부터 샤먼의 소명을 받은 샤먼 후보자들은 발작을 일으키기도 하고 병을 앓기도 한다. 그러면 그를 '강한 샤먼'에게 데리고 간다. '강한 샤먼'은 샤먼 후보자에게 그 소명을 받아들일 것을 요구한다. 이때 샤먼 후보자가 이 소명을 받아들이지 않으면 죽은 샤먼의 조상령이나 보호령은 죽음을 포함하는 온갖 재앙으로 그를 위협한다.

그 다음 샤먼 후보자가 그 소명을 받아들이는 것에 동의하면, '강한 샤먼'은 자신의 보호령/보조령[66]을 불러내어 샤먼 후보자를 샤먼으로 만드는 입무의례를 거행한다. 샤먼은 샤먼 후보자에게 자신의 보조령이 달린 의상을 입히고 그를 땅이나 마루에 앉힌다. 샤먼 후보자는 자신의 의식이 이전과 달라졌다는 것을 느끼면 일어나서 북을 잡고 의례를 행하기 시작한다.

이 같은 입무의례 과정에서 샤먼 후보자와 정령 사이의 성적인 접촉에 대한 관념이 보인다. 반대의 성(性)을 가진 정령이 샤먼 후보자를 사랑하게 되고, 꿈속에서 그와 성적인 관계를 맺기 때문이다. 그 후에 정령은 샤먼 후보자의 보호령이 되고, 그에게 보조령을 보낸다.

---

65) 입무의례는 김태곤 교수의 분류체계에 따르면 '강신제'(降神祭)에 해당된다. 김태곤, 『한국무속연구』, 집문당, 1995, p.354.

66) 샤먼의 보호령은 주로 샤먼 후보자를 선택하는 역할을 담당한다. 오로치족 샤먼의 보호령은 보통 오로치족 최고의 선령(善靈)인 '엔두리'эндури와 그의 아내인 '엔두리 마마차'эндури мамача이다. 이밖에도 뱀, 여우 등 동물 형상의 많은 보호령이 있다. 그리고 샤먼의 보조령은 보호령에 종속되어 있으면서 보호령에 의해 샤먼에게 주어진다. 보조령은 각종 의례 때 샤먼을 돕는다. 오로치족 샤먼에게는 곰, 호랑이, 고래 등 동물 형상의 많은 보조령이 있다. 한편, 보조령의 특별한 범주에 '오고 가는 정령'으로 불려지는 '부시부'бусиву가 있다. 이것은 선과 악을 구별하지 못하며 샤먼을 당황하게 한다. 가끔 샤먼은 의례의 실패를 이것의 개입으로 설명하기도 한다. С. В. Березницкий , op. cit., pp.124~127.

오로치족의 샤먼처럼 한국의 강신무들도 무당이 되기 전에 반드시 신병(神病)을 체험하게 된다. 이때 신병을 앓는 사람이 강신한 신을 받아들이지 않으면 죽음에 이를 수도 있다. 신병을 앓는 사람이 강신한 신을 받아들이기로 결심하면, 큰무당에 의해 신을 맞아들이는 의례인 입무의례, 즉 '내림굿'/'신굿'이 거행된다. 그 후 신병을 앓는 사람은 그 병이 완치되고 영력(靈力)을 지닌 무당으로 다시 태어나게 된다.

2) 수렵의례(狩獵儀禮)67)

수렵의례는 사냥꾼이 정령의 도움으로 수렵의 성공을 보장받기 위해 거행하는 의례이다. 보통 사냥꾼 자신이 정령을 대접하면서 기원하지만, 어떤 경우에는 샤먼의 도움에 의지하기도 한다. 이때 사냥꾼이나 샤먼은 정령에게 다음과 같은 기원을 바친다.

[자료 16]

동물을 많이 죽이기를
(동물을) 많이 잡기를
동물을 많이 죽이기를
(동물을) 많이 잡기를
병에 걸리지 않도록
다리를 다치지 않도록
막대기에 타박상을 입지 않도록
길을 잃지 않도록
잡은 것을 잃지 않도록
악천후가 없도록

---

67) 수렵의례는 김태곤 교수의 분류체계에 따르면 '기풍제의'(祈豊祭儀)나 '풍어축원제의'(豊漁祝願祭儀)에 해당된다. 김태곤, op. cit., pp.354-355.

　　　　악천후가 없도록
　　　　(동물을) 많이 잡기를
　　　　다리를 다치지 않도록68)

　　[자료16]에서 사냥꾼이나 샤먼은 정령에게 사냥에서 많은 동물을 잡
을 수 있기를, 무사하기를, 그리고 날씨가 좋기를 기원한다. 이러한 기
원을 통해 정령의 도움으로 수렵의 성공을 보장받고자 한다. 이러한
의례는 한국의 경우 각 지방에서 풍어 · 풍농 · 상업의 번영 등을 위해
거행하는 의례들과 비교될 수 있을 것이다.

3) 치병의례(治病儀禮)69)

　　질병은 사악한 정령이 사람의 영혼을 훔치고 그 대신 몸속에 자리잡
았기 때문에 생긴다. 샤먼은 자신의 보조령, 특별한 경우에는 보호령
과 접촉하여 어떤 사악한 정령이 질병을 야기시켰는지를 알게 된다.
이때 샤먼은 다음과 같은 기원을 보조령에게 드린다.

　　[자료 17]

　　　　도와 주십시오. 부탁드립니다.
　　　　어떤 질병도 없이 건강하도록
　　　　건강하게 살 수 있도록 도와 주십시오
　　　　또 도와 주십시오
　　　　또 부탁드립니다
　　　　건강이 나쁘지 않게

---

68) С. В. Березницкий , op. cit., pp.127~128.
69) 치병의례는 김태곤 교수의 분류체계에 따르면 '치병기원제의'(治病祈願祭儀)에 해당된다.
　　김태곤, op. cit., p.354.

건강하게 살 수 있도록
질병으로부터
'도소'доco가 엿보지 못하도록
'코로'кopo가 엿보지 못하도록[70]
자신의 질병을 노래부른다
나는 어떤 형태의 질병도 모른다
질병이 곰으로부터 왔습니까?
질병이 바다로부터 왔습니까?
질병이 호랑이로부터 왔습니까?
악마가 보지 못하도록[71]

샤먼은 보조령으로부터 받은 정보에 따라 부탁, 위협, 속임수 등으로 사악한 정령을 환자의 몸 밖으로 쫓아낼 수 있다. 환자의 몸 밖으로 꺼낸 사악한 정령을 '푸단쿠'пуданкy라는 용기에 담은 다음 휘젓거나 태운다. 만약 그렇게 해도 환자가 낫지 않으면, 다른 용기를 준비하여 같은 행위를 반복한다. 특별히 어려운 경우에는 해결 방법을 샤먼에게 말해 주기 위해 보조령이 샤먼의 꿈에 나타난다. 샤먼은 꿈을 꾼 다음 사악한 정령을 쫓아낼 때까지 여러 가지의 용기를 준비한다.

이러한 치병의례는 한국의 우환굿/병굿에 비교될 수 있다. 다만, 여기에 질병의 원인에 대한 관념의 차이가 있을 수 있다. 샤머니즘적인 질병관에 따르면, 질병은 영혼의 일시적 상실에 의해 야기될 수도 있고, 질병을 일으키는 이물질이나 사악한 정령에 의해 야기될 수도 있다. 오로치족의 치병의례도 이러한 질병관에 기초하고 있다. 사람의 영혼이 일시적으로 상실되고 그 자리에 이물질이나 사악한 정령이 침입하여 질병이 야기되었다고 생각하기 때문이다. 따라서 질병의 치유는 몸속

---

70) '도소'와 '코로'는 날개를 가진 소년의 모습을 한 작은 사악한 정령이다.
71) C. B. Березницкий , op. cit., pp.128-129.

에 자리잡은 이물질이나 사악한 정령을 쫓아내고 그 자리에 상실된 영혼을 되돌려 놓음으로써 가능하다. 그런데 한국의 경우 제주도의 〈넋들임〉은 질병의 원인이 영혼의 일시적 상실에 있다는 관념에 기초되어 있다. 그러나 〈넋들임〉에서 영혼이 몸 밖으로 나가고 거기에 잡귀가 붙어서 질병이 야기되었다고 생각되면 잡귀를 몸 밖으로 쫓아내는 '잡귀풀이'가 거행되기도 한다. 이것까지 포함하면 오로치족의 치병의례와 제주도의 〈넋들임〉은 동일한 질병관에 기초되어 있다고 할 수 있다. 그리고 강원도의 〈경읽기 박수〉나 제주도의 〈푸다시〉 등에서는 질병의 원인이 이물질이나 사악한 정령의 침입으로만 설명되고 있다.[72]

4) 천령의례(薦靈儀禮)[73]

천령의례는 사자(死者)의 영혼을 저승세계로 인도하는 의례이다. 오로치족의 경우 '강한 샤먼'만이 이 의례를 거행할 수 있다. 이 의례에서 샤먼은 사자의 영혼과 함께 저승세계인 '부니'буни까지 동행하는데, 그곳으로 가는 길은 매우 위험하다.

[자료 18]

샤먼은 밤에 사자의 영혼을 저승세계로 데리고 간다. 저승세계로 가는 길은 사자의 집 근처에서 시작된다. 그들은 길을 가다가 첫 번째 시내를 만난다. 그 주위에는 지상세계에서처럼 동물과 새가 있는 숲이 있다. 그곳에서 그들은 준비한 음식을 먹고 시냇물을 마시며 쉰다. 또 길을 가다가 그들은 두 번째 시내를 만난다. 그들은 그곳에서도 음식을 먹고 시냇물을 마신다. 그 후 길을 가다가 그들은 마지막 시내를 만난다. 사자의 영혼은 이 시냇물을 마시고 자신의 과거 삶에 대해 모두 잊는다. 세 번

---

72) 현용준, 『제주도무속자료사전』, 신구문화사, 1980, pp.516-522.
73) 천령의례는 김태곤 교수의 분류체계에 따르면 '사후제의'(死後祭儀)에 해당된다.
   김태곤, op. cit., p.354.

째 시내를 지나면 저승세계로 가는 길 가운데 가장 위험한 지역이 나타난다. 그곳에는 살인자나 자살자의 사악한 영혼들이 살고 있는데, 그들은 그곳을 지나가는 모든 통행인들을 사로잡으려고 한다. 북, 방망이, 창, 지팡이 등의 샤먼 도구들을 사용하는 '강한 샤먼'만이 그 들로부터 사자의 영혼을 구할 수 있다. 그 지역을 벗어나면 두 갈래 길이 나오는데, 오른쪽 길은 사람이 저승세계로 가는 길이고, 왼쪽 길은 개가 저승세계로 가는 길이다. 샤먼은 그곳까지만 사자의 영혼과 동행할 수 있기 때문에 그를 남겨두고 돌아온다. 이때 샤먼은 그에게 개의 길로 가지 말고 사람의 길로 갈 것을 권고한다. 이 권고를 따라 사자의 영혼은 무사히 저승세계에 도달하게 된다.[74)]

[자료18]은 샤먼이 사자의 영혼을 어떻게 저승세계로 인도하고 있는가를 보여주는 이야기이다. 저승세계로 가는 길은 순탄하지 않다. '강한 샤먼'만이 그 난관을 극복하고 사자의 영혼을 저승세계까지 무사히 인도할 수 있다. [그림9]는 이 과정을 그림으로 구체화한 것이다. 샤먼이 사자의 영혼을 인도하는 과정에서 만나는 시내는 한국의 영혼여행담이라고 할 수 있는 〈바리데기〉의 '소강 대강 만경창파'에 비교될 수 있다. 이것은 이승세계와 저승세계를 가르는 경계가 '강/물'이라는 관념을 보여주기 때문이다.[75)]

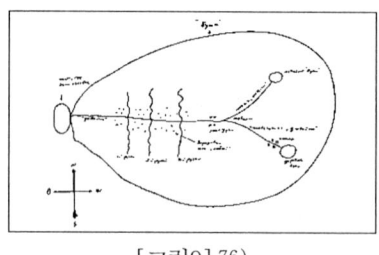

[그림9] [76)]

74) С. В. Березницкий , op. cit., pp.21~22.
75) 시베리아 샤머니즘에서 저승세계는 대체로 쉽게 건널 수 없는 강 너머에 있는 것으로 생각된다.
Uno Holmberg, op. cit., pp.486.

오로치족의 천령의례는 한국에서 〈오구굿〉, 〈혼굿〉, 〈씻김굿〉과 같은 사령굿/무혼의례(撫魂儀禮)/천도제의(薦度祭儀) 등으로 불린다. 이 의례에는 죽어서 저승으로 떠나지 못한 영혼은 살아남은 가족이나 친족에게 질병을 주거나 재앙을 끼친다는 원령관념(怨靈觀念)이 내재되어 있다. 여한을 남기고 죽은 사람의 원혼을 달래어 저승세계로 보내는 의례가 곧 샤먼에 의해 거행되는 천령의례이다.

5) 축신의례(祝神儀禮)[77]

축신의례는 2, 3년에 한 번 보호령이나 보조령에게 감사하는 의례로서 '우니'уни라고 불려진다. '강한 샤먼'에 의해 거행되는데 이 의례는 샤먼에게 있어 가장 큰 의례이고, 모든 마을사람들이 참가하는 축제적인 성격을 지니고 있다. 이 같은 의례에서 샤먼에 의해 보호령/보조령에게 다음과 같은 기원이 바쳐진다.

[자료 19]

엔두리여, 도와 주십시오
자연이여, 도와 주십시오
돌이여, 도와 주십시오
나를 좋게 하십시오
곰이여, 아프게 하지 마십시오
호랑이여, 아프게 하지 마십시오
엔두리여, 좋게 하십시오
제물을 바칩니다, 닭을 바칩니다

---

76) С. В. Березницкий , op. cit., p19.
77) 축신의례는 김태곤 교수의 분류체계에 따르면 '축신제'(祝神祭)에 해당된다.
    김태곤, op. cit., p.354.

만약 보통사람이 아프면
엔두리여, 도와 주십시오
머리가 아프지 않도록
눈이 아프지 않도록
아무것도 위협하지 못하도록
목이 아프지 않도록
팔이 아프지 않도록
심장이 아프지 않도록
다리가 아프지 않도록
등이 아프지 않도록
지금 돼지를 바칩니다
지금 모든 것이 좋습니다
제물을 찾았습니다
쌍둥이를 바칩니다
모든 것이 좋습니다[78]

샤먼은 닭, 돼지와 같은 제물을 '엔두리', 곰, 호랑이와 같은 보호령/
보조령에게 바치면서 감사를 표하고 있다. 이것을 통해 샤먼은 자신의
힘의 갱신을 보호령/보조령에게 기원하며, 또 의례에 참가한 사람들에
게 자신의 초자연적 능력을 과시한다. 이러한 의례는 우리의 경우에
해가 바뀔 때마다 신의 영험을 주기적으로 재생시켜 무업(巫業)의 번영
을 기원하고, 무당의 영력을 강화시키는 목적을 가진 〈진적〉(봄의〈꽃
맞이굿〉, 가을의 〈단풍맞이굿〉), 〈대택굿〉 등과 비교될 수 있다.

---

78) С. В. Березницкий , op. cit., p.136.

3. 오로치족의 신화와 신앙에 나타난 관념

오로치족의 신화와 신앙에는 시베리아 샤머니즘의 이념체계와 관련된 그들의 관념이 잘 반영되어 있다. 우주, 영혼, 질병에 대한 그들의 관념은 시베리아 샤머니즘과 그것을 모태로 하여 태어난 신화뿐만 아니라 한국의 신화나 무속신앙을 이해하는 데도 도움을 줄 것이다.

1) 우주관

오로치족의 전통적인 관념에 따르면, 그들을 둘러싼 우주는 세 개의 세계로 나뉜다. 신들의 세계인 천상계 '부아'буа와 살아 있는 사람들의 세계인 지상계 '나'на, 그리고 죽은 사람들의 세계인 지하계 '부니'буни가 그것이다.[79]

천상계는 지상계 위에 있는데, '하늘의 입'небесный рот으로 불리는 구멍을 통해서 갈 수 있다. 그곳에는 '해의 땅' '세우 난'сэунан과 '달의 땅' '베나'бена가 있다. 해의 땅에는 큰 강이 흐르는데, 그 강가에 눈이 부실 정도로 반짝이는 얼굴을 가진 여자가 산다. 이것이 곧 해이다. '달의 땅'에는 '호랑이 강'이 흐르는 '호랑이 땅'과 '곰 강'이 흐르는 '곰 땅'이 있다. '호랑이 땅'은 호랑이의 정령이 지배하는데, 지상계에서 행복하게 살았던 사람과 동물의 영혼이 죽은 후 그곳으로 간다. 또 '곰 땅'은 곰의 정령이 지배하는데, 보통 사람들의 영혼이 죽은 후 그곳으

---

79) Ibid., p.18.

로 간다. 호랑이와 곰의 정령의 아내들은 '달의 땅'에서 목탄으로 죽은 사람의 영혼을 키우다가 그 영혼을 지상계로 던져 버린다. 그러면 그 영혼은 갓 태어난 아이들에게 자리잡는다.[80]

죽은 사람의 영혼은 먼저 지하계로 가야 한다. 그러나 익사자, 자살자, 족외혼의 법규를 위반한 사람의 영혼은 지하계로 가지 못한다. 익사자의 영혼은 지상계로 돌아오는 것이 불가능한 물 밑 세계에 가서 물의 정령의 사자(使者)가 된다. 또 자살자나 족외혼의 법규를 위반한 사람의 영혼은 지하계로 가지 못하고 지상계에 남아 사악한 정령이 된다.[81]

지하세계로 가는 입구는 살아 있는 사람들의 거주지에서 멀지 않은 곳에 있지만, 정확한 위치는 확실하지 않다. 다만 지하계는, 해가 지는 방향에 있다고 생각될 뿐이다.

지하계에는 두 개의 층이 있다. 위층에는 해가 빛나고 동물이 사는 숲이 있으며 물고기가 사는 강이 있다. 아래층은 어둡고 축축하며 무서운 곳이다: 지상계에서 훌륭한 삶을 산 사람의 영혼은 죽어서 지하계의 위층으로 가고, 그렇지 못한 사람의 영혼은 아래층으로 간다. 지하계에 온 죽은 사람의 영혼은 지하계 거주자인 '부닌크케'бунингкэ가 되는데, 얼마 후 그 영혼은 '달의 땅'으로 떠난다. 그곳에서 호랑이와 곰의 정령의 아내들에 의해 키워지고 반대의 성(性)으로 바뀐 영혼들은 '오메'оме라고 불려진다. 그 영혼들은 다시 지상계에 아이로 태어나 새로운 삶을 시작한다.[82]

---

80) В. А. Аврорин и Е. П. Лебедева ed., *Орочские Тексты и Словарь*, Ленинград, 1978, p.36.
81) Ibid., p.58.
82) С. В. Березницкий , op. cit., pp.21-23.

2) 영혼관

오로치족의 관념에 의하면, 자연만물은 모두 영혼을 가지고 있다. 그 가운데 사람은 세 개의 영혼을 가지고 있는 것으로 믿어진다.[83] 사람의 첫 번째 영혼은 '하냐'ханя이다. 이것은 사람의 주요한 영혼으로서, 사람이 죽을 때까지 그를 떠나지 않는다. '하냐'에는 선한 것과 악한 것이 있을 수 있는데, 사람의 성격은 이에 달려 있다. 두 번째 영혼은 '하냐' 내부에 있는 '하냐 우무루니'ханя умуруни이다. 이것은 사람이 잠자거나 기절했을 때, 또 아플 때 사람을 떠날 수 있다. 사람의 꿈은 이 영혼의 존재로 설명되기도 한다. 사람이 죽은 후에 '하냐'는 지하계 '부니'로 가고, '하냐우무루니'는 잠시 후 갓 태어난 아이에게 자리잡는다. 세 번째 영혼은 '에게'эгге이다. 이것은 사람의 몸 밖에서도 살 수 있고, 여러 사물들에서 구현될 수 있다. 이 영혼의 죽음은 곧 그 소유자의 죽음을 초래한다. 또 사람 몸 밖으로 나온 이 영혼을 발견하는 것은 그 소유자의 삶에 대해 어떤 권위를 갖게 되는 것을 의미한다.[84]

죽은 사람의 '하냐' 가운데 어떤 것은 지하계로 가지 못하고 사악한 숲의 정령 '엑수켄'эксукен으로 변한다. 그리고 자살자의 '하냐'도 지하계로 가지 못하고 사악한 정령 '사카'сакка가 된다. 이것은 살아 있는 사람의 '하냐'를 먹기도 하고 그들에게 재앙을 끼치기도 한다. 오로치족은 지하계로 가지 못한 죽은 사람의 '하냐', 즉 '엑수켄'을 매우 무

---

83) 대부분의 만주족과 부랴트족도, 사람은 3개의 영혼을 가지고 있는 것으로 믿는다.

　　S. M. Shirokogoroff, *Psychomental Complex of the Tungus*, London, 1935, p.52.

　　A. V. Smoljak, "Some Notions of the Human Soul among the Nanis", V. Diószegi and M. Hoppál ed., *Shamanism in Siberia*, Budapest, 1978, p.457.

84) С. В. Березницкий , op. cit., p.24.

서워한다. 그것들은 지상계에 남아 가족이나 친척들에게 해를 끼치기 때문이다. 그래서 오로치족은 가까운 친척이 죽으면 샤먼이 죽은 사람의 '하냐'를 지하계로 보낼 때까지 상을 치른다.[85]

3) 질병관

오로치족의 관념에 의하면, 질병은 사악한 정령이 사람의 영혼, 즉 '하냐'를 훔치고 그것 대신에 사람 몸속에 침입했기 때문에 생긴다. 이때 샤먼은 자신의 보조령/보호령의 도움을 받아 사람의 몸속에 침입한 사악한 정령을 축출하고, 그 자리에 사악한 정령이 훔친 '하냐'를 되찾아 돌려놓을 수 있다. 이러한 과정에 샤먼은 보조령/보호령과 접촉하고, 사람의 상실된 영혼을 되찾기 위해 타계(他界) 또는 이계(異界)로 '영혼여행'을 실행하기도 한다.

> **[자료 20]**
> 바다표범으로 간다, 물고기로 간다.
> 새로 간다, 배로 간다.
> 고래로 간다, 돌고래로 간다.
> 강치로 간다, 도착했다.
> 악마의 하인 집을 찾았다.
> 환자의 상의를 찾았다.
> '암바'aмба(사악한 정령), '암바', '암바'여!
> 사람의 영혼을 어디에 숨겼느냐?
> 물에 숨겼느냐, 땅에 숨겼느냐?
> 악마에 의해 숨겨진 환자의 영혼을 찾는다.
> 샤먼이 환자의 영혼을 찾았다.

85) Ibid., p.46.

갈고리로 환자의 상의를 끌어당겼다.
갈고리로 상의를 잡았다.[86]

　[자료20]은 치병의례 때 샤먼이 암송하는 주문의 일부분이다. 사악한 정령에 의해 빼앗긴 환자의 영혼을 되찾기 위해 샤먼은 바다표범, 물고기, 새, 배, 고래, 돌고래, 강치 등 보조령의 도움을 받아 '영혼여행'을 떠난다. 이 결과 샤먼은 갈고리로 환자의 영혼을 잡은 후 그것을 삼켰다가 환자의 몸에 불어 넣는다.[87] 이 의례에서 보이는 질병의 원인에 대한 관념은 샤머니즘적인 것으로 간주된다.[88]

---

86) Ibid., pp.131-132.
87) 제주도 '넉들임'에서도 심방은 먼저 환자의 상의를 환자의 머리에 얹고 입으로 분 다음 환자에게 '넉물[魂水]'을 먹인다. 이런 행위를 통해 심방은 되찾은 영혼을 환자의 몸속에 주입하고 있다.
88) Л. Я. Штернберг, op. cit., p.433.

Ⅲ. 시베리아 울치족의 신화와 신앙

1. 울치족의 신화

애니미즘, 토테미즘 그리고 샤머니즘 등과 같은 신앙과 그것을 바탕으로 형성된 세계관을 반영하고 있는 울치족 민간전승의 특징 가운데 하나는 장르의 다양성이다. 울치족의 민간전승은 역사적인 이야기, 신화, 전설, 민담, 수수께끼, 속담, 격언, 노래 등 다양한 장르들로 구성되어 있다.[1] 이런 특성은 오로치족, 우데게족, 나나이족 등 다른 만주-통구스족의 민간전승에서도 나타난다.

---

1) Л. Я. Иващенко ed., *История и Культура Ульчей в ⅩⅦ–ⅩⅩ вв.*, Санкт
   –Петербург, 1994, p.78.
   울치족의 민간전승은 신화, 전설, 민담, 풍속·의례담(А. М. Золотарев), 전설(의례담 포함), 민담, 노래, 말 잇기, 수수께끼(А. В. Смоляк), 전설, 민담, 차용주제를 가진 이야기, 노래(О. П. Суник) 등 다양하게 분류된다.

울치족의 신화는 대체로 우주창조와 관련된 창조신화, 정령과 관련된 정령신화, 토템과 관련된 토템신화, 샤먼과 관련된 샤먼신화 등 네 가지 유형으로 분류될 수 있다.

1) 창조신화

창조신화는 땅과 인간 그리고 동물의 기원, 천체 및 자연의 현상 등과 관련된 모티프를 포함하고 있다.[2] 이 유형의 신화에는 울치족의 고대적이고 전통적인 관념이 분명하게 반영되어 있다.

[자료 1]

사람들이 자꾸 태어나 땅에 사는 사람들이 지나치게 많게 되었다. 그때 세 개의 해가 하늘로 떠올라 사람들은 빛 때문에 장님이 되었고, 열 때문에 타 죽었다. 빛과 열이 매우 강해서 땅이 타고 강물이 끓었다. 그래서 물고기들이 물 밖으로 뛰쳐나갔다. 그러다가 해가 져 밤이 되면 세 개의 달이 떠올라 사람들이 잠들지 못했다. 그때 '돌라추-하다이'долачу-хадай 가 활을 만들어 두 개의 해와 달을 쏘아 떨어뜨렸다. 그러자 자연은 이전의 모습으로 돌아갔다. 이와 함께 그는 장례식을 제정했고, 다른 종교의례도 실시했다. 그리고 죽은 사람의 영혼을 저승세계인 '부니'буни로 데리고 갔다. 그때부터 죽은 사람의 세계와 산 사람의 세계가 분리되었고 땅에 사는 사람들의 수가 줄었다.[3]

[자료1]에는 다수의 해와 달을 하나로 조정하여 가뭄을 해소시키는 모티프[4], 각종 의례와 행동 규범을 제정하는 모티프, 이승과 저승을

---

2) C. A. Токарев ed., *Мифы Народов Мира*, Том 2, Москва, 1988, p.6.

3) А. М. Золотарев, *Родовой Строй и Религия Ульчей*, Хабаровск, 1939, p.165.

4) 우리의 경우에도 다수의 해를 조정하여 자연의 질서를 바로잡는 모티프를 포함한 신화가 보이는데, 이에 대해서는 현용준, 「제주도 개벽신화의 계통」, 『제주도 연구』 5집, 제주도 연구회, 1988 ; 김헌선, 『한국의 창세신화』, 길벗, 1994 ; 박종성, 『한국 창세서사시 연구』,

분리시키는 모티프, 죽은 사람의 영혼을 저승으로 인도하는 모티프 등 다양한 모티프들이 포함되어 있다. 이 신화에서도 알 수 있는 것처럼 울치족의 세계에 대한 최초의 관념은 '우주발생적'이 아니라 '지리적'이 다. 단지 세 개의 해와 달이 뜨는 혼돈의 상태에 질서가 부여됨으로써 이전의 상태로 회복되고 있기 때문이다. 이러한 점은 아무르강 유역과 연해주에 거주하는 민족들에게서 공통적으로 보인다.[5]

그런데 [자료1]에서 '돌라추-하다이'는 여러 가지 역할을 수행하고 있다. 우선 그는 두 개의 해와 달을 제거하여 세계에 현재의 모습을 부 여했고, 그런가 하면 장례식과 같은 의례도 제정했다. 또 그는 죽은 사 람의 영혼을 저승으로 인도하고, 그 결과 이승과 저승이 분리되었다. 이런 점에서 그는 차례로 창조자, 문화영웅, 그리고 샤먼으로서의 면모 를 두루 갖추고 있다.

2) 토템신화

울치족은 자신들의 기원을 곰, 호랑이, 늑대, 여우, 토끼, 매 등에서 찾 는다. 여기에는 인간과 동물 사이의 경계, 그리고 그 둘 사이에서 어느 하나로의 변화를 막는 경계가 존재하지 않는다는 토테미즘적인 관념이 반영되어 있다. 이러한 관념이 반영된 신화를 토템신화라고 한다.

[자료 2]

두 명의 형제와 그 누이동생 한 명이 살고 있었다. 누이동생이 꿈속에서 '숲의 사

태학사, 1999 등등 참조.
5) 우리의 창조신화에서도 최초의 창조보다는 태초의 혼돈이 어떻게 조정되었는가에 더 큰 비중이 두어진 것으로 보인다.

람'이 자신을 부르는 소리를 듣고 그에게로 갔다. 그녀는 '숲의 사람'과 함께 살면서 '아이-새끼 곰'을 낳았다. 어느 날 '숲의 사람'이 먹을 것을 구하기 위해 숲으로 갔을 때 두 명의 형제는 곰의 굴로 가서 자신들의 '누아-암곰'을 찔러 죽이고 새끼 곰을 데리고 돌아와 길렀다. 그 후 살해된 곰은 '숲의 정령'에게 돌아가면서 사람들이 금기를 지키지 않은 것에 대해 매우 불쾌하게 생각 했다. 그러나 모든 규칙을 준수하면서 거행된 곰 축제를 보고난 후 불쾌했던 마음을 풀고 '숲의 정령'에게 사람들에 대해 호의적으로 말했다.[6)]

[자료2]는 곰 축제의 기원을 설명하는 신화다. 이 신화에는 첫째로 '곰'이 곧 '숲의 사람'이고 '숲의 사람'이 곧 '곰'이라는 관념이 반영되어 있다. 둘째로 울치족은 곰 살해를 형태 변화의 행위로 생각한다. 그 결과 그들은, 곰 축제에서 살해된 곰은 자신의 부모인 '숲의 정령'에게로 되돌아간다고 생각한다. 세째로 '숲의 정령'에게로 되돌아간 곰은 축제에서 받은 제물을 그에게 바치고 사람들에 대해 호의적으로 말한다. 그러면 울치족은 '숲의 정령'이 나중에 다시 곰을 자신들에게로 보내줄 것이라고 생각한다. 이와 같은 '숲의 사람'에 대한 관념, 형태 변화에 대한 관념, 그리고 죽은 후 다시 소생하는 존재에 대한 관념은 [자료2]가 토테미즘적인 기반을 갖고 있다는 것을 말해준다. 따라서 죽은 후 다시 소생하는 존재, 즉 곰은 울치족에게 있어 원시적인 토템이었던 셈이다.

3) 정령신화

아무르강 유역의 민족들은 대부분 어로를 주요한 경제수단으로 삼는다. 따라서 그들은 성공적인 어로를 위해 물고기를 관장하는 '물의 정령' 또는 '바다의 정령'을 숭배한다. 그들에 의해 풍어가 결정되기 때

---

6) A. M. Золотарев, op., cit., p.125.

문에 울치족은 가을에 한 번 '물의 정령'이나 '바다의 정령'에게 제물을 바치는 의례를 거행한다.[7] 이처럼 각종 정령에 대한 관념이 반영된 신화를 정령신화라고 한다.

[자료 3]

옛날에 두 명의 형제가 바닷가에 살고 있었다. 두 형제는 서로를 미워했다. 어느 날 함께 섬으로 갔다가 형이 동생을 그곳에 버려두고 혼자 돌아왔다. 홀로 남게 된 동생은 슬프게 울었다. 밤에 잠을 자던 동생은 꿈속에서 자신을 부르는 소리를 듣고 잠을 깨어 소리가 들려오던 곳으로 갔다. 그곳에서 동생은 한 여성을 만났는데, 그녀가 그에게 말했다. "형이 당신을 죽이려고 한 것에 대해 슬퍼하지 마시오. 나와 함께 삽시다." 그들은 부부로 함께 살게 되었다. 그런데 아내는 매일 어디론가 가면서 남편에게 절대로 집 밖으로 나가지 말라고 했다. 아내는 집으로 돌아올 때마다 항상 신선한 물고기를 가지고 왔다. 어느 날 남편이 아내에게 어디에 갔다 오는지를 물어보자 그녀가 말했다. " '쩨무니'тэмуни(물의 정령)와 함께 놀면서 그가 잡은 물고기를 가지고 돌아옵니다. 만약 당신이 그의 일을 엿보면 물고기를 잡는 일을 망치게 할 것입니다." 그러나 남편은 궁금증을 참지 못하고 아내를 뒤따라가 그들이 바닷가에서 노는 장면을 목격했다. 그것을 알아챈 '쩨무니'는 물속으로 숨어버렸다. 아내가 말했다. "물의 정령이 물고기를 잡는 일을 당신이 망쳐 놓았습니다. 당신은 그들의 적이 되었고, 그래서 '탈주 하진차(가까운 곳에 사는 물의 정령)'가 규범을 위반한 당신을 법정으로 부를 것입니다. 그는 사악한 정령이기 때문에 당신을 죽일지도 모릅니다." 남편이 울면서 아내에게 도움을 청하자 그녀가 말했다. "물에 돌출된 바위 구멍을 통해 우리 아버지 '다크누 하진차(먼, 또는 깊은 곳에 사는 물의 정령)'에게 가서 부탁해 보십시오." 남편이 그곳으로 가 장인에게 부탁을 하자 그가 말했다. "그들은 매우 잔인하여 반드시 너를 죽일 것이니 돕기가 매우 어렵다. 하지만 '에렌쩨'(神書)를 줄 것이니 그것을 가지고 '탈주 하진차'들이 사는 곳으로 가거라. 그들은 물고기를 잡는 일을 망치게 한 죄를 물어 너를 죽이려고 할 것이다. 그때 너는 자신의 목숨을 '에렌쩨'로 보상하겠다고

---

7) 우리의 풍어제와 유사한 목적을 지닌 의례다. 다만 울치족의 의례에서는 여러 가지 모습으로 의인화된 '물의 정령' 또는 '바다의 정령'이 기원 대상이지만, 우리의 풍어제에서는 해신으로서의 용왕 또는 당산신이 주된 기원 대상이다.

말하고 그들에게 그것을 주고 신속하게 그곳을 떠나거라." 남편은 그것을 가지고 가
'탈주 하진차'들이 사는 마을로 갔다. 그들은 남편을 심문하기 시작했다. "너는 무슨
변명을 하겠느냐?" "내가 당신들의 규범을 몰라 물고기 잡는 일을 망치게 했습니다.
당신들은 나를 죽여도 아무것도 얻을 수 없을 터이니 내 목숨 대신에 '에렌쩨'를 받으
시오." 이에 '탈주 하진차'들은 이 제안을 받아들였다. 남편은 '에렌쩨'를 넘겨주고 재
빨리 그곳을 떠나버렸다. '탈주 하진차'들이 '에렌쩨'를 열자마자 집이 불타고 그곳의
모든 사람들이 죽고 말았다.[8]

[자료3]을 통해 울치족은 상호 대립적인 '물의 정령'에 대한 관념을
가지고 있음을 알 수 있다. 거기에는 '가까운 곳에 사는 물의 정령' : '먼
또는 깊은 곳에 사는 물의 정령' 악선이라는 등식이 성립하고 있기 때
문이다. 물론 이 등식에는 '물의 정령'간의 갈등뿐만 아니라 그것을 숭
배하는 부족 간의 갈등도 포함되어 있다.

그러나 어느 쪽의 '물의 정령'이든 그들은 물고기를 관장하는 정령이
다. 그래서 울치족은 관습과 규범에 따라 물의 정령에게 제물을 바치
고 풍어를 빈다. 가끔 '물의 정령'은 보통의 제물에 만족하지 못하고 배
를 뒤집어 인간을 제물로 삼아 데려가기도 한다. 이것을 통해 익사자
의 부족과 '물의 정령' 사이에 긴밀한 상호관계가 확립된다.

태평양 연안의 만주-퉁구스족이나 고아시아족들은 '물의 정령'을 의
인화한다. 그들의 신화에서 '물의 정령'은 남성으로 묘사되기도 하고
여성으로 묘사되기도 한다. 이러한 성의 혼재양상은 모계사회에서 부
계사회로 전환하는 과정에서 나타나는 성 역할의 혼재양상을 반영하
고 있다. 또 민족 상호간의 문화접촉에 따라 '물의 정령'의 모습은 머리
가 거대한 사람, 나이가 많은 노인, 그리고 턱수염을 가진 백발의 노인

---

8) А. М. Золотарев, op., cit., pp.100-101.

등 서로 유사하게 묘사된다.

4) 샤먼신화

샤먼은 보조령의 도움을 받아 질병을 치료하기도 하고 점을 치기도 하며 죽은 사람의 영혼을 저승으로 인도하기도 한다. 이러한 모티프를 지닌 신화를 샤먼신화라고 한다.

[자료 4]

한 아이가 태어났는데 온몸에 털이 나 있었다. 아이는 젖을 먹고 자라났다. 그 아이가 놀면서 손가락으로 다른 아이를 가리킨 후에 다른 아이가 죽어버렸다. 그 아이의 부모는 그 일 때문에 재판을 받았다. 또 그 아이가 놀면서 다른 아이에게 침을 뱉은 후에 다른 아이가 죽어버렸다. 그 아이의 부모는 그 일 때문에 또 재판을 받았다. 그러자 부모는 자신의 아이를 죽이기로 결심했다. 아버지가 하루는 아이를 숲으로 데려갔다. 아버지는 나무를 쓰러뜨려 아이를 죽게 했다. 그러자 아이가 아버지에게 말했다. "저는 다른 아이들을 죽여 그들을 악마로 변신시킬 것입니다." 그 말을 마치고 아이는 죽었다. 그 후 정말로 다른 아이들이 죽었다. 그때 샤먼은, 죽은 아이들이 악마가 되지 않도록, 또 그들의 원한이 풀리도록 굿을 올렸다.[9]

[자료4]에는 억울하게 죽은 사람들의 원한에 대한 모티프가 보인다. 여기에는 억울하게 죽은 사람들의 원령이 이승에서 살아있는 다른 사람을 해친다는 원령관념이 내포되어 있다. 또한 어린 나이에 억울하게 죽은 아이들의 원령에 대한 공포심도 수반되어 있다.[10] 이때 그들의 맺힌 원한을 풀기 위해 샤먼은 굿을 거행한다. 물론 이 해원의 굿에는

---

9) Ibid., p.177.
10) 죽은 아이들의 원령에 대한 공포심 때문에 우리의 경우에는 그들이 '동자신'이나 '명두신'의 이름으로 무당들에 의해 모셔지기도 한다.

원령들을 위무하여 그들을 저승으로 인도하는 절차도 포함되어 있을 것이다. 이 절차에는 반드시 샤먼의 영혼여행이 포함된다.

2. 울치족의 신앙

울치족의 신앙은 대체로 애니미즘, 토테미즘 그리고 샤머니즘에 기초되어 있다.

울치족의 신앙에서 최초의 단계는 영혼이나 정령이 사람과 동물의 생활에 영향을 미치고, 사물의 모든 현상에 영향을 미친다는 믿음인 애니미즘이다. 따라서 그들은 모든 살아있는 존재에 영혼이 부여된 것으로 생각한다. 이 같은 믿음에 의하여 그들은 산·강·호수·숲 등과 자연현상에는 그것들을 지배하는 정령이 있다고 생각하고, 또 우주·땅·태양·달·별 등을 의인화하기도 한다.11)

원시적인 사고에서 우주는 서로 분리되지 않은 세 개의 층, 즉 '하늘', '땅', '물'로 구성된다. 이와 같은 사고에서는 하늘, 땅, 물이 만물의 '시초'로서 숭배의 대상이 된다. 울치족의 경우 사냥을 나가기 전에 하늘과 땅을 향해 음식을 던지면서 "산이여, 받으소서! 땅이여, 받으소서! 강이여, 받으소서!"라는 기원문을 외우는데, 이 기원 행위에 하늘(산), 땅, 물(강)에 대한 숭배 관념이 반영되어 있다.12) 이런 것에 대한 숭배는 예로부터 울치족의 신앙에서 가장 큰 의미를 지닌다. 울치족의 삶이나 수렵의 성공과 실패가 '하늘', '땅', '물'과 밀접히 관련되어 있기 때문이다.

---

11) Л. Я. Иващенко ed., op. cit., pp.64-65.
12) А. М. Золотарев, op. cit., p.85.

울치족은 하늘 숭배와 관련된 의례를 '에제헤 우일리'эзэхэ уй ли 라고 부른다.13) 이 의례는 만주-퉁구스족뿐만 아니라 부분적으로는 고아시아족 사이에도 분포되어 있는데, 보통 수렵과 어로를 행하기 전에 거행한다. 이 의례를 위해 집 밖에 장대를 세우고, 그 장대의 정점에 고정시킨 십자형의 판자에 작은 조각들을 묶는다. 또 장대에는 하늘에 바쳐질 제물인 돼지를 묶어둔다. 그 다음 집 안에 또 하나의 장대를 세우고, 집 밖의 장대 정점에서 이어진 가는 줄을 여기에 묶는다. 이 줄은 집과 하늘의 상징적인 관계를 나타낸다. 이 줄에 청동으로 만든 인간 형상의 '에제헤'эхэ 아홉 개를 매다는데, 이것은 하늘로 제물을 운반하는 매개자 역할을 수행한다. 이때 장대는 하늘에 거주하는 하늘의 정령, 즉 '하늘의 사람'небесный человек이 왕래하는 길이고, 줄은 '에제헤'가 하늘로 비상하는 길이다.14) 집 안에 세워진 장대 앞에서 작은 방울이 달린 백조 날개를 쥔 노인이 다음과 같이 기원한다. "'모르마'морма 아버지여! '세무니'семуни 어머니여! 당신들의 아이 얼굴을 쳐다보십시오. 우리의 삶을 살펴보십시오. 사악한 정령이 제물을 가로채기 전에 받으십시오." '모르마'와 '세무니'는 각각 하늘에 거주하는 남성 '하늘의 정령'과 여성 '하늘의 정령'이다. 그 다음에 제물로 잡은 돼지 피와 심장을 하늘에 바치면서 다음과 같이 기원한다.15) "하늘

---

13) 울치족은 하늘을 숭배하지만 땅, 물, 숲, 불 숭배와 달리 그것 자체를 신앙과 관련하여 의인화하지는 않는다. 이것은 울치족의 하늘에 대한 불명료한 관념과 무관하지 않다.
cf.) Ibid., p.86.

14) 이와 비슷한 제장(祭場)의 구조는 우리의 무속의례에서도 확인된다. 제주에서 큰굿을 할 때 '사당클'이라는 굿청 앞에 '큰 대'를 세우는데, 이것을 구성하는 방식이 울치족의 경우와 유사하다. 이런 점은 '사당클'의 '댓가지'나 '둥진 거리(도포로 요령을 달아 맨 것)', '나부줄전기'(나비 모양의 백지 조각), '신줄'(신 또는 신령이 타는 줄), '댓드리'(긴 무명으로 집 안의 제상에 연결해 놓은) 등을 통해 알 수 있다. '사당클'의 구체적인 구조와 의미에 대해서는 현용준, 『제주도무속 자료사전』, 신구문화사, 1980, 28면 ; 김열규, 「제주신화의 우주론-그 대칭삼분법을 위한 시론」, 『심성연구』 제1권 1호, 1986 참조.

이여! 제물을 받으십시오. 우리에게 평안한 삶을 허락하십시오. 불행도 없이, 또 질병도 없이 살 수 있도록 허락하십시오. 동물을 많이 사냥할 수 있도록 행운을 주십시오." 이 같은 하늘 숭배 의례를 통해 울치족은 수렵과 어로의 성공을 기원한다.

울치족은 땅의 정령 '에제니'эдени를 숭배한다. 이 정령은 매우 힘센 건장한 남자 또는 두툼한 외투를 입은 노인으로 형상화된다. 울치족의 삶은 이 정령과 밀접히 관련되어 있다. 땅의 정령이 수렵의 결과를 결정하고 사람들이 일시적으로 마을을 떠날 때 그들의 안녕을 지키기 때문이다. 또 신혼부부의 행복을 결정하기 때문에 신부의 아버지는 그들에게 제물을 바치기도 한다. 특히, 사냥꾼이 수렵을 위해 마을을 떠날 때 땅의 정령을 생각하려고 노력하고, 그들의 꿈속에 모르는 사람이 나타나면 이것을 수렵의 성공을 예고하는 좋은 징조로 받아들인다. 수렵을 마치고 마을로 돌아오면 동물을 자신들에게 보내준 것에 대한 고마움의 표시로 땅의 정령에게 제물을 바친다.[16]

울치족은 숲의 정령 '두엔쩨 에제니'дуэнте эдени를 숭배한다. '숲의 사람'людитай ги으로도 불리는 이 정령은 가끔 곰으로 변신하기도 한다. 땅의 정령이 흑담비, 수달, 사슴 등 일반동물들을 지배하는 정령이라면 숲의 정령은 모든 곰을 지배하는 정령이다. 사냥꾼이 숲에서 곰의 흔적을 발견하면 숲의 정령에게 성공적인 사냥을 기원한다. 곰을 죽인 후 전통적인 규칙과 금기를 준수해야 하는데, 만약 그렇지 않으면 숲의 정령이 다시 곰을 사냥꾼에게 보내지 않을 것이라고

---

15) 하늘 숭배의례에서 나나이족, 만주족, 길랴크족은 울치족처럼 돼지를 제물로 바치지만 자바이칼 지역의 퉁구스족은 사슴을 제물로 바친다.
   А. М. Золотарев, op., cit., pp.90-91.
16) А. В. Смоляк, *Ульчи*, Москва, 1966, p.124.

믿는다. 살해된 곰은 숲의 정령에게로 되돌아가는데, 이때 사냥꾼들은 숲의 정령에게 바칠 선물을 그 곰에게 전달한다. 그리고 곰이 숲의 정령에게 자신들에 대해 우호적으로 말해 주기를 바란다. 그래야만 숲의 정령이 다시 곰을 자신들에게 보내줄 것으로 믿기 때문이다. 이것을 위해 울치족은 대부분의 시베리아 민족들처럼 '곰 축제'를 거행한다.[17]

울치족은 물의 정령 '쩨무 에제니'тэму эдени를 숭배한다. '물의 사람'водяной человек으로 불리는 이 정령은 거인으로 형상화된다. 울치족은 물의 정령에게 제물을 바치는 의례인 '보이시 닐라우'вой си нялау를 가을에 한 번 또는 봄, 가을에 두 번 거행한다. 이때 말린 연어 꼬리를 물의 정령이 부리는 개인 '물의 개'에게 던져주고, 그 후 음식물을 물에 던지면서 물고기를 많이 잡을 수 있도록 기원한다. 특히, 겨울에 물고기가 많이 잡히지 않을 때 '우투 우투'уту уту라는 의례를 거행한다. 이때 '물의 사람'에게 개를 제물로 바치면서 성공적인 어로를 기원한다. 이 두 의례를 통해 울치족은 생산의 중요한 부분을 차지하는 어로에서 물고기를 많이 잡을 수 있도록 물의 정령에게 기원한다.[18]

울치족은 불의 정령 '뿌쟈 에제니'пудя эдэни를 숭배한다. 이 정령은 울치족의 신앙에서 중요한 위치를 차지한다. 불의 정령은 노인으로 형상화되는데, 그는 아내, 아이들과 함께 불 속에 산다고 믿어진다.[19] 울치

---

17) Ibid., pp.124-125.
18) А. М. Золотарев, op., cit., pp.92-94.
19) 우리의 경우에도 부엌신으로서의 '조왕신'(竈王神)을 숭배하는 신앙과 그것을 바탕으로 한 무속의례 '조왕굿'이 있다. 조왕신은 화신(火神)이기 때문에 이런 신앙과 의례에 '불'을 숭배하는 관념이 반영되어 있음은 물론이다. 다만, 울치족의 경우 불의 정령이 남신(男神)으로 나타나는 데 비해 제주도 서사무가 〈문전본풀이〉에서는 화신이 여신(女神)으로 나타난다는 점에 차이가 있다. 일반적으로 모계사회에서는 여신이, 부계사회에서는 남신이 많이 숭배된다는 점을 고려하면 울치족의 경우보다 제주도의 경우가 더 고대적인 모습을 간직하고 있는 것처럼 보인다.

족은 불 속에 음식물을 던지는 것을 '불에게 음식을 준다'라고 한다. 이런 행위를 통해 삶에서 불의 정령의 도움을 받기를 바라는데, 이때 불의 정령은 음식물을 받아 땅의 정령에게 전달한다.[20]

이처럼 울치족은 성공적인 삶을 위해 스스로 노력할 뿐만 아니라 하늘, 땅, 숲, 물, 불 등 각종 자연의 정령의 힘에 의존하고 있음을 알 수 있다.

울치족은 시베리아의 다른 소수민족들처럼 동물을 자신들의 토템으로 생각한다. 그들에게 토템으로 생각되는 동물은 여우, 토끼, 늑대, 호랑이, 곰 등이다. 이런 관념에 의하면, 사람과 동물 사이에는 어떠한 경계도 존재하지 않는다. 울치족의 '곰 축제'에도 이 같은 토테미즘적인 관념이 잘 반영되어 있다.

울치족은 야생곰을 사냥한 후, 또는 사육곰을 죽인 후 반드시 '곰 축제'를 거행한다.[21] 다만, 사육곰일 경우 그 주인은 곰 고기를 먹을 수는 있으나 곰을 죽여서는 안 된다. 곰 주인에게 고기를 먹는 데는 금기가 없지만 곰을 죽이는 데는 금기가 있는 셈이다. 사람들은 죽은 곰에게 희생물을 바치면서 그를 잘 접대한다. 축제 기간 동안 마을 사람들과 친척들이 모여 여러 금기를 준수하면서 구운 곰 고기를 먹는다. 곰 고기를 먹은 후 모든 뼈를 정성스럽게 모아 통나무로 만든 구조물 속에 넣어 둔다. 그리고 두개골은 주문을 외우면서 장작불로 그을린다. 그러면 곰의 뼈에 살이 나고 털이 돋아나 예전의 모습으로 그들의 친척인 '숲의

---

20) А. В. Смоляк, op., cit., p.126.
21) 일반적으로 에벤크족, 니기달족 등의 퉁구스족에게는 곰의 사육이 알려져 있지 않지만 오로치족, 우데게족, 울치족, 나나이족(자료에 따라서는 나나이족에게도 곰의 사육이 알려져 있지 않다.) 등의 만주족과 길랴크족, 아이누족 등의 고아시아족에게는 그것이 알려져 있다. 그러나 곰 사육을 동반하고 있는 '곰 축제'는 죽은 후 다시 소생하는 존재 또는 동물에 대한 전시베리아적인 숭배의 특수한 경우나 지역적 형태에 불과하다.
А. М. Золотарев, op., cit., p.128.

'사람'에게로 되돌아가고, 축제에서 금기가 준수되었다면 '숲의 사람'의 명령에 의해 다시 사람들 앞에 나타날 것이라고 울치족은 믿는다.[22]

'곰 축제'에는 기본적으로 '숲의 사람'에 대한 관념, 변형에 대한 관념이 반영되어 있다. 그리고 울치족에 의해 곰은 '죽었다가 다시 소생하는 존재'로 인식된다. 이럴 경우 죽었다가 다시 소생하는 존재인 곰은 그들에게 있어 원시적인 토템의 하나였다.

또 울치족의 여러 부족들은 각기 자신들의 기원을 곰, 호랑이, 늑대, 토끼 등으로부터 찾고 있다. 이런 많은 토템 가운데 울치족은 곰을 '친족-토템'의 하나로서 가장 늦은 시기까지 숭배하고 있었다는 것을 '곰 축제'에서 알 수 있다.[23]

샤머니즘은 고대사회에서 신앙의 원시적인 시초를 이룬다. 샤머니즘을 실행하는 샤먼은 인간 영혼의 비밀과 정령의 비밀에 정통한 사람이고, 또 의례에 정통한 사람이다. 그리고 그는 인간에게 주술적인 영향력을 발휘하기도 하고 인간과 정령 사이의 중재자 구실을 수행하기도 한다. 이러한 샤먼의 정체는, 만주-퉁구스어에서 '샤만'шаман이라는 단어의 뿌리가 '알다'знать 또는 '앎'знание을 의미하는 '사'ca에 있다는 데서도 확인된다.[24]

울치족의 경우 대체로 죽은 샤먼으로부터 소명을 받은 사람이 입무 의례를 거쳐 샤먼이 된다. 이 샤먼은 환자를 치료하기도 하고 죽은 사람의 영혼을 저승으로 인도하기도 하지만 직업적으로 그 역할을 수행하지는 않는다.

---

22) А. В. Смоляк, op., cit., p.125.
23) А. М. Золотарев, op., cit., p.132.
24) Л. Я. Иващенко ed., op., cit., p65.

　　울치족의 샤먼은 그가 맡고 있는 역할에 따라 '카사 사만'каса саман, '다이 사만'даи саман 그리고 '바이비 사만'бай би саман 등으로 구분된다.[25] '카사 사만'은 죽은 사람의 영혼을 저승으로 인도하는 의례인 '카사찌'касати를 수행한다. 이 의례는 사람이 죽은 지 1~3년이 지난 후에 수행되는데, 이것을 통해 죽은 사람은 저승에서 자신의 육신을 다시 찾고, 산 사람은 이승에서 죽은 사람의 영혼과 영원히 헤어진다.

　　'다이 사만'은 '큰 샤먼'으로서 인간과 정령 사이의 중재자 역할을 수행한다. 이에 따라 그는 환자의 치료를 위해 정령을 부르거나 부적을 붙이고, 기분이 나쁘거나 화가 난 정령을 위로하며 수렵이나 어로에서 길을 잃은 사람들의 위치를 알아낸다. 이런 역할을 수행하기 위해 그는 보조령을 형상화한 다수의 '세벤'сэвэн을 소유하고 있다. '세벤'은 샤먼의 보호령의 명령에 따라 천상세계와 지하세계로 여행을 떠나기도 한다. 이때 샤먼은 자신의 '세벤'을 접대하는 의례를 거행한다. 또한 '세벤'은 다른 샤먼의 '세벤'과 싸우기도 하는데, 이때 이긴 '세벤'을 소유한 샤먼은 더욱 더 강한 주술력을 지니게 된다. 샤먼은 집을 비울 때 '세벤'이 자신의 친척을 해치지 못하도록, 그리고 다른 샤먼에게 가지 못하도록 그들을 집에 감금해 두어야 한다.

　　'바이비 사만'은 보통의 초보 샤먼이다. 이들은 신내림을 통해 샤먼이 되기도 하고 상속을 통해 샤먼이 되기도 한다. 이렇게 입무한 샤먼은 그들의 조상-샤먼으로부터 각종 '세벤'을 물려받는다. 이런 과정을 거쳐 샤먼이 된 '바이비 사만'은 처음부터 '큰 샤먼'이 될 수 없다. 그들은 자신들의 보호령이나 보조령, 또는 새로운 정령들과의 관계를 통해 주술력을 증대시킨 후에 '큰 샤먼'이 될 수 있다.

---

25) Ibid., p66.

'카사 사만', '다이 사만' 그리고 '바이비 사만'은 모두 점을 친다. 그리고 질병 예방을 목적으로 하는 '운지바'ундива 의례를 가끔 수행한다. 샤먼이 이 의례를 거행하기 위해 가정을 방문하면, 주인은 철쭉으로 만든 술을 그에게 대접하고 또 철쭉을 태운 연기로 집을 그을린다. 철쭉 연기는 샤먼의 '세벤'을 신성하게 한다고 울치족은 믿고 있다. 샤먼은 허리띠에 매달려 있는 각종 물건들의 소리와 북소리에 맞추어 원을 그리면서 춤을 춘다. 의례가 끝날 무렵에는 모든 참석자들이 샤먼과 함께 집을 따라 돌면서 춤을 춘다.

울치족은 '생명의 나무'дерево жизни를 숭배한다. '생명의 나무'는 시베리아의 많은 민족들에 의해 숭배되기도 한다. 이 가운데 여성의 생식기를 상징하는 '삐우헤'пиухе는 샤먼의 개인적인 '생명의 나무'로 그의 고유한 '세벤'과 관련되어 있다.

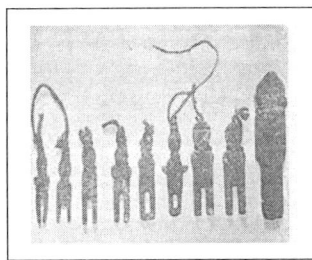
'에제헤' 26)

'삐우헤' 27)

---

26) А. М. Золотарев, op., cit., p.88.
27) Т. А. Кубанова ed., *Ритуальная Скульптура Нанайцев*, Комсомольск-на-Амуре, 1992, p.85.

3. 울치족의 신화와 신앙에 나타난 관념

울치족의 신앙과 그것을 모태로 하여 형성되었을 신화에는 우주와 영혼 그리고 질병에 대한 그들의 고대적이고 전통적인 관념이 투영되어 있다. 이러한 우주관과 영혼관 그리고 질병관은 다른 시베리아 민족들처럼 대체로 애니미즘과 토테미즘 그리고 샤머니즘의 이념체계와 맥락을 같이하고 있는 것으로 보인다.

1) 우주관

[자료1]에서 알 수 있는 것처럼 울치족의 우주에 대한 최초의 관념은 '발생적'이라기보다는 '지리적'이다. 태초에 이미 우주는 존재했고, 다만 세 개의 해와 달이 뜨는 창조의 불완전성이 회복됨으로써 지금과 같은 세계가 이루어졌다고 생각하기 때문이다.

울치족의 우주관에 의하면 우주는 수직적인 세 개의 세계로 구성되어 있다. '하늘의 사람'이 거주하는 위의 또는 하늘의 세계 '반타'банта와 보통의 사람이 사는 중간의 세계 '아가나 나니'агана нани 그리고 죽은 사람이 사는 아래의 세계 '불린'булин이 그것이다. 이때 위의 세계는 중간의 세계에서 착한 행동을 한 사람의 영혼이 가는 곳이고, 아래의 세계는 중간의 세계에서 나쁜 행동을 한 사람의 영혼이 가는 곳이다. 이런 점은 살았을 때의 인간 행동이나 사후의 공간에 도덕적 관념이 부여된 결과로 볼 수 있다.

울치족의 '샤먼 나무', '투루'туру는 우주의 수직적인 구조와 관련되어 있다. 그 나무는 천상의 세계와 지상의 세계 그리고 지하의 세계를 왕래하는 매개체 구실을 한다. 이것에 의해 하늘의 세계와 땅의 세계 그리고 지하의 세계는 상호 필연적인 관계를 유지한다.

그리고 울치족은 동·서·남(따뜻한 방향)·북(추운 방향) 등 방향을 구분하고, 오른쪽/왼쪽·안쪽/바깥쪽·위쪽/아래쪽 등 공간을 구분한다.

2) 영혼관

울치족의 영혼관에 의하면 사람의 영혼은 조상에 의해 주어진다. 이때 조상으로부터 이어진 '생명의 실' 또는 '영혼의 실'을 끊지 않고, 또 전통적인 도덕 법규를 어기지 않으면 그 영혼은 영원히 산다. 만약 이 실을 끊게 되면 그 사람의 영혼은 사악한 정령으로 변한다. 따라서 이 줄을 끊지 않기 위해서 울치족은 자연이나 가정 그리고 공동체에서 요구되는 모든 법규를 준수하려고 노력한다.

사람의 영혼은 일정한 형태를 가지고 있지 않고, 사람의 육체는 이 영혼을 담는 그릇이다. 그러한 영혼이 일시적으로 육체를 떠날 때 그 주인은 질병에 걸리게 되고, 영원히 떠날 때 죽게 된다. 또 사람의 육체를 영원히 떠난 영혼은 사악한 정령이 되기도 하고 맹수나 맹금의 몸에 정주하기도 하며 물건에 정주하기도 한다. 이처럼 울치족은 사람의 죽음에 대해 애니미즘적인 인식을 갖고 있다. 사람의 죽음을 영혼 거주 장소의 교체로 인식하기 때문에 죽은 사람의 영혼이 거주할 곳을 위해 개나 새끼 곰을 잡아 가두기도 하고 인간형상물을 만들기도 한다. 개나 새끼 곰 그리고 인간형상물은, 죽은 사람의 영혼이 일시적으로 머무는 영혼의 거소다. 이런 것들은 죽은 사람의 영혼을 저승으로 보내는 의례를 거행한 후에 숲으로 돌려보내거나 숲에 버린다.

3) 질병관

울치족의 질병관에 의하면, 사람의 질병은 사악한 정령인 질병령이 사람의 영혼을 훔칠 때 야기된다. 즉, 질병령에 의한 영혼의 일시적 상실이 질병의 원인인 셈이다.[28] 울치족 샤먼의 치병의례는 이러한 질병관에 기초되어 있다. 따라서 질병령에 의해 약탈된 영혼을 되찾을 때 질병은 비로소 치료된다.[29]

치병의례를 거행할 때 샤먼은 먼저 보조령의 도움으로 영혼을 약탈한 질병령이 있는 장소를 알아낸다. 그런 다음 질병령으로부터 약탈된 환자의 영혼을 되찾는다. 의례가 끝날 무렵 나무나 물고기 가죽 등으로 만든 동물 형상물 또는 인간 형상물을 준비한다. 그 다음에 샤먼은 동물 또는 인간 형상물에 질병령을 넣고 멀리 숲 속에 던져버리거나 음식물을 대접하면서 창고에 보관한다. 이러한 절차는 모두 질병령이 다시는 사람의 영혼을 약탈하지 않기를 바라는 마음에서 비롯되었다.

샤먼은 환자의 질병이 완쾌될 때까지 '영혼의 은신처'에 질병령으로부터 되찾은 병든 영혼을 놓아둔다. 울치족은, 이 '영혼의 은신처'[30]가

---

28) 시베리아 샤머니즘의 일반적인 관념에 의하면, 사람의 질병은 질병령의 약탈로 인한 영혼의 일시적 상실 또는 질병령의 몸속 침입과 관련되어 있다. 특히 후자의 관념은 동시베리아와 동북시베리아 그리고 중앙시베리아에서 전형적으로 나타난다.
   Uno Holmberg, *The Mythology of All Races,* Vol. IV, New York, 1964, pp.313-329.
29) 제주도 무속에서의 '넋들임'이라는 무의(巫儀)도 상실된 영혼의 회복이 곧 질병의 치료라는 관념을 잘 보여준다.
   현용준, 『제주도 무속 연구』, 집문당, 1986, p.305.
30) V. Diószegi and M. Hoppál ed., *Shamanism in Siberia,* Budapest, 1978, p.443.

마을로부터 멀리 떨어져 있고, 바다 근처나 언덕 아래 또는 수중바위
에 있다고 생각한다. 이곳에는 환자의 영혼 이외에 건강한 사람, 주로
어린이나 젊은이의 영혼도 살고 있다. 부모들이 죽음이나 질병을 예방
하기 위해 샤먼에게 그들의 영혼을 맡기기 때문이다. 몇 년 후 샤먼은
은신처에 피난 중이던 영혼을 그 주인에게 되돌려주는 의례를 거행한다.

Ⅳ. 시베리아 우데게족의 신화와 신앙

1. 우데게족의 신화

우데게족은 다양한 장르와 주제의 민간전승을 창조·전승해 왔다. 그들의 민간전승 장르는 울치족, 오로치족 그리고 나나이족 등 다른 만주-퉁구스족과 마찬가지로 역사적인 이야기·전설·신화·민담·수수께끼·속담·격언·노래 등으로 분류된다. 이 가운데 역사적인 이야기·전설·신화에 해당하는 장르를 '쩰룬구'тэлунгу라고 부르고, 민담에 해당하는 장르를 '니만꾸'ниманку라고 부른다.[1]

다양한 주제를 포함하고 있는 우데게족의 신화는 대체로 우주창조와 관련된 창조신화, 민족의 토템과 관련된 토템신화, 자연의 정령에 대한 정령신화, 그리고 샤먼에 대한 샤먼신화 등으로 분류될 수 있다.

---

1) А. И. Крушанова ed., *История и Культура Удэгейцев*, Ленинград, 1989, p.84.

1) 창조신화

창조신화는 땅과 인간 그리고 동물의 기원, 천체, 자연현상 등과 관련된 모티프를 포함하고 있다. 이 유형의 신화에는 세계에 대한 우데게족의 고대적이고 전통적인 관념이 반영되어 있다.

[자료 1]

처음 이 세계에는 바다로 둘러싸인 섬 하나밖에 없었다. 이 섬에는 사악한 노파와 함께 하늘에서 내려온 오리가 살고 있었다. 어느 날 노파가 오리를 그 섬에서 추방했는데, 그때 오리가 날아오르면서 흙을 움켜쥐고는 그것을 바다에 흩뿌렸다. 흙을 조금 뿌린 곳에는 작은 섬이 만들어졌고, 더 많이 뿌린 곳에는 섬의 산이 만들어졌다.[2]

[자료 2]

옛날에 두 개의 해가 하늘에 있었다. 하늘이 땅과 거의 맞닿아 있어서 해와 땅이 매우 가까웠다. 그때 달은 하늘에 없었다. 나무들은 키가 작았지만 그 꼭대기가 하늘을 건드리는 나무도 있었다. 날씨는 매우 더웠고 계속 낮처럼 빛났다. 더위 때문에 사람과 동물이 죽었다. 안개와 증기가 땅을 뒤덮었다. 이때 힘센 남자가 활을 만들어 한 개의 해를 없애버렸다. 없어진 해의 자리에 달이 생겨났다. 사람들은 더위로부터 벗어나게 되었다. 하늘은 높아졌고, 안개도 걷혔다.[3]

[자료 3]

해와 달은 서로 부부였다. 해는 여성이고, 달은 남성이었다. 그들은 일식 때만 서로 만날 수 있었다. 이전에 해와 달은 낮에 함께 다녔다. 하지만 달이 해에게 말했다. "나는 밤에 다닐 테니 너는 낮에 다녀라." 그때부터 달은 밤에 비치었고, 해는 낮에 비치었다. 달은 죽었다가 다시 태어난다. 일식은 하늘의 개가 해를 삼킬 때 일어나는데, 이때 개를 해로부터 쫓기 위해 사람들은 청동물건을 두드렸다.[4]

---

2) В. В. Подмаскин, *Духовная Культура Удэгейцев*, Владивосток, 1991, p.118.
3) Ibid., p.118.

[자료1]에는 선과 악의 투쟁으로 인한 땅의 창조라는 우주발생적 관념이 반영되어 있다. 이것은 우주창조 이전에 이미 선과 악이라는 이원적인 관념이 존재했다는 것을 의미하는데, 이러한 관념은 시베리아 여러 민족의 신화에서 두루 발견된다.[5] 하늘의 오리가 사악한 노파와의 투쟁의 결과로 섬 모양의 땅을 창조했다.[6] 이럴 경우 오리와 같은 물새는 우데게족의 관념에 의하면 우주의 창조와 밀접히 관련되어 있다.[7]

[자료2]는 다수의 해를 하나로 조정하는 모티프를 포함하고 있다. 이러한 신화는 아무르강 유역과 연해주에 거주하는 오로치족, 울치족, 니브흐족, 나나이족에게도 널리 알려져 있다.[8] 이들 신화에는 한결같이 다수의 해를 하나로 조정하는 '사냥꾼-개조자'охотник-преобразователь가 등장하는데, 이들은 문화영웅으로서의 속성을 지닌 존재이다.[9]

[자료2]에 보이는 다수의 해에 대한 모티프는 우주창조의 불완전성과 함께 심한 가뭄의 상황을 반영하고 있는 것으로 보인다.[10]

[자료3]에서 우데게족은 일식을 '하늘의 개'небесная собака가 해를 삼킬 때 일어나는 자연현상으로 설명한다. 일식이 일어나면 해를 삼키려는 '하늘의 개'를 위협해서 내쫓기 위해 의례를 거행하는데, 이때 우데게

---

4) Ibid., p.124.

5) Uno Holmberg, *The Mythology of All Races*, Vol. IV, New York, 1964, pp.313-329.

6) 한국의 경우에는 미분된 천지가 갈라지면서 땅이 나타나게 되었다. 이것은 최초의 창조보다는 태초의 혼돈이 어떻게 조정되었는가에 더 큰 비중을 두고 있는 것으로 보인다. 이에 대해서는 박종성, 『한국 창세서사시 연구』, 태학사, 1999 참조.

7) А. П. Окладников, *Лики Древнего Амура*, Новосибирск, 1968, p.168.

8) 한국의 경우에도 다수의 해를 하나로 조정하는 모티프가 보이는데, 이에 대해서는 현용준, 「제주도 개벽신화의 계통」, 『제주도 연구』 5집, 제주도연구회, 1988 ; 김헌선, 『한국의 창세신화』, 길벗, 1994 ; 박종성, 앞의 책 ; 곽진석, 「시베리아 오로치족의 신화와 신앙에 대한 연구」, 『구비문학연구』 제12집, 한국구비문학회, 2001 참조.

9) В. В. Подмаскин, op. cit., p.55.

10) М. Д. Симонов, В. Т. Кялундзюга, М. М. Хасанова ed., *Фольклор Удэгейцев: Ниманку, Талунгу, Ехэ*, Новосибирск, 1998, p.26.

족은 북과 금속도구를 두드린다.[11) 어둠은 기근과 재난을 예고하는 나쁜 징후이기 때문이다. '하늘의 개'가 주기적으로 해를 삼키려고 하지만, 우데 게족은 땅을 밟는 소리, 외치는 소리, 북과 금속 소리 등으로 개를 해로부터 내쫓는다. 그러면 해는 죽지 않고 다시 살아난다고 생각한다.[12)

그리고 [자료3]에는 해-여성, 달-남성이라는 관념이 내포되어 있다. 이러한 관념은 시베리아 여러 민족의 신화에서 일반적으로 나타난다. 특히, '해-여성'이라는 관념은 태양신화에서 두드러지게 나타난다.[13)

이상의 자료에 의하면, 우데게족의 세계에 대한 최초의 관념은 '우주 발생적'이 아니라 '지리적'이다. 단지 혼돈의 상태인 세계에 질서가 부여됨으로써 모든 것이 새롭게 시작되기 때문이다.

2) 토템신화

토템신화는 인간과 동물계의 대리자의 관련성에 대해 이야기한다. 우데게족은 곰의 '인간적 본성'을 이해하고 그들을 자신들의 조상으로 간주한다. 그들은 곰을 '할아버지', '노인', '숲의 정령', '그'라고 부른다. 그리고 그들은 호랑이를 존경할 만한 '친척'이나 다른 종족의 '사람'으로 간주하면서 신성한 동물로 숭배한다. 그래서 호랑이를 죽이거나 그 고기를 먹는 것은 금지되어 있다. 또 호랑이는 사람의 말을 알아듣기 때문에 그들에 대해 이야기하는 것도 금지되어 있다.[14) 이러한 동물들은 종족의 시조가 되거나 보호자가 되기도 한다.[15)

---

11) 일식 때 우데게족이 거행하는 의례는 『고려사』나 『조선왕조실록』에 기록된 구일식의(救日蝕儀)를 연상시킨다.
12) А. И. Крушанова ed., op. cit., p.73.
13) С. А. Токарев ed., op. cit., pp.461~462.
　　한국의 경우, 〈해와 달이 된 오누이〉에서도 해-여성, 달-남성이라는 관념이 보인다.
14) А. И. Крушанова ed., op. cit., p.76.
15) В. А. Аврорин и Е. П. Лебедева, *Орочские Тексты и Словарь*, Ленингра

[자료 4]

사냥꾼이 자신의 아이들을 숲에 남겨두고 강물에 뛰어들었다. 곰이 소녀를 아내로 삼아 함께 살았고, 호랑이가 소년을 남편으로 삼아 함께 살았다. 호랑이와 소년의 혼인에서는 자식이 태어나지 않았고, 곰과 소녀의 혼인에서는 자식이 태어났는데 그들이 우데게족의 시조이다. 이 때문에 우데게족은 곰을 자신들의 조상으로 생각한다. 어느 날 소년이 사냥에서 화살로 곰에게 상처를 입혔다. 곰은 죽으면서 자신은 그의 누이동생의 남편이라고 말하고 다음과 같은 유언을 남겼다. "이후로는 오빠에 의해 살해된 곰 고기를 누이동생이 먹을 수 없고, 여성은 언제나 곰 가죽에서 잘 수 없으며, 곰의 성기를 모계를 따라 후손에 상속하도록 하라." 우데게족은 지금도 이 금기를 준수하고 있다.[16]

[자료 5]

누나 '벨레'бəлe가 자신의 남동생 '이그드이가'eгдыгa와 함께 살았다. 어느 날 남동생은, 누나가 곰인 '비아투'биaтy와 살고 있는 것을 알게 되었다. 남동생은 누나가 여행을 떠난 사이에 그 곰을 창으로 찔렀고, 곰은 피를 흘리면서 도망쳤다. 여행에서 돌아온 누나는 이런 사실을 알고 그 곰을 찾아 집을 떠나버렸다. 곰을 찾은 누나는 곰과 함께 살았지만, 그 남편-곰은 결국 남동생에 의해 살해되었다. 그 후 누나는 남동생을 떠났고, 남동생은 다른 여자와 혼인을 했다.[17]

[자료4]와 [자료5]는 우데게족의 소위 곰 신화이다. 이 가운데 [자료4]에서는 우데게족의 기원이 곰과 소녀의 혼인에 있는 것으로 묘사되어 있다. 우데게족은 곰을 자신들의 조상으로 간주하는데, 이럴 경우 곰은 '동물-조상'으로서의 토템이다.[18]

[자료5]에서 누나 '벨레'와 자신의 남동생 '이그드이가'는 근친상간의

д, 1978, p.37.

곰과 호랑이는 아무르강 유역이나 연해주 지역에서 흔히 종족의 토템으로 숭배되고 있다.

16) B. B. Подмаскин, op. cit., p.48.

17) М. Д. Симонов, В. Т. Кялундзюга, М. М. Хасанова ed., op. cit., pp.81-85.

18) 한국의 경우 〈단군신화〉에서도 이러한 점이 엿보인다.

혼인을 한 상태였다. 이러한 족내혼은 만주—퉁구스족에 있어서 고유한 풍속이었다.[19] 그러나 누나는 남동생을 떠나 곰과 함께 살게 되는데, 이것은 혼인의 풍속이 족내혼에서 족외혼으로 변모되어 가는 과정을 보여준다. 혼인 규범을 위반한 대가로 남편—곰은 결국 죽게 되고, 남동생은 다른 여자와 혼인함으로써 족외혼이라는 새로운 풍속을 따르고 있다.

우데게족의 곰 토템 숭배는 '곰 축제'를 수반한다. '곰 축제'의 본질은 사냥에서 곰을 죽이거나 사육된 곰을 죽일 때 의례를 개최하는 데 있다.[20] 이 축제 때 그들은, 죽은 곰의 영혼이 곰의 '지배령'дух-хозяин에게 가서 자신들에 대해 잘 말하고, 그래서 더 많은 곰을 포획할 수 있도록 곰에게 부탁한다. 수렵과 관련된 '곰 축제'에서 아무르강 유역과 연해주의 다른 민족들처럼 곰은 풍요/건강/안녕을 보장하는 주술적인 동물로 간주되고 있다.[21]

3) 정령신화

우데게족 신앙의 본질 가운데 하나는 자연에 대한 애니미즘적인 관념에 있다.[22] 따라서 그들은 수많은 정령, 즉 물, 불, 땅, 바위, 산과 숲의 정령 등과 같은 '자연의 정령'을 숭배한다. 이러한 신앙적 관념은 '자연의 정령'과 그에 대한 숭배를 이야기하는 정령신화의 모태가 된다.

---

19) М. Д. Симонов, В. Т. Кялундзюга, М. М. Хасанова ed., op. cit., p.25.

20) Б. А. Васильев, *Медвежий Праздник у Орочей*, Москва, 1946, p.24.

21) В. Г. Ларькин, "Религиозные Воззрения Удэгей цев", *Труды Серия Историческая*, Том 2, Владивосток, 1961, p.230.

22) Ibid., p.72.

[자료 6]

어느 날 물고기의 정령 '수그쟈 아쟈니'cyrзя aзaни가 강으로 물고기를 보내주지 않았다. 그때 사람들은 왜 물고기가 오지 않는가를 알아보기 위해 그에게로 갔다. 사람들이 폭포 근처에서 자는데, 정령이 꿈에 나타났다. 정령은 사람들에게 뱃전에 나무로 만든 오리를 부착한 배를 만들어 타고 자신의 집으로 오라고 했다. 다음날 아침 일찍 사람들은 정령이 시키는 대로 배를 만들어 타고 그에게로 갔다. 정령은 사람들을 정성스럽게 맞이하면서 앞으로는 상처 입은 물고기를 강에 던지지 말라고 했다. 왜냐하면 상처 입은 물고기는 사람들에 대한 불만을 가지고 그 정령에게로 돌아가기 때문이다. 그렇게 하지 않으면 정령은 물고기를 강으로 보내지 않고 사람들을 벌한다. 정령은 이러한 말을 다른 사람들에게 전하라고 하면서 사람들을 다시 세상으로 돌려보냈다.[23]

[자료 7]

불의 정령 '뿌쟈'пузя는 썩은 나무에 살고 있다. 사람들은 나무를 자를 때, 정령이 도끼에 다치지 않도록 나무를 떠날 것을 그에게 부탁한다. 불의 정령은 모닥불 속에서도 나타나기 때문에 그것을 칼이나 창으로 휘저어서는 안 된다. 불의 정령에게 성공적인 사냥을 기원한다. 그때 정령의 환심을 사기 위해 모닥불에 고기, 물고기, 죽, 소량의 술을 던진다. 불의 정령은 곤들매기의 눈과 기름기 없는 버터를 매우 좋아한다. 언젠가 한 노인이 작살로 물고기를 찔러 썩은 나무 위에 놓아두었다. 그 후 노인은 팔이 아프기 시작했는데, 그것은 불의 정령이 그를 벌했기 때문이다. 노인이 곤들매기의 눈을 불의 정령에게 바치고, 손에 곤들매기의 뇌수를 바른 후에 팔이 나았다.[24]

[자료 8]

땅의 정령은 쓰러진 썩은 나무에 살고 있다. 사람들은 썩은 나무를 자르지 않는데, 만약 자를 때는 다음과 같이 말한다. "땅의 정령이여, 제가 팔과 다리를 다치게 할지도 모르니 치우십시오." 또 사람들은 만약 팔과 다리가 부으면 땅의 정령이 벌했다고 말하면서 복을 주도록 그에게 부탁한다. "땅의 정령이여, 제 팔과 다리를 고쳐 주십시오."

물의 정령은 강이나 바다 밑바닥에 있는 썩은 나무에 살고 있다. 물고기를 잡으러 가

---

23) В. В. Подмаскин, op. cit., p.119.
24) Ibid., p.126.

서 어떤 음식을 먹을 때 많은 물고기를 잡도록 도와 주십시오라고 말하면서 그에게도 음식을 주어야 한다. 만약 작살로 물고기를 잡을 때 물 밑바닥에 있는 썩은 나무를 건드리면 다음과 같이 말한다. "물의 정령이여, 고의로 그렇게 한 것이 아닙니다."25)

우데게족은, 모든 자연은 살아 있으며 영혼이 있다고 믿는 애니미즘적인 관념에 따라 자신들의 삶과 밀접히 관련되어 있는 숱한 '자연의 정령'을 숭배한다. [자료6], [자료7], [자료8]에서 각각 물고기의 정령, 불의 정령, 그리고 땅과 물의 정령의 숭배에 대해 말하고 있다. 우데게족은 자신들을 둘러싸고 있는 자연의 정령들에게 제물을 바치고 금기를 지켜 그들을 숭배함으로써 삶의 안녕과 풍요를 보장하고자 하였다.

4) 샤먼신화

샤먼은 정령과의 접촉을 통해 환자를 치료하기도 하고, 사냥의 성공을 보장하기도 하며, 사자(死者)의 영혼을 저승으로 인도하기도 하는 특별한 능력을 지닌 사람이다.26) 샤먼신화는 이 같은 모티프를 포함하고 있다.

[자료 9]

'우자'уза가 숲을 거닐다가 우연히 호수 속의 조가비를 보았는데, 조가비가 그에게 말했다. "'우자'야, 집으로 돌아가서 너의 형이 자는 곳을 파 보아라. 그러면 죽은 사람의 세계 '부니'буни로 가는 입구가 보일 것이다." 그는 집으로 돌아와 그곳을 파다가 저승으로 가는 입구를 발견했다. 거기서 개가 덤벼들었다. 그 후에 한 노파를 만났다. 노파는, 그가 저승으로 갈 수 있도록 통과시켜 주면서 그에게 말했다. "'우자'야, 네가 처음으로 영혼의 길을 내었다." 그때부터 죽은 사람의 영혼은 '우자'를 따라 저승으로 갔고, 그 입구에 개가 지키고 있기 때문에 다시는 지상세계로 돌아올 수 없었다.27)

---

25) М. Д. Симонов, В. Т. Кялундзюга, М. М. Хасанова ed., op. cit., pp.307~308.
26) А. И. Крушанова ed., op. cit., p.81.

[자료 10]

　샤먼은, 영혼이 몸 밖으로 나갔기 때문에 아이가 아프다는 것을 알고 있다. 샤먼은 의례를 거행하기 전에 가죽으로 둥근 '오메'oмe(아이의 영혼이 담겨 있는 둥지-저장소)를 만드는데, 그것에는 푸른 구슬로 된 눈알이 붙어 있다. 샤먼은 북을 치면서 의례를 거행하는 동안에 보조령과 함께 타계로 가서 '위대한 할머니'를 만난다. 샤먼은 아이의 영혼을 돌보고 있던 '위대한 할머니'로부터 영혼을 돌려받아 다시 이승으로 돌아온다. 그는 되찾아온 영혼을 '오메'에 불어 넣은 후 아이의 옷에 꿰맨다. 아이는 자신의 영혼을 되찾은 후 완쾌된다.[28]

[자료 11]

　사람이 병을 앓다가 죽었을 때, 사람들은 그의 영혼을 저승으로 보내기 위해 샤먼을 부른다. 죽은 환자의 영혼은 스스로 저승으로 가지 못하기 때문이다. 만약 그의 영혼이 저승으로 가지 못하고 오랫동안 이승에 머물러 있으면 사악한 정령이 되고, 친척들은 병을 앓다가 죽게 될 것이다. 그래서 사자의 영혼은 빨리 저승으로 인도되어야 한다고 말한다. 이때 샤먼은 죽은 사람의 영혼을 저승으로 인도하기 위해 의례를 거행한다.[29]

　[자료9]는 최초로 저승을 다녀온, 그래서 죽은 사람의 영혼을 그곳으로 인도할 수 있는 힘을 지니게 된 '우자'의 타계여행담(他界旅行談)이라고 할 수 있다. 이 신화에서 '우자'는 무조(巫祖)로서의 권능을 부여받고 있다.[30]
　[자료10]은 샤먼의 질병치료와 관련된 신화이다. 이 신화에는 우데게족의 질병관이 잘 나타나 있다. 즉, 영혼의 일시적 상실이 질병을 야기하고, 그 상실된 영혼이 회복되었을 때 질병이 치료된다는 것이 그것

27) В. В. Подмаскин, op. cit., p.120.
28) М. Д. Симонов, В. Т. Кялундзюга, М. М. Хасанова ed., op. cit., pp.295-297.
29) Ibid., pp.299-301.
30) 한국의 경우 '바리데기'가 이러한 권능을 부여받고 있다. 이에 대해서는 김열규, 『한국신화와 무속연구』, 일조각, 1977 ; 곽진석, 「한국의 영혼여행담과 시베리아 샤머니즘」, 『구비문학연구』 제6집, 한국구비문학회, 1998 참조.

이다. 상실된 환자의 영혼을 되찾기 위해 샤먼은 보조령과 함께 타계여행을 떠난다.

[자료11]도 [자료9]와 마찬가지로 죽은 사람의 영혼을 저승으로 인도하기 위한 샤먼의 타계여행담 또는 영혼여행담이라고 할 만하다. 여기에는 죽은 사람의 영혼이 이승에 머물면서 사악한 정령으로 변하여 가족이나 친척에게 해를 끼친다는 원령관념이 내포되어 있다. 이러한 관념 때문에 샤먼은 죽은 사람의 영혼을 저승으로 인도하는 의례를 거행한다.[31]

2. 우데게족의 신앙

우데게족의 신앙은 근본적으로 애니미즘과 샤머니즘에 기초되어 있다. 우데게족은 애니미즘적인 관념에 따라 자연의 신비한 힘을 믿는다. 자연의 힘은 산, 숲, 물, 불 등의 정령의 모습으로 구체화되면서 살아 있는 존재로 인식된다. 이러한 관념은 자연과 인간의 구체적인 상호작용 속에서 발생된다. 자연의 힘 앞에서 느끼는 공포는, 주변의 사물들이 선령(善靈)과 악령(惡靈)의 구현이고 인간의 운명은 그것의 의지에 달려 있다는 믿음을 낳는다.[32] 이러한 믿음에 따라 우데게족은 각종 '자연의 정령'을 숭배한다.

우데게족은 연어의 정령 '마마사'мамаса를 보조자로 거느리고 있는 물의 정령 '가니히'ганихи를 주요한 '자연의 정령'으로 생각한다. 연어의 어획은 그것의 정령인 '마마사'의 의지에 달려 있다. 또 물고기와 바다동물의 정령 '수그쟈 아자니'сугзя азани는 일정한 양의 물고기를 강으로 몰아넣도록 그의 보조자 제비를 보낸다.

---

31) 한국의 경우 〈오구굿〉/〈혼굿〉/〈셋김굿〉 등이 이러한 역할을 다하고 있다.
32) А. И. Крушанова ed., op. cit., p.72.

'자연의 정령' 가운데 불의 정령 '뿌쟈 아자니'пузя азани가 가장 숭배된다. 불의 정령은 백발의 늙은 여성으로 나타나기도 하고 젊은 청년으로 나타나기도 한다.[33] 불을 함부로 다루거나 꺼뜨리면 병에 걸리거나죽을 수도 있다. 불의 정령은 가족의 보호자 또는 종족 통합의 상징으로서 숭배된다. 가끔 여성의 모습으로만 나타나기도 하는, 아궁이와가족의 보호자 '아야미'аями도 불의 숭배와 관련되어 있다.[34] 이러한숭배에 따라 각 종족의 족장 집에는 '종족의 부싯돌'родовое огниво이보관되어 있다.

여성의 모습으로 나타나는 정령 가운데 '사그드이 마마'сагдыmама가 있다.이 정령은 늙은 여성인데, 아이의 탄생/성장/건강과 관련되어 있다. 어떤여성이 아이를 임신하고 출산했을 때 그녀에게 아이의 영혼을 보내준다고 믿어진다. 이 정령의 숭배는 만주-퉁구스족 가운데 만주족에게서만나타난다.[35]

산의 정령 '온쿠'онку는 중년의 사람 모습을 하고 있는데, 곰, 호랑이,담비, 새로 변신할 수도 있다. 사람들이 산의 정령을 화나게 하면 사냥을 성공적으로 수행할 수 없다. 그래서 우데게족은 산의 정상에 오르지 않고, 산의 금지된 지역에서 고함을 치거나 휘파람을 불지 않는다. 성공적인 사냥을 보장받기 위해 바위나 암벽으로 이루어진 신성한지역에서 산의 정령을 숭배하는 의례를 거행하기도 한다.

동물의 정령 '타구 마마'тагу мама에게는 '지상동물의 어머니'라는뜻을 지닌 보조자 '굴라 아자미'гула азами가 있다. 우데게족은 사냥을

---

33) 사회조직이 모계사회에서 부계사회로 변함에 따라 정령의 성(性)도 여성에서 남성으로변한 것으로 보인다. 이와 함께 신화에서도 점차 여성의 모습이 남성에 의해 배제된 것으로 보인다.

  М. Д. Симонов, В. Т. Кялундзюга, М. М. Хасанова ed., op. cit., p.32.

34) 한국의 경우 '불씨'에 대한 관습이나 '조왕신앙'에서 이러한 관념을 확인할 수 있다.

35) 한국의 민간신앙에서 '삼신할머니'가 이와 유사한 신격(神格)을 가지고 있다.

할 때 동물들을 숲으로 보내주도록 그에게 부탁한다.36)

하늘 숭배와 관련하여 하늘의 정령 '산기야 마마'сангия мама는 성공적인 사냥을 위해 숭배된다. 이 정령은 동물의 영혼을 하늘로부터 지상으로 보내준다. 오늘날 이러한 하늘 숭배와 '산기야 마마' 숭배는 신 가운데 최고신인 '안둘리'андули 숭배로 대체되었다.37)

우데게족 신앙의 한 기초를 이루는 샤머니즘은 원시사회의 종교적 현상 가운데 하나이다. 특별한 인물, 즉 샤먼은 특별한 의례를 통해 정령과 접촉함으로써 질병 치료/영혼 인도/미래 예언 등을 수행할 수 있다고 믿는 신앙이 샤머니즘이다. 샤먼은 이러한 목적을 달성하기 위해 동물/새/물고기 등으로 변신하기도 하고, 동물의 언어를 이해하기도 하며, '자연의 정령'이나 조상령과 대화하기도 한다.38)

우데게족 샤먼은 두 가지 유형으로 나뉜다. 하나는 '강한 샤먼'이고, 다른 하나는 '약한 샤먼'이다.39) '강한 샤먼'은 종족의 경계를 벗어나서도 그 힘을 발휘할 수 있지만, '약한 샤먼'은 종족이나 가정의 경계 안에서만 그 힘을 발휘할 수 있다. 환자를 치료하는 의례는 '강한 샤먼'과 '약한 샤먼'이 다 같이 수행할 수 있지만, 죽은 사람의 영혼을 저승으로 인도하는 의례는 '강한 샤먼'만이 수행할 수 있다.40)

우데게족 샤먼은 자의적으로 될 수 없고 단지 죽은 샤먼 조상의 소명에 따라서, 또는 세습적으로 샤먼이 될 수 있다. 우데게족에게 있어서 샤먼

---

36) В. В. Подмаскин, op. cit., pp.27–28.
37) В. Г. Ларькин, op. cit., p.229.
38) В. В. Подмаскин, op. cit., p.41.
39) В. Г. Ларькин, op. cit., p.232.
40) '강한 샤먼'과 '약한 샤먼'은 제주도 무속에서 각각 '큰심방'과 '소미'와 비교될 수 있지만, 우데게족의 경우는 제주도의 경우와 달리 의례의 규모에 따른 분류가 아니고 의례의 기능에 따른 분류다. 제주도 무속에서의 샤먼의 유형에 대해서는 현용준, 『제주도 무속연구』, 집문당, 1986 참조.

조상의 소명은 질병이나 큰 불행을 겪고 난 후 잠에서 보호령을 보는 것이다. 그러한 경험을 한 사람은 반드시 샤먼이 되어야 한다. 그렇지 않으면 그 사람은 질병, 불행, 죽음에 이르기까지 한다.[41] 우데게족 샤먼은 의례를 거행할 때 특별한 샤먼 복장을 갖춘다. 이 샤먼 복장은 사람, 동물, 새, 파충류, 양서류 등을 형상화한 여러 가지 그림으로 장식되어 있다. 이 형상들은 샤먼의 보호령이거나 보조령이다. 샤먼 복장에 그려진 이 형상들로 인해 우데게족은 다른 만주-퉁구스족과 한 그룹으로 인식된다.[42]

[그림1] [43]

[그림2] [44]

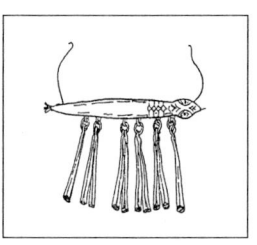
[그림3] [45]

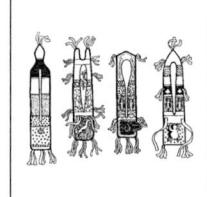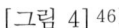
[그림 4] [46]

[그림 5] [47]

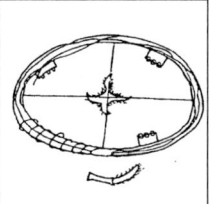
[그림6] [48]

[그림 7] [49]

---

41) В. Г. Ларькин, op. cit., p.232.

42) Ibid., p.232.

43) Н. В. Кочешков, *Декоративное Искуство Народов Нижнего Амура и Сахалина XIX-XX вв.*, Санкт-Петербург, 1995, p.93.

44) А. И. Крушанова ed., op. cit., p.53.

45) М. Д. Симонов, "Атрибуты Удэгейского Шамана", *Известия Сибирского Отделения Академии Наук СССР*, Вып. 2, Новосибирск, 1990, p.46.

46) А. И. Крушанова ed., op. cit., p.55.

[그림1]은 샤먼의 외투이다. 이 외투에는 사람·용·뱀·도마뱀·개구리·말파리·새·곰·호랑이 등이 사실적으로 묘사되어 있는데, 이것은 자연에 대한 인식이 반영된 결과이다.

[그림2]는 샤먼의 치마이다. 이 치마에는 뱀·도마뱀·개 등이 그려져 있다. 샤먼이 바다표범의 가죽으로 만들어진 이 치마를 입고 의례를 거행하면, 그는 바다표범처럼 강이나 바다를 무사히 건널 수 있다고 믿어진다.

[그림3]은 샤먼의 허리띠이다. 이것은 거대한 뱀 형상을 하고 있다. 뱀은 혀를 가진 머리와 평평한 몸통, 그리고 헝겊으로 표현된 꼬리로 이루어져 있다. 이 뱀에는 금속으로 만들어진 긴 원추형의 물체가 달려 있다. 이 허리띠는 샤먼이 환자의 영혼을 수색할 때, 또는 죽은 사람의 영혼을 저승으로 인도할 때 사용된다. 샤먼은 이 허리띠를 두르고 질병령을 추적하면서, 또는 저승으로 향하면서 닥치게 될 위험으로부터 자신을 보호한다.

[그림4]는 샤먼의 가슴 가리개이다. 첫 번째 것은 여러 가지 꽃 그림으로 장식되어 있고, 두 번째 것은 두 마리 새와 두 사람 형상, 도약하는 말 형상, 그리고 그 위에 '샤먼의 태양'шаманское солнце으로 장식되어 있으며, 세 번째 것은 마주보고 있는 두 사람 형상, 그 아래 두 마리 개구리와 새로 장식되어 있다. 그리고 마지막 것은 두 마리 새와 도마뱀, 그 아래 큰 두꺼비로 장식되어 있다.

[그림5]는 샤먼의 모자이다. 모자 위에는 나무로 만든 뿔이 붙어 있고, 옆면에는 뱀·도마뱀·새·물고기 등으로 장식되어 있다.

[그림6]은 샤먼의 북과 북 방망이다. 북은 샤먼복식 가운데 가장 중

---

47) Ibid., p.100.
48) М. Д. Симонов, op. cit., p.48.
49) А. И. Крушанова ed., op. cit., p.55.

요한 것으로, 그 형태는 오로치족, 나나이족과 같은 이웃민족의 그것과 매우 유사하다. '북' 테두리는 좁고, 십자축이 교차되는 곳에는 도마뱀의 머리 형상을 붙였다. 테두리 안쪽에는 작은 동전 같은 것을 매달았다. 이 같은 북은 샤먼의례에서 사악한 정령을 쫓거나 정령과의 교통수단으로 사용된다. 그리고 북 방망이는 손잡이와 때리는 부분으로 이루어져 있는데, 약간 구부러진 때리는 부분의 표면에는 수달이나 사슴의 모피가 붙어 있다. 또 '북채'의 표면에는 뱀·도마뱀·개구리 등이 그려져 있다.

[그림7]은 '함바바'хамбаба라고 불리는 샤먼의 가면이다. 가면은 나무나 자작나무 껍질로 만들어지는데, 표면에는 검고 붉은 줄무늬를 그린다. 또 가장자리에는 곰의 모피를 붙인다. 이 같은 가면은 샤먼의 보호령을 형상화한 것인데, 샤먼은 의례 때 사악한 정령을 위협하여 쫓기 위하여 이 가면을 쓴다.

우데게족의 샤먼 복장에 등장하는 각종 동물들은 그들을 둘러싸고 있는 세계에 대한 애니미즘적인 관념과 밀접히 관련된다.[50) 그 동물들은 각종 의례에서 샤먼의 보조자나 보호령으로서의 기능을 수행한다.

샤먼 의례는 모든 종류의 예술을 포함하는 종합적 행위로서[51), 샤먼은 그것을 통해 샤먼으로서의 자격을 획득하고, 죽은 사람의 영혼을 저승으로 인도하고, 환자의 병을 치료하고, 성공적인 사냥을 기원하며, 그리고 보호령을 숭배한다. 이것들은 각각 입무의례, 천령의례, 치병의례, 수렵·어로의례, 축신의례 등에 해당된다.[52)

---

50) Ibid., p.103.
  우데게족의 장식에서 가장 빈번하게 나타나는 동물 형상은 뱀/도마뱀/곰/호랑이/사슴/새/물고기 등이다.
51) М. Д. Симонов, В. Т. Кялундзюга, М. М. Хасанова ed., op. cit., p.32.

샤먼 후보자가 열 살이 되면 입무의례를 거행한다. 의례가 시작되면, 샤먼은 태양을 향해 웅크리고 앉은 샤먼 후보자의 등 뒤에 앉아 북을 치면서 후보자의 정수리를 분다. 샤먼은 이 행동으로 자신의 보호령을 샤먼 후보자에게 자리잡게 한다. 샤먼 후보자는 샤먼의 보호령을 보자말자 발작을 일으킨다. 이 이후에 샤먼 후보자는 샤먼으로부터 북과 북 방망이를 받아 '작은 샤먼'이 된다. 이 '작은 샤먼'은 스무 살에 '큰 샤먼'이 되는데, 이때부터 그는 북을 연주할 수 있고, 샤먼의 노래를 부를 수 있으며, 또 샤먼의 춤도 출 수 있다.[53]

천령의례는 사자의 영혼을 저승으로 인도하는 의례인데, '하나이 하우후찌'ханай хаухути라고 불려진다. 샤먼은 북을 두드리고 노래하면서 자신의 보호령을 불러내고, 그의 도움으로 죽은 사람의 영혼을 찾아 '뿌젠쿠'пудэнку(샤먼이 죽은 사람의 영혼을 저승으로 인도할 때 그 영혼이 일시적으로 머무는 장소)로 들어가도록 한다. 그 다음에 샤먼은 죽은 사람의 영혼에게 술과 음식을 대접하고 그와 대화를 나눈다. 이 의식이 끝나면, 샤먼은 죽은 사람의 영혼을 썰매로 강의 상류에 있는 산의 구멍으로 운반한다. 샤먼이 이 구멍으로 들어갈 때, 그의 보조령은 샤먼이 죽은 사람의 세계에 남지 않도록 썰매에 그를 묶은 가죽끈을 잡는다. 샤먼은 저승에 죽은 사람의 영혼을 남겨두고 다시 이 세상으로 돌아온다. 의례에 참가한 사람들은 '뿌젠쿠'를 밖으로 치우고, 샤먼은 썰매에 묶인 가죽끈을 푼다.[54]

치병의례는 두 가지 방법으로 거행된다. 하나는 환자의 몸으로부터

---

52) 우데계족의 각종 의례는 한국 무속의 무신제, 가제, 동제에 포함되어 있는 각종 의례와 대응된다. 이에 대해서는 김태곤, 『한국무속연구』, 집문당, 1995, pp.354–356면 참조.
53) А. И. Крушанова ed., op. cit., pp.81–82.
54) М. Д. Симонов, В. Т. Кялундзюга, М. М. Хасанова ed., op. cit., p.299.

질병령인 '암바'амба를 추방하는 것이고, 다른 하나는 환자의 잃어버린 영혼인 '하냐'ханя를 회복하는 것이다. 질병이 질병령의 침입으로 야기되었다고 믿어질 때, 샤먼은 그 질병령을 쫓는 의례를 거행한다. 샤먼은 먼저 질병의 원인이 무엇인지를 알기 위해 점을 친다. 이를 위해 샤먼은 양손에 돌을 잡고 환자에게 주입된 질병령의 이름을 소리내어 말한다. 이때 샤먼이 그 정령의 이름을 정확히 말하면, 돌을 든 손이 아래로 내려온다. 점을 친 후 풀이나 나무로 질병령의 형상으로 '뿌단쿠'пуданку를 만든 다음 질병령과의 싸움을 시작하고, 그 정령을 '뿌단쿠'로 잡아넣는다. 샤먼의 지시에 따라 '뿌단쿠'를 강이나 숲으로 가지고 가서 버린다. 그 다음에 샤먼은 빗자루로 환자를 쓸어준다.

질병이 영혼의 일시적 상실로 야기되었다고 믿어질 때, 샤먼은 그 상실된 영혼을 되찾는 의례를 거행한다. 샤먼은 환자의 영혼을 훔친 악령을 찾으면서 "영혼을 어디에 숨겼느냐? 저승의 세계인 '부니'로 데려갔느냐, 숲의 정령에게 주었느냐, 어디에 숨겼느냐?"고 큰 소리로 묻는다. 상실된 영혼이 어디에 있는지를 알아챈 샤먼은 그곳으로 가서 갈고리로 영혼을 끌어낸다. 샤먼은 포획된 영혼을 환자에게 불어넣는다.[55]

수렵의례에서 사냥꾼 또는 샤먼이 하늘의 정령에게 사냥의 성공과 건강을 기원한다. 이를 위해 그들은 동쪽으로 뻗은 자작나무·전나무·백양나무·버드나무 가지에 삼각형의 자국을 낸다. 그리고 나무 뿌리 옆에 만든 제단 위에서 철쭉 잎을 태우고 약간의 담배와 음식을 놓아둔다.

어부들도 물고기를 잡기 전에 어로의례를 거행한다. 그들은 강가에 돌 제단을 만들고 곤들매기의 눈이나 물고기의 지방을 태운다. 이런 의례를 통해 성공적인 어로를 기원한다.[56]

---

55) В. Г. Ларькин, op. cit., pp.235~236.

축신의례는 '우니지'униди라고 불리는데, 보호령을 숭배하기 위한 샤먼의 의례적인 여행과 관련되어 있다. 이 의례 때 보호령에게 제물로 돼지가 바쳐진다.[57]

3. 우데게족의 신화와 신앙에 나타난 관념

우데게족의 신화와 신앙에는 우주, 영혼, 질병에 대한 그들의 전통적 관념이 투영되어 있다. 이러한 우주관, 영혼관, 질병관은 대체로 시베리아 샤머니즘의 이념체계와 맥락을 같이하고 있는 것으로 보인다.

1) 우주관

우데게족의 세계관에 의하면 우주는 세 개의 세계, 즉 천상계, 지상계, 지하계로 구성되어 있다. 이러한 관념은 대부분의 시베리아 민족에게서 일반적으로 나타난다.

천상계는 지상계와 유사한 구조를 갖고 있다. 천상계에는 지상의 친척들을 돕는 '착한' 사람들이 산다. 또 그곳에는 그들이 사냥을 할 수 있는 숲도 있다. 하늘에는 구멍이 있는데, 샤먼의 영혼은 그것을 통해 자유롭게 천상계로 들어갈 수 있다. 우데게족의 관념에 의하면, 하늘은 예전에 땅과 닿아 있었는데, 나중에 하늘이 장막처럼 위로 올라가 버렸다.

그들은 '샤먼의 나무'шаманское дерево에 대한 독특한 관념을 가지고 있다. 이 나무의 뿌리는 저승에 있고, 줄기는 지상에 있으며, 꼭대기는

---

56) В. В. Подмаскин, op. cit., pp.32–33.
57) А. И. Крушанова ed., op. cit., p.83.

하늘에 있다. 그들의 관념에 의하면, 이 나무는 샤먼의 영혼이 천상계로
비상할 때, 그리고 지하계로부터 귀환할 때 휴식하는 장소로 역할을 한다.

지상계에는 인간과 동물, 그리고 '자연의 정령'들이 살고 있다. 가장
높은 산에는 동물을 지배하는 동물의 정령이 살고 있다.

지하계는 아래층과 중간층 그리고 위층 등 세 개의 층으로 이루어져
있다. 지하계의 '아래층'은 구체적으로 묘사되지 않고, '중간층'은 도적의
세계이다. 여기에 사는 도적은 지상계로 올 때 사악한 정령이 되는데,
사람들을 사냥하여 자신들의 세계로 유혹한다. '위층'에서는 죽은 친척
들의 영혼이 지상에서의 삶처럼 생활한다. 지하계의 모든 것은 지상계와
정반대이다. 지상계에서 낮이면 지하계에서는 밤이고, 지상계에서 여름
이면 지하계에서는 겨울이다. 샤먼은 지상계의 서쪽 가장자리에 있는
구멍을 통해 죽은 사람의 세계로 갈 수 있다.[58] 샤먼은 이 구멍을 통해
죽은 사람의 영혼을 저승으로 인도하기도 한다.

2) 영혼관

자연의 모든 것은 영혼을 가지고 있는데, 이 가운데 사람은 두 개의
영혼을 가지고 있다.[59] 하나는 사람의 분신인 '찰리삐 하냐'чалипи х
аня이고, 다른 하나는 사람의 그림자인 '하냐'ханя이다. '찰리삐 하냐'는
사람의 육신 밖에서 산다. 이것은 강한 영혼으로서 사악한 정령을 무
서워하지 않는다. 이 영혼은 사람이 죽은 후에도 지상에 남아 선한 정

---

58) 다른 자료에 의하면, 지하계는 강 상류의 서쪽 높은 산에 있는 동굴을 통해 갈 수 있다.
   М. Д. Симонов, В. Т. Кялундзюга, М. М. Хасанова ed., op. cit., p.404.
59) Hultkrantz에 의하면, 이중적인 영혼관은 시베리아 샤머니즘의 핵심 관념 가운데 하나이다.
   Å. Hultkrantz, "Shamanism and Soul Ideology", M. Hoppá ed., *Shamanism in Eurasia*,
   Part 1, Göttingen, 1984, p.34.

령과 사악한 정령으로 변한다. 만약 사람이 사악하거나 종족의 관습을 위반하면 그 영혼은 사악한 정령으로 변하고, 선한 사람의 영혼은 선한 정령으로 변하여 가정과 가족의 보호자가 된다.

'하냐'는 사람의 육신 가운데 사는데, 사람이 죽을 때까지 육신과 떨어지지 않는다. 이 영혼은 사악한 정령에 의해 손상될 수 있기 때문에 약한 영혼으로 간주된다. 이 같은 '하냐'는 세 단계의 발전과정을 거친다. 첫째 단계에서 '하냐'는 새의 모습을 취하는데, '오메'оме라고 불린다. 이때의 '하냐'는 모태에 자리잡고 있다가 아이가 태어나면 그에게 자리잡는다. 그 다음에 '하냐'는 나비의 모습을 취하는데, '고보도'гободо라고 불린다. 그 후 아이가 걷기 시작할 때 영혼은 작은 쌍둥이의 모습을 취하는데, 이 영혼을 '하냐'ханя라고 부른다. 이 영혼은 사람이 죽은 후에 저승세계로 간다. 그곳에서 생활하다가 다시 그가 속했던 종족의 구성원으로 되돌아온다.[60]

3) 질병관

우데게족의 관념에 의하면, 질병은 사악한 정령이 환자의 영혼을 훔쳤을 때, 또는 사악한 정령이 환자의 몸속에 자리잡았을 때 생긴다. 이것은 질병의 원인이 영혼의 일시적 상실, 또는 질병령의 침입에 있음을 의미한다.[61] 우데게족의 치병의례가 이러한 질병관에 기초하고 있

---

60) В. Г. Ларькин, op. cit., p.228.
61) 시베리아 샤머니즘의 일반적 관념에 의하면, 사람의 질병은 영혼의 일시적 상실, 또는 질병령의 침입과 관련되고, 사람의 죽음은 영혼의 영구적 상실과 관련된다. 특히, 질병이 병령의 침입으로 야기된다는 관념은 동·중앙·동북시베리아에서 가장 전형적으로 나타난다.
Uno Holmberg, op. cit., p.473.

음은 물론이다. 따라서 질병의 치료는 상실된 영혼을 되찾거나 몸속에 자리잡은 질병령을 추방함으로써 가능하다.[62]

환자의 영혼을 회복하는 것은 단지 '강한 샤먼'만이 할 수 있다. 왜냐하면 '강한 샤먼'만이 영혼을 훔쳐간 사악한 정령에게로 갈 수 있기 때문이다. 그는 사악한 정령에게서 갈고리로 영혼을 포획하여 되돌아와 그것을 환자에게 불어넣는다. 이 상실된 영혼의 회복은 곧 환자의 회복을 의미한다.

그리고 환자의 몸에 침입한 질병령을 추방하는 것은 '강한 샤먼'과 '약한 샤먼'이 다 같이 할 수 있다. 샤먼은 먼저 어떤 질병령 때문에 질병이 야기되었는지를 알아보기 위해 점을 친다. 이때 돌이나 막대기 등을 이용하여 점을 친다.[63] 어떤 질병령 때문에 질병이 야기되었는지를 알게 되면, 샤먼은 그 질병령과의 싸움을 통해 그것을 환자의 몸속에서 쫓아낸다. 이 질병령의 추방은 곧 환자의 회복을 의미한다.

---

62) 제주도 무속에서 〈넋들임〉은 전자의 관념과 관련되고, 〈푸다시〉, 〈영감놀이〉, 〈새풀이〉와 강원도의 〈경읽기 박수〉는 후자의 관념과 관련된다.
63) В. Г. Ларькин, op. cit., p.228, p.235.

V. 시베리아 나나이족의 신화와 신앙

1. 나나이족의 신화

B. A. Аврорин은 나나이족의 서사적인 민간전승을 다른 만주-퉁구스족의 그것과 마찬가지로 크게 신화, 전설 등을 포함하는 '쩰룬구'тэлунгу와 서사시, 민담 등을 포함하는 '닌그만'нингман으로 분류하였다.[1] 이 가운데 신화는 우주창조와 관련된 모티프를 포함하는 창조신화, 토템과 관련된 모티프를 포함하는 토템신화, 정령과 관련된 모티프를 포함하는 정령신화, 그리고 샤먼과 관련된 모티프를 포함하는 샤먼신화 등 다양한 유형으로 분류될 수 있다.[2]

---

1) B. A. Аврорин, *Материалы по Нанайскому языку и Фольклору*, Ленинград, 1986, A. П. Деревянко ed., op. cit., pp.14-15에서 재인용.

2) B. A. Аврорин은 신화의 유형을 우주발생적인 신화, 원인론적인 신화, 토템미즘적인 신화, 샤머니즘적인 신화, 저승세계에 대한 신화, 정령에 대한 신화 등으로 분류하였다. 이

다양한 유형의 신화 가운데 창조신화는 세계와 인간의 창조 또는 기원 등을 설명하는 신화로서 세계적인 분포를 보인다. 이런 유형의 신화의 대표적인 모티프는 땅의 창조와 인간의 창조(또는 번창), 그리고 일월의 조정 모티프 등이다.

[자료 1]

태초에 세 명의 사람-'샨바이'шанвай , '산코아'шанкоа, '샨카'шанка-이 살았다. 어느 날 그들은 땅을 만들기 위해 돌과 모래를 가져오도록 세 마리의 백조를 보냈다. 새들은 잠수하였다. 7일 동안 물 밑에서 있다가 나와서 보니 땅이 자라고 있었다. 그때 그들은 '카도'кадо라고 불리는 남자와 '쥴치'джулчи라고 불리는 여자를 만들었다. 사람들의 수가 점차 불어나 아무르강 유역을 모두 차지하였다. '카도'가 말했다. "하늘에 있는 세 개의 해 때문에 너무 뜨거워 살 수가 없어. 해를 쏘아 죽여 버려야겠어!" 그의 아내 '쥴치'가 말했다. "그럼 해를 죽이러 가시오!" '카도'는 해가 떠오르는 곳으로 가서 구덩이를 파고 그 속에 숨었다. 첫 번째로 떠오르는 해를 쏘아 죽였다. 두 번째로 떠오르는 해를 쏘았으나 화살이 비켜 나갔다. 세 번째로 떠오르는 해를 쏘아 죽이고 집으로 돌아왔다. 그 후로는 날씨가 덥지 않았다.[3]

[자료 2]

태초에 아무것도 없었고 단지 물과 하늘만이 있었다. 그때 까마귀와 까치가 살았다. 까마귀는 앉을 곳을 찾아 날았지만 찾을 수 없었다. 그래서 땅을 만들 수 있도록 부탁하기 위해 하늘로 비상하여 해에게로 갔다. 해는 까마귀에게 자신의 한 부분을 떼어주었다. 까마귀는 그것을 삼키고 되돌아 트림을 했다. 그때 해 조각이 너무 깊게 떨어져 저승으로 가는 길이 열려 사람들이 죽기 시작했다. 까마귀가 해에게로 가는 동안 모든 것이 타버려 까마귀는 검게 되었다. 두 번째로 까치가 하늘로 비상하여 해에게로 갔다. 까치는 해에게로 가다가 방향을 바꾸었기 때문에 타지 않았지만 털이 빠져 버렸다. 까치는

가운데 질병의 원인이나 현상의 원인을 설명하는 원인론적인 신화는 우주발생적인 신화와 샤머니즘적인 신화, 그리고 정령에 대한 신화 유형에 포함될 수 있고, 또 저승세계에 대한 신화는 샤머니즘적인 관념과 관련이 깊기 때문에 샤머니즘적인 신화 유형에 포함될 수 있다.

3) А. П. Окладников, *Лики Древнего Амура,* Новосибирск, 1968, p.163.

흙, 생명, 건강에 좋은 나무들을 가지고 돌아왔다.[4]

[자료 3]

옛날 옛적에 온통 물만 있었다. 그렇게 오랫동안 있었다. 그 후 물의 흐름이 강하게 일어났다. 거품이 생길 정도로 물이 강하게 흘렀다. 거품이 더욱 커졌다. 강한 소용돌이가 생겼다. 그 소용돌이는 거품이 땅으로 변할 정도로 거품을 빙빙 돌게 했다. 바람이 세차게 불면 불수록 물은 더욱 강하게 흘렀고 소용돌이는 더욱 강하게 돌았으며 땅은 더욱 커졌다. 얼마간의 시간이 흘렀고 땅은 지금처럼 크고 거대하게 되었다.[5]

[자료 4]

처음에 물도 나무도 없었던 때가 있었다. 단지 사방에 진흙만 있었다. 그 때 힘센 독수리 '캬크 찬'кякчан이 수천 년 동안 하늘을 날고 있었다. 독수리는 하늘의 정령 '엔두리'эндури였지만 매우 피곤했다. 독수리는 어디에 쉴 곳이 없을까 하고 생각했다. 독수리는 주위의 진흙과 늪에서 잠시 쉬다가 문득 먼 곳에 작은 섬이 있는 것을 보았다. 독수리는 섬으로 날아가 난로 옆에 앉아있는 노파에게 소리쳤다. "수천 년 동안 날고 있소. 한 번도 앉아서 쉬지 못했소. 당신의 섬에 앉아서 잠시 쉬려고 하는데 괜찮겠소?" 노파가 대답했다. "안 되오. 하늘과 늪을 뒤섞이게 할 수 없소. 당신이 정말로 하늘의 정령 '엔두리'라면 계속 날아야 하오." 독수리는 간절히 애원했다. "너무 피로해서 지금 당장 아래로 떨어질 것 같소." 노파는 그런 독수리를 동정하면서 말했다. "음, 그렇다면 할 수 없군. 섬의 흙을 발톱으로 약간 움켜쥐고 날다가 쉬고 싶을 때 그 흙을 조금만 던지시오." 독수리는 섬으로 내려가 발톱으로 흙을 움켜쥐고 저쪽으로 날아갔다. 독수리는 날다가 흙을 조금 던졌는데 그 곳에 산이 생겨났다. 독수리는 그 산에서 앉아 쉬다가 다시 하늘을 날기 시작했다. 또 흙을 조금 던졌는데 그 곳에 언덕과 작은 산이 생겨났다. 독수리는 이렇게 땅을 만들었다.[6]

4) С. В. Березницкий ed., *История и Культура Нанайцев*, Санкт-Петербург, 2003, pp.142-143.

5) Ibid., p.143.

6) Ibid., p.143.

[자료 5]

하늘이 형성되고 땅이 굳어졌을 때 버드나무로부터 남자 한 명과 여자 한 명이 생겨났는데, 그들로부터 사람들이 번창했다.[7)]

[자료 6]

매우 오래 전에 어떤 남매가 함께 살고 있었다. 어느 날 누이가 오빠를 떠나 호랑이와 혼인하여 함께 살았다. 오빠는 누이를 찾기 위해 돌아다니다가 그녀와 호랑이가 함께 사는 집을 발견하였다. 그는 그곳에서 요람에 담긴 남녀 두 아이를 발견하고는 그들을 데리고 돌아왔다. 그 아이들로부터 '악땅카'актанка 부족이 시작되었다.[8)]

[자료 7]

한 여자가 세 명의 아이들과 함께 살고 있었다. 어느 날 두 아이가 숲 속으로 들어간 다음 돌아오지 않았다. 겨울이 지나고 봄이 왔지만 아이들은 끝내 돌아오지 않았다. 그녀가 강가에 나가 울고 있는데 갑자기 곰이 나타났다. 곰은 도망치는 그녀를 뒤따라와 말했다. "너는 왜 우느냐? 울지 마라. 네가 아이를 낳을 수 있도록 해주겠다. 그 아이들은 똑같이 나나이족의 구성원이 될 것이다. 집으로 가서 나를 기다려라." 그녀는 집에서 곰이 오기를 기다렸다. 곰이 그녀의 집에 온 후 그녀는 아이들을 낳았다. 아이들이 성장하자 그녀는 그들에게 말했다. "잘지내거라. 나는 곰에게로 가야한다. 앞으로 3년 동안 곰과 내게 활을 쏘지 말거라." 아이들은 2년간 곰에게 활을 쏘지 않았지만, 3년째 되던 해 사냥을 갔다가 곰을 만나 그를 쏘아 죽였다.[9)]

[자료 8]

처음에 남자와 여자가 각각 삼나무와 전나무 뿌리에 살고 있었다. 그러나 그들은 서로를 모른채 살고 있었다. 어느 날 그들은 자신들이 살고 있는 나무로부터 밖으로 나와 만났다. 그 후 그들은 혼인하여 먼저 여자 쌍둥이를 낳고, 다음에 남자 한 명, 그 다음에 다시 남자 한 명을 낳았다. 이 최초의 남자와 여자는 원래 남매간이었다. 그들의 아이들은 짐승들이 하는 말을 듣고 나서 부모의 죄를 알아 버렸다. 아이들의 어

---

7) Ibid., p.150.
8) Ibid., p.160.
9) Ibid., p.154.

머니가 말했다. "우리는 남매간이다. 우리는 서로 혼인할 상대를 찾을 수 없었다. 그는 나를 사랑했고 나도 그를 사랑하여 혼인했다." 이 같은 사실을 안 후 아이들은 사악한 정령으로 변했다.[10]

[자료 9]

옛날 옛적에 지상에 사람들이 나타났을 때 세 개의 해로 인해 매우 더웠다. 동물, 오리, 새들이 숨을 곳이 없어 타서 죽었다. 이로 인해 사람들에게 큰 불행이 닥쳤다. 그 때 많은 사람들이 죽었다. 한 용감한 사람이 해가 지자 활과 화살을 들고 해가 떠오르는 곳으로 달려갔다. 그는 밤새 아홉 개의 언덕과 아홉 개의 계곡을 가로질러 날이 밝아올 무렵 드디어 세 개의 해가 떠오르는 곳에 도달했다. 해가 아직 떠오르지 않았지만 숨 쉴 수 없을 정도로 더웠다. 그는 활과 화살을 쥐고 큰 바위 뒤에 숨어서 해가 떠오르기를 기다렸다. 첫 번째 해가 떠오르자 그는 그것을 향해 화살을 쏘았다. 화살을 맞은 해는 빛을 잃고 땅으로 떨어졌다. 그는 두 번째로 떠오른 해를 향해서도 화살을 쏘았다. 그 해 역시 빛을 잃고 아래로 떨어졌다. 한 개의 해만 남았다. 그는 사람들을 큰 불행으로부터 구했다. 이때부터 한 개의 해만 떠올랐다.[11]

[자료 10]

아주 오래 전에 세 개의 해가 하늘에서 빛났다. 물고기가 수면으로 나오자마자 죽었다. 그 때 아내 '먀밀지'мямилди와 그녀의 남편 '구란타'гуранта가 살았는데, 그들에게는 '쥬룰다'дюрулда라 불리는 딸이 있었다. '먀밀지'는 물고기를 구하기 위해 모든 물고기의 머리속에 작은 돌을 집어넣어 깊은 물속에 놓아주었다. 이로 인해 모든 물고기는 깊은 물속에서 헤엄치게 되었고, 뜨거운 햇빛으로부터 살아남게 되었다. 어느 날 '구란타'는 세 개의 해를 없애기로 마음먹었다. 그는 동쪽으로 가 세 개의 해가 떠오르는 곳에 도착했다. 타는 듯이 내리쬐는 햇빛을 피하기 위해 큰 바위 뒤에 숨어서 세 개의 해가 나타나기를 기다렸다. 첫 번째 해가 나타나자마자 순간적으로 화살을 쏘았는데 첫 번째 해가 사라졌다. 두 번째 해도 화살을 맞고 죽었다. 그는 세 번째 해가 나타나기를 기다리면

10) С. В. Березницкий ed., op. cit., p.159.
11) А. П. Деревянко ed., *Нанайский Фольклор: Нингман, Сиохор, Тэлунгу*, Новосибирск, 1996, p.399.

서 생각했다. '앞으로 태어날 사람들이 어둠 속에서 어떻게 살지? 그렇지, 세 번째 해를 죽이지 말자!' 이렇게 해서 하늘에 한 개의 해만 남게 되었다. 그는 집으로 돌아오다가 우연히 저승세계 '부니'로 들어가는 문을 발견했다. 그는 사람들이 다시는 죽지 않도록 그 문을 닫고 바위로 눌러두었다. … 그의 딸 '쥬룰다'는 결혼하여 아들을 낳았다. 아들은 자라서 버드나무로 만든 화살을 쏘면서 놀았다. 어느 날 아들이 병에 걸려 죽었는데, 아들의 영혼이 저승으로 가지 못하고 주위를 돌아다녔다. 어머니 '쥬룰다'는 아들을 바라보고 울었고, 다가가서 아들을 안으려고 했지만 안을 수 없었다. 어느 날 '쥬룰다'가 울면서 아버지 '구란타'에게 말했다. "아버지, 손자의 영혼이 죽은 사람의 세계 '부니'로 가지 못하고 있습니다. 그곳으로 가는 문이 닫혔기 때문입니다. 죽은 사람의 영혼이 저승으로 갈 수 있도록 제가 가서 열겠습니다." 그녀는 그 곳으로 가 문을 열었다. 그 후 그녀의 아들의 영혼은 저승으로 갈 수 있었고, 다른 사람들도 죽은 후 그 영혼이 저승으로 갈 수 있었다.[12]

[자료 11]

아주 오래 전에 강과 산이 처음 형성될 때 하늘에서는 세 개의 해가 빛났다. 오랫동안 땅에서는 모든 것이 죽었고 잿더미로 변했다. 강의 물고기들은 수면으로 나오자마자 타서 죽었다. 사람들은 땅 속 깊은 곳으로 피신했다. 사람들은 밤에만 물고기를 잡을 수 있었고, 또 시원한 공기를 호흡할 수 있었다. 이 때 물-땅의 신이 괴로워하는 사람들을 보고 자신의 보조자인 '아도'aдo를 그들에게 보냈다. '아도'는 물고기가 수면 밖으로 나와 헤엄치지 못하도록 머리속에 조그만 돌을 집어넣었다. 그 다음부터 물고기는 물속에서 헤엄치게 되었고, 그로 인해 뜨거운 햇볕에 타 죽지않고 살아남았다. 그 후 '아도'는 세 개의 해가 떠오르는 곳으로 갔다. 그는 산에 숨어 있다가 첫 번째 해가 나타나자마자 화살을 쏘아 떨어뜨렸다. 두 번째 해는 남겨 두었다. 세 번째 해가 떠오르자마자 화살을 쏘아 역시 떨어뜨렸다. 이후에 사람들은 땅 속에서 밖으로 나와 시원한 공기를 마시면서 살 수 있게 되었다. 그 때부터 사냥이나 어로를 할 때 '아도'의 도움을 부탁하면서 그를 숭배하게 되었다.[13]

---

12) T. A. Кубанова ed., *Ритуальная Скульптура Нанайцев*, Комсомольск-на-Амуре, 1992, pp.141~142.
13) Ibid., pp.145~146.

[자료 12]

처음에 '호다이'ходай 라 불리는 오빠와 '마민지'мяминди라 불리는 누이가 살고 있었다. 어느날 누이가 손가락을 다쳐서 핏방울이 땅에 떨어졌다. 그 얼룩으로 부터 세 사람–남자 한 명과 여자 두 명–이 생겨났다. 이들로부터 지상의 모든 사람들이 나타나게 되었다. 세 개의 해가 하늘에 나타나 매우 뜨거웠다. 어느 날 누이가 오빠에게 활을 쏘아 두 개의 해를 없애도록 부탁했다. 오빠는 두 개의 해를 없앴고, 이후에 사람들은 편안하게 살게 되었다. 사람들이 빨리 증가되면서 살 수 있는 땅이 부족하였다. 그 때 누이가 오빠에게 다른 세계로 가는 문을 열도록 부탁했다. 오빠는 오랜 여행을 통하여 그 문을 찾아서 열었다. 이후에 사람들은 죽게 되었고, 그들의 영혼도 저승으로 가게 되었다.[14]

[자료 13]

처음에 한 남녀만 있었고, 이후에 그들은 아들을 낳았다. 이 최초의 사람들은 영원히 죽지 않았다. 그들의 후손은 번창했고, 늙어서 죽으면 그를 대신해 새로운 사람이 부활했다. 시간이 흐르자 사람들이 많아져 사는 곳이 비좁았다. 이 때문에 최초의 사람들은 불안했다. 이 때 아들이 말했다. "사람들의 부활은 반드시 중지되어어 합니다. 만약 우리가 죽게 된다면 그들은 더 이상 부활하지 못할 것입니다." 그 후에 아들은 동굴 속으로 들어가 버렸고, 아버지는 큰 돌로 동굴 입구를 막았다. 많은 시간이 흘렀지만 사람들의 부활은 이전처럼 계속되었다. 그 때 아버지는 아들이 들어가 버린 동굴로 가서 돌을 들어내어 입구를 열었다. 그리고 어머니는 짐승가죽으로 다시 동굴입구를 막은 다음 말했다. "많은 시간이 흘러 마지막 가죽이 썩으면 사람들의 부활이 끝날 것이다." 그 날이 되자 어머니가 다시 말했다. "내일 마지막 가죽이 썩으면 우리 아들과 함께 대다수의 사람들이 죽을 것이다. 그들은 결코 부활하지 못할 것이다." 다음날 아침에 하늘에 세 개의 해가 떠올랐다. 빛 때문에 사람들은 장님이 되었고, 더위 때문에 사람들은 죽었다. 땅은 탔고 강물은 끓었다. 물고기는 물 밖으로 나와 비늘이 빠졌다. 세 개의 해가 진 다음에는 세 개의 달이 떠올라 밤에 사람들이 잠을 자지 못할 정도로 밝았다. 노인이 활을 쏘아 두 개의 해와 달을 떨어뜨렸다. 이후

14) С. В. Иванов, "Представления Нанай цев о Человеке и его Жизненном Цикле", *Природа и Человек в Религиозных Представления Народов Сибири и Севера,* Ленинград, 1976, p.162.

에 모든 것이 옛날처럼 정상적으로 돌아왔다.[15]

[자료 14]

옛날에 문득 휘파람이 하늘에 울려 퍼졌다. 그러자 두 번째 해가 나타나고, 그 뒤를 따라 세 번째 해가 나타났다. 어떤 사악한 정령 '하도'хадо가 악의로 그것들을 하늘로 방출했기 때문이다. 해는 타는 듯이 땅을 내리쬐었고, 강물은 끓었다. 강물 속의 물고기는 삶아졌고 돌은 반죽처럼 녹았으며 사람들은 더위 때문에 숨이 막혔다.[16]

1) 땅의 창조

나나이족 창조신화에서는 태초에 '땅'이 없었던 것으로 언급된다. 다만 "태초에 아무것도 없었고 단지 물과 하늘만이 있었다"([자료2])와 "옛날 옛적에 온통 물만 있었다. 그렇게 오랫동안 있었다"([자료3])처럼 두 개의 본질, 즉 '물'과 '하늘'이 처음부터 존재한 것으로 언급된다. 가끔 "처음에 물도 나무도 없었던 때가 있었다. 단지 사방에 진흙만 있었다"([자료 4])처럼 '진흙'이 최초의 본질 가운데 하나로 언급되기도 한다. 진흙이 흙과 물의 혼합의 결과인 것을 생각하면 태초의 세계는 '원시대양'primordial ocean[17]의 모습을 하고 있었던 셈이다. 반면에, 한국, 중국, 일본, 몽골 등의 창조신화에 나타난 태초의 상황은 하늘과 땅이 붙어 있는 혼돈 또는 무질서였다.[18]

나나이족 창조신화에서는 땅의 창조가 대체로 두 가지 방법으로 이루어진다. 하나는 '원시대양'으로부터 창조되는 것이고, 다른 하나는

---

15) Ibid., pp.161-162.
16) C. B. Березницкий ed., op. cit., p.146.
17) Uno Holmberg, *The Mythology of All Races,* Vol. IV, New York, 1964, p.313.
18) Ibid., p.330.

해로부터 창조되는 것이다. 전자의 경우, 백조([자료1])와 독수리([자료4])가 '원시대양'으로부터 흙을 가져와 땅을 창조한다. 그러나 [자료3]에서는 땅의 창조자의 구체적인 형상이 없다. 다만, 땅은 물에서 일어난 거품으로부터 자연적으로 생겨난다. 이런 경우들은, 물이 만물의 원천이라는 소박한 관념을 바탕으로 하고 있다.

땅을 창조하기 위해 '원시대양'으로 잠수하는 새에 대한 모티프는 전 세계적으로 발견된다.[19] 나나이족 창조신화에서도 백조가 흙의 운반자로 등장한다.([자료1]) 이때 백조와 흙을 가져오도록 백조를 파견한 사람들 사이에 아무런 갈등 또는 대립이 발생하지 않는다. 독수리가 흙의 운반자로 등장하는 경우([자료4])에도 독수리와 노파는 적대적인 관계를 형성하지 않는다. 이는 땅의 창조과정에 선/악의 이원적인 관념이 개재되어 있지 않다는 것을 말해준다. 백조는 선/악의 관념에 노출되지 않은 자연의 물새인 셈이다.

이와 달리 땅의 창조과정에 선/악의 관념이 개재된 경우도 있다. 시베리아 보굴족, 타타르족, 부랴트족, 야쿠트족, 퉁구스족 창조신화에서 땅의 창조과정에 신God과 악마devil가 함께 참여하기도 한다.[20] 그 과정에서 악마는 신을 속이기도 하고, 신이 창조한 땅을 파괴하기도 한다. 악마가 신의 적대자 역할을 수행하고 있는 것이다. 신/악마의 대립이 선/악의 대립을 내포하고 있음은 물론이다. 이러한 사실은 세계 창조 이전에 '선한 존재'와 '악한 존재'가 있었음을 의미한다.[21]

---

19) A. П. Окладников, op. cit., p.167.

20) Uno Holmberg, op. cit., pp.314~322.

21) 우리의 창조신화인 김쌍돌이 구연 〈창세가〉, 전명수 구연 〈창세가〉, 강춘옥 구연 〈셍굿〉, 정운학 구연 〈삼태자풀이〉에서는 미륵과 석가가 인세차지경쟁을 벌이는데, 여기에 대체로 미륵/석가::선/악의 이원적 대립관계가 내포되어 있다. 이 경우에는 미륵과 석가가 천지개벽 후 인세차지경쟁 과정에서 선/악의 대립을 보이기 때문에 세계 창조 이후

땅의 창조과정에서 나나이족 창조신화는 선/악의 이원적 관념을 배제하고 있고, 보굴족, 타타르족, 부랴트족, 야쿠트족, 퉁구스족 창조신화는 그런 이원적 관념을 반영하고 있다. 그러므로 선/악의 이원적 관념의 배제 또는 반영이라는 측면에서 전자가 후자보다 더 이른 단계의 모습을 보여준다.

극동지역의 전통문화에는 물새에 대한 숭배 전통이 남아 있다. 이런 점은 아무르강 하류 사카치-알린([그림1])과 우수리강 하류 쉬리메찌예보([그림2]) 암각화의 가장 빈번한 주제 가운데 하나가 물새-백조·오리·거위-의 형상이라는 사실에서 확인된다. 이 암각화들은 물새에 의한 땅의 창조라는 우주발생적인 주제를 뒷받침하고 있다.[22]

나나이족 창조신화에서처럼 물새에 의해 땅이 창조되었다는 관념은 샤먼에 의해 그들의 세계관에도 흡수되었다. 샤먼은 물새를 타고 저승으로부터 이승으로 되돌아온다.[23] 또 샤먼은 의례를 거행할 때 사슴 모피와 가죽으로 만든 모자를 쓴다. 그 모자의 위쪽에 쇠붙이로 만든 오리가 부착되어 있다.([그림3], [그림4]) 이러한 사실들은 나나이족 샤머니즘에서도 물새가 샤먼의 영혼여행에서 중요한 역할을 맡고 있다는 것을 말해준다.

에 '선한 존재'와 '악한 존재'가 있었음을 말해준다.

22) А. П. Окладников, *Петроглифы Нижнего Амура*, Ленинград, 1971, pp.95-97.
23) С. В. Березницкий ed., p.144.

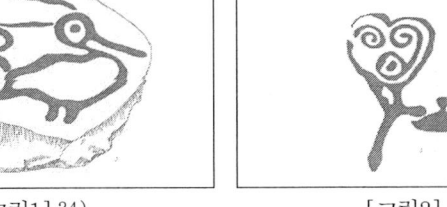

[그림1] 24) [그림2] 25)

[그림3] 26) [그림4] 27)

'원시대양'으로부터 땅이 창조될 때 독수리가 흙의 운반자로 등장하기도 한다.([자료4]) 처음에 물도, 나무도 없고 다만 진흙만 있었다. 독수리는 자신이 쉴 곳을 만들기 위해 노파가 살고 있는 섬의 흙을 옮겨 산과 언덕 등 새로운 땅을 창조해 나간다. 이런 점에서 독수리에 의한 땅의 창조는 물새에 의한 땅의 창조와 의미론적으로 유사하다.

독수리-창조자에 대한 관념을 보여주는 신화는 물새-창조자에 대한 관념을 보여주는 신화보다 적게 나타난다. 그러나 나나이족 전통에서

---

24) А. П. Окладников, op. cit., 241.

25) Ibid., p.265.

26) Т. А. Кубанова ed., p.103.

27) Е. Д. Прокофьева, "Шаманские Костюмы Народов Сибири", *СМАЭ*, Том 27, Ленинград, 1971, p.52.

두 '땅의 창조자' 가운데 독수리가 물새보다 상대적으로 상위를 차지한다. 나나이족 샤머니즘에서 독수리가 물새보다 더 중요한 자리를 차지하기 때문이다. 독수리는 샤먼의 주요한 보조자 또는 보호자의 역할을 담당한다. 또 샤먼이 하늘로 비상할 때 운송수단이 되기도 하고, 어떤 경우에는 샤먼 자신이 독수리의 모습으로 변장하기도 한다. 그리고 어떤 샤먼들은 그들의 상의 뒤에 27개 정도의 독수리 깃털을 꽂기도 한다.[28] 이처럼 나나이족 샤머니즘에서 독수리의 역할이 증대됨에 따라 창조신화에서 독수리가 물새보다 '땅의 창조자'로서 더 중요하게 취급되었다.

나나이족 창조신화에서 땅이 창조되는 두 번째 방법은 해로부터 창조되는 것이다. 땅은 해로부터 흙을 가져온 까치에 의해 창조되었다. ([자료2]) 이 자료에 의하면 나나이족은 땅의 기원이 해, 곧 하늘이라고 믿고 있다. 땅이 하늘로부터 내려왔다는 관념은 북시베리아 민족들의 이야기에서도 발견된다. 이 같은 관념은 가끔 불 또는 어떤 동물이나 물건 등이 하늘로부터 떨어졌다는 이야기와 밀접히 관련된다.[29]

특히, 나나이족의 전통적인 관념에서 해는 '은혜를 베푸는 힘'으로서 사람의 삶에 큰 영향을 미친다. 그들은 목이 아플 때 햇빛을 들이마신다. 또 샤먼은 어린아이가 무사히 자라도록 해에게 빌기도 하고, 불임 여성을 위해 아이의 영혼을 찾아 해를 방문하기도 한다. 이때 샤먼은 '떠오르는 해'로 변신하여 아이의 영혼을 가진 나무가 자라는 해로 비

---

28) С. В. Березницкий ed., op. cit., p.145.
29) Uno Holmberg, op. cit., p.330.
　　보굴족의 이야기에서 '누미-토렘'(Numi-Törem)은 자신이 만든 인간들의 거주지를 위해 하늘로부터 원반 모양의 흙을 가져왔고, 캄차달족의 이야기에서 천신 쿤쿠(Kutku)는 하늘로부터 흙을 가져와 그것을 대양의 표면에 놓아두었다.

상하게 된다. 어떤 샤먼은 해를 상징하는 나무 원반을 집에 걸어두고 그것에 제물을 바치기도 한다. 그리고 해와 마찬가지로 하늘도 나나이족의 관념에서 최고의 힘을 가진 것으로 간주된다. 그들은 하늘에 가족의 건강과 안녕을 기원한다. 하늘에는 최고의 신 '엔두리'(하늘의 정령)가 살고 있기 때문이다.30) 해 또는 하늘로부터 땅이 창조되었다는 신화적 사유는 해와 하늘에 대한 이 같은 관념을 바탕으로 하고 있다.

2) 인간의 창조

인간의 창조([자료5]) 또는 번창([자료6], [자료]7, [자료8])도 나나이족 창조신화의 대표적인 모티프 가운데 하나다. 우선, 인간의 창조자가 구체적으로 제시되지는 않았지만 태초에 버드나무로부터 인간이 창조되었다.([자료5]) 나무로부터 인간이 창조되었다는 관념은 동시베리아 길랴크족이나 오로치족(오리나무)과 오로촌족(자작나무 껍질)의 신화에서도 찾아볼 수 있다.31) 또한 서시베리아 보굴족의 신화에서도 창조신이 버드나무 가지로 인간의 뼈대를 만들고 거기에 진흙을 붙인 다음 그 속에 생명을 불어 넣었다.32)

나나이족의 경우, 나무로부터 인간이 창조되었다는 것은 동시베리

---

30) А. В. Смоляк, "Представления Нанайцев о Мире", *Природа и Человек в Религиозных Представления Народов Сибири и Севера*, Ленинград, 1976, pp.134-135.

31) С. В. Березницкий ed., op. cit., p.160.

32) Uno Holmberg, op. cit., pp.371-375.
태초에 인간을 창조한 재료는 다양하다. 트란스-바이칼 퉁구스족은 심장은 쇠로, 살은 흙으로, 피는 물로 창조되었다고 생각하고, 부랴트족은 살은 흙으로, 뼈는 돌로, 피는 물로 창조되었다고 생각하며 알타이족은 뼈는 갈대로, 몸의 다른 부분은 진흙으로 창조되었다고 생각한다. 이러한 믿음의 일부분은 고유한 것이지만, 전체적으로는 외래기원의 것이다.

아 남부 만주-퉁구스족의 전통문화에 보존되어 있는 '인간과 나무의 친족적인 관련성'에 대한 믿음과 관련된다.33) 나나이족의 믿음에 의하면, 모든 사람들은 태어날 때 개인적인 '영혼나무'를 갖는다. 이 나무는 사람이 태어날 때부터 자라다가 그의 죽음 직전 죽는다. 그들은 어떤 사람의 갑작스러운 죽음을 숲 속에 있는 그의 개인적인 '영혼나무'의 죽음 때문이라고 생각한다. 또 그들에게는 '영혼의 씨족나무'라는 관념도 있다. 하늘에서 자라는 이 나뭇가지에서 아이들의 영혼이 성숙한 다음 새의 모습으로 여성의 몸에 자리잡고, 죽은 후 그 영혼은 다시 새의 모습으로 '씨족나무'로 돌아간다. 나무 속 또는 나뭇가지 사이에 장례를 치르는 풍속이나 일정한 연령까지 어린아이를 나뭇가지나 나무 구멍 속에 두는 풍속도 이러한 관념과 관련이 있다.34) 따라서 나무로부터 인간이 창조되었다는 것은 나무가 장차 태어날 사람의 영혼을 기르고, 또 태어난 어린아이를 양육한다는 '나무-어머니'에 대한 관념을 그 기저로 하고 있다.

이상과 같이 땅의 창조에 있어서처럼 인간의 창조에 있어서도 신/악마의 대립적인 관계가 설정되어 있지 않다. 시베리아 타타르족, 야쿠트족, 알타이족 등의 신화에서는 창조된 인간을 사이에 두고 신과 악마가 서로 대립한다. 악마가, 신이 창조한 인간을 더럽히거나 그에게 영혼을 불어넣음으로써 육체적, 정신적 결함을 야기하기 때문이다.35) 그러나 나나이족의 인간 창조 이야기에는 신/악마::선/악의 이원적인 대립이 나타나지 않는다.36)

---

33) C. B. Березницкий ed., p.150.
34) Ibid., pp.151-152.
35) Uno Holmberg, op. cit., p.377.
36) 우리의 창조신화인 김쌍돌이 구연 〈창세가〉와 강춘옥 구연 〈셍굿〉에도 인간의 창조와

[자료6]은 엄격한 의미에서 인간 창조의 이야기는 아니다. 처음부터 인간이 존재했고, 그들이 어떻게 한 부족의 시조가 되었는가를 말하고 있기 때문이다. 이런 의미에서 [자료6]은 인간 창조의 이야기이기보다는 인간 번창의 이야기이다.[37] 역시 [자료7]과 [자료8]도 처음부터 살고 있던 인간이 어떻게 번창되었는가를 말하고 있다는 점에서 인간 번창의 이야기라고 할 수 있다. 그러나 [자료8]의 "처음에 남자와 여자가 각각 삼나무와 전나무 뿌리에 살고 있었다"라는 표현에 [자료5]에서와 마찬가지로 '나무-어머니'라는 관념이 내포되어 있음은 물론이다.

아무르강 유역의 다른 민족들처럼 나나이족도 그들의 '최초의 조상'은 남매간이었다고 믿는다. 나나이족의 경우 현재 남매 사이의 혼인뿐만 아니라 먼 친족 사이의 혼인이 허용되지 않지만, 먼 과거에는 '최초의 조상'의 근친상간이나 민속적인 근친상간이 실제로 행해졌던 것으로 확인된다.[38] 이것은 고대 나나이족에게 혈연친족간의 혼인, 즉 족내혼이라는 혼인제도가 있었음을 말해준다.

그러나 혼인형태가 동일토템 내부에서 배우자를 택하지 않는 족외혼으로 바뀌면서 근친상간은 규범의 위반 또는 죄로 인식되어 그에 대한 처벌과 비난이 수반된다. 나나이족은 족외혼의 규범을 위반한 사람에게 모욕적인 별명을 주고 그들을 부족에서 추방하거나 죽였다. 또 그들은, 근친상간과 관련된 사람들은 사악한 정령으로 변하거나 파멸

관련된 신화소가 보이는데, 여기에도 선/악의 대립은 나타나지 않는다.
37) 나나이족의 경우, 인간의 번식 이야기는 '선험적 연역'transcendental deduction에 기초된 인간의 창조 이야기와 달리 남녀의 성적 결합에 의해 인간이 번식된다는 경험적 판단에 기초된 '경험적 연역'empirical deduction의 사유방식을 보여준다.
  cf) C. Lévi-Strauss, "The deduction of the Crane", *Structural Analysis of Oral Tradition*, Edited by Pierre Maranda & Elli Kongas Maranda, Univ. of Pennsylvania Press, 1971.
38) C. B. Березницкий ed., op. cit., p.160.

한다고 믿었다.

근친상간에 대한 부정적인 인식이 형성되면서 많은 신화에서는 그 것을 윤리적으로 우회하려고 한다.[39] 그 가운데 하나가 족내혼의 흔적 인 토템동물과의 결합이다.[40] 이 토템동물은 곧 '동물—조상'이다. 나나 이족은 주로 곰과 호랑이를 자신들의 토템으로 간주하고, 또 자신들의 조상으로 간주한다. 이럴 경우 그들의 신화에서 수곰·수호랑이와 여 성이 결합하기도 하고, 암곰·암호랑이와 남성이 결합하기도 한다.[41] [자료6]에서 누이는 오빠 곁을 떠나 토템동물인 호랑이와 결합하게 되 고, 그로 인해 태어난 아이들이 한 부족의 기원이 된다. 이처럼 누이가 자발적으로 오빠를 떠나 토템동물과 결합하는 것은 윤리적 우회를 내 포한 근친상간의 흔적이라고 할 수 있다. 이런 관점에서 〈단군신화〉의 환웅과 웅녀의 결합도 근친상간 회피심리가 반영된 토템동물과의 변 형된 결합으로 볼 수 있을 것이다.

그러나 [자료7]에서 언급되는 여성과 토템동물인 곰의 결합은 근친 상간의 윤리적 우회가 아니고 그것에 대한 윤리적 처벌이다. 그것에 참여한 곰이 결국은 죽음이라는 파멸에 이르기 때문이다. 이 결과는 [자료7]에 나타난 관념이 [자료6]에 나타난 그것보다 단계적으로 더 후 대의 것임을 말해준다. [자료8]에서는 인간의 번창이 남매간의 근친상 간에 의해서 이루어지고 있다. 그러나 거기에는 근친상간은 죄이고, 따라서 필연적으로 그것에 대한 처벌이 뒤따른다는 나나이족의 윤리

---

39) 홍수신화에서 홍수 후 살아남은 사람들 사이에서 이루어지는 다양한 형태의 근친상간이나 전후 내용적인 모순도 근친상간에 대한 부정적인 인식을 윤리적으로 우회하려는 심리와 무관하지 않다.
   cf) 조현설, 「동아시아 창세신화 연구(1)」, 『구비문학연구』 제11집, 한국구비문학회, 2000.
40) С. В. Березницкий ed., op. cit., p161.
41) Ibid., pp.152-159.

의식이 반영되어 있다.42) 남매간의 혼인에 의해 태어난 아이들이 사악한 정령으로 변했기 때문이다. 결국 [자료8]에 나타난 관념은 [자료7]과 마찬가지로 근친상간에 대한 부정적인 윤리의식이 확고히 형성된 다음의 것이라고 할 수 있다.

3) 일월의 조정

다수의 해에 대한 신화는 아시아 북부와 남부뿐만 아니라 하와이에 이르는 광범위한 지역에 분포한다.43) 특히, 오로치족, 울치족, 우데게족, 나나이족 등 아무르강 유역의 민족들도 이 유형의 신화를 풍부하게 전하고 있다.

나나이족의 창조신화([자료9], [자료10], [자료11], [자료12], [자료13], [자료14])에는 다수의 해와 달이 창조되는 과정과 그것의 창조 주체에 대한 언급은 없다. [자료9], [자료10], [자료11]에서는 태초에 이미 다수의 해가 존재하고 있었고, [자료12], [자료13], [자료14]에서는 어떠한 이유로 해서 다수의 해가 출현했기 때문이다. 다만 [자료14]에서는 다수의 해를 출현시킨 주체가 언급되어 있다. 휘파람 소리를 들은 사악한 정령 '하도'가 어딘가에 있던 두 개의 해를 하늘로 방출하고 있기 때문이다.

민족마다 출현하는 해와 달의 개수가 다르지만44), 나나이족의 경우에는 세 개의 해가 출현하거나 또는 세 개의 해와 함께 세 개의 달([자

---

42) 우리의 경우 누나(누이)에 대해 정욕을 느낀 남동생(오빠)이 죄책감으로 자살하거나 아버지의 정욕을 피해 딸이 자살하는 전설에도 이 같은 관념이 반영되어 있다.

43) 김헌선, 『한국의 창세신화』, 길벗, 1994, p.182.

44) Ibid., pp.213-214 참조.

료13])이 동시에 출현하기도 한다. 이 같은 현상의 신화적 의미는 출현한 해와 달의 개수와 무관하게 그것들이 출현한 원인을 통해 해석될 수 있을 것이다.

"옛날 옛적에 지상에 사람들이 나타났을 때 세 개의 해로 인해 매우 더웠다"([자료9])와 "아주 오래 전에 세 개의 해가 하늘에서 빛났다"([자료10]), 그리고 "아주 오래 전에 강과 산이 처음 형성될 때 하늘에서 세 개의 해가 빛났다"([자료11])라는 표현에서 알 수 있는 것처럼 세계가 창조되던 태초에 이미 세 개의 해가 존재하고 있었다. 창조자의 의지에 의해 '그렇게' 된 것일 뿐이다. 이러한 상황은, 인간이 처음으로 창조될 때 정신적 또는 육체적 결함을 가지고 있었던 것처럼[45] 처음 창조된 세계의 불완전성이나 결함을 의미한다. 세 개의 해는 지상에서 생물들이 살아가는 데 부적합한 상황을 만들기 때문이다. 이 같은 세계 창조 과정의 미완성에 대한 관념은 나나이족 샤먼의 상의에 그려진 그림에도 반영되어 있다. 위쪽이 트인 원 속으로 두 마리 뱀이 스며들고 있고, 그 아래에 두 마리 독수리가 있다. 세계 창조의 시작을 기록하고 있는 이 그림에서 원의 위쪽이 갈라진 것은 창조 과정의 미완성을 상징한다.[46]

그러나 [자료12], [자료13], [자료14]에서는 세 개의 해의 출현 원인이 다른 데 있다. 먼저 [자료12]에서 세 개의 해는 지상에 인간들이 나타난 다음에 출현한다. 처음에 지상에는 오로지 남매만이 살고 있었다. 그들로부터 다른 인간이 태어나기 위해서는 그들 사이에 근친상간이 불가피하다. [자료12]는 그러한 상황을 누이의 손가락에서 떨어진 핏방

45) Uno Holmberg, op. cit., p.377.
46) С. В. Березницкий ed., op. cit., p.166.

울로부터 인간이 태어났다고 윤리적으로 우회하여 표현하고 있다. 이
야기 문맥상 처음에는 한 개의 해만 있었지만, 그 일이 있은 후에 세 개
의 해가 출현한다. 따라서 세 개의 해는 근친상간이라는 윤리적 규범
의 위반으로 인해 출현한다. 윤리적 규범의 위반에 대한 처벌이 곧 인
간이 살기 어려운 환경을 조성하는 세 개의 해의 출현인 셈이다.

　[자료13]에서는 다른 원인이 제시된다. 처음에 인간들은 영원히 죽
지 않았다. 그 결과 인간들이 많아져 살 곳이 부족하였다. 이 때 '최초
의 사람들'이 저승으로 가는 동굴을 열자 인간들이 죽기 시작했다. 그
후에 밤낮으로 세 개의 해와 달이 번갈아 출현했다. '최초의 사람들'이
인간의 불사(不死)라는 최초의 이법을 무력화시킨 결과 세 개의 해와
달이 출현하여 그들의 삶이 어려워졌다. 따라서 [자료13]에 보이는 다
수의 해와 달의 출현 원인은 규범의 위반 또는 자연의 균형 또는 이법
의 파괴와 밀접히 관련되어 있음을 알 수 있다.

　[자료14]에서는 세 개의 해가 출현한 원인이 사악한 정령에 있음을
말하고 있다. 하늘에 휘파람이 울려 퍼지자 사악한 정령 '하도'가 악의
로 두 개의 해를 더 방출했기 때문이다.[47]

　우리의 창조신화에서는 다수의 해와 달이 크게 두 가지 양상으로 출
현한다. 하나는 세계가 창조되던 태초에 이미 다수의 해와 달이 존재
한 경우고, 다른 하나는 누군가가 부당한 방법으로 차지한 인간 세계
가 부정하고 혼란스러웠기 때문에, 또는 인간 세계의 법도를 제대로

---

47) 나나이족의 경우 휘파람 소리가 정령을 화나게 한다는 믿음이 있는지 미처 확인하지 못
하였지만, 그 이웃민족인 우데게이족의 경우 휘파람 소리가 정령을 화나게 한다는 믿음
이 있다. 만약 나나이족에게도 그런 믿음이 있다면 〈자료 14〉의 다수의 해의 출현 원인
은 규범의 위반이라고 할 수 있을 것이다.
　cf) В. В. Подмаскин, *Духовная Культура Удэгейцев XIX-XX вв.*, Вла
дивосток, 1991, p.28.

마련하지 못했기 때문에 다수의 해와 달이 출현한 경우다.[48] 이럴 경우, 다수의 해와 달의 출현 원인에 있어서 전자는 나나이족 [자료9], [자료10], [자료11]의 것과 비슷하고, 후자는 나나이족 [자료12],[자료13], [자료14]의 것과 비슷하다.

[자료9], [자료10], [자료11], [자료12], [자료13], [자료14]는 다수의 해와 달이 인간 세계에 미치는 영향에 대해 언급하고 있다. 세 개의 해로 인한 영향은 대체로 '뜨거운 햇빛 때문에 땅 위의 모든 것이 타서 죽거나, 밝은 햇빛 때문에 인간들은 장님이 되었다'는 것으로 요약된다. 과도한 빛과 열로 인해 지상의 모든 것들에 큰 불행이 닥쳤다. 특히, [자료13]은 세 개의 달로 인한 영향도 언급하고 있다. 과도하게 밝은 달빛으로 인해 인간들이 잠을 잘 수 없었다는 것이 그것이다.[49] 이러한 영향들은 앞에서 논의한 다양한 원인들로 인한 결과이다.

우리의 창조신화에서는 다수의 해와 달이 인간 세계에 미치는 영향을 일반적으로 각각 더위와 추위로 묘사하고 있다. 낮에는 두 개의 해 때문에 인간들이 타서 죽었고, 밤에는 두 개의 달 때문에 인간들이 얼어서 죽었다. 이런 점을 나나이족의 경우와 비교할 때, 다수의 해로 인한 결과는 같지만 다수의 달로 인한 결과는 다르다.

나나이족 창조신화에서 몇 가지 원인으로 인해 출현한 다수의 해와 달을 조정하는 주체는 '용감한 사람'([자료9]), '구란타'([자료10]), '아도'([자료11]), '호다이'([자료12]), '노인'([자료13]) 등이다. 익명인 경우([자료9], [자료13])도 있지만 대체로 구체적인 이름([자료10], [자료11],

---

48) 박종성, 『한국 창세서사시 연구』, 태학사, 1999, p.137.
49) 이런 점에서 김헌선이, 앞의 책 214면에서 다수의 해와 달이 인간에게 미치는 영향은 우리의 신화 자료에서만 제시되고 있다고 한 것은 재고되어야 할 것이다.

[자료12])을 가지고 있다. 다른 자료에서는 '카도', '하도', '하다우'라는 이름으로 나타나기도 한다.50) 이들은 세계의 창조자라는 기능을 부여받고 있다는 점에서 전형적인 문화영웅들이다. 세계나 인간을 창조한 자, 인간을 위해 최초의 물건을 얻거나 창조한 자, 어떤 제도나 의례를 실시한 자, 그리고 신과 인간 사이의 매개자 등과 같은 신화적 인물이 곧 그들이다.

이들은 다수의 해와 달을 능동적으로 조정하기도 하고([자료9], [자료10], [자료13]) 수동적으로 조정하기도 하지만([자료11], [자료12]) 한결같이 활과 화살을 조정의 수단으로 삼고 있다. 우리의 경우 중부 지역이나 제주도 창조신화에서도 이런 양상을 볼 수 있다. 이럴 경우 활과 화살은 시베리아 여러 민족의 신화에서 볼 수 있는 것처럼 영웅들의 주술적인 무기이기도 하고, 각종 샤먼 의례에서 사악한 정령을 쫓는 도구이기도 하다.51) 그런가 하면 샤먼의 신화나 의례에서는 활과 화살이 정령들과의 통교 수단으로 인식되기도 한다.52) 수렵생활에서 활과 화살이 가지게 될 중요성까지 고려하게 되면 경제, 종교 그리고 신화에 걸쳐서 활과 화살이 지니는 의미를 짐작할 수 있을 것이다. 문화영웅들은 활과 화살을 사용하여 새로운 세계를 창조하고 있는 셈이다.

나나이족의 창조신화에서 처음부터 다수의 해와 달이 존재했든지 아니면 윤리적 규범의 위반이나 자연의 균형의 파괴로 인하여 다수의 해와 달 출현했든지 이것은 세계의 혼돈, 비정상, 불완전 상황을 의미

---

50) А. В. Смоляк, op. cit., pp.132-133.
51) Н. И. Веселовский , "Роль Стрелы в Обрядах и Её Символическое Знач ение", *Запски Восточног о Отделения Русского Географического Общес тва*, Том XXV, Вып. 1-4, Петроград, 1921, pp.273-292.
52) Л. П. Потавоп, "Лук и Стрела в Шаманстве у Алтай цев", *Советская Э тнография*, No. 3, Ленинград, 1934, pp.64-76.

한다. 그 결과 과도한 열과 빛으로 인해 인간들은 지상에서 삶을 영위하기가 어려웠다. 이때 문화영웅들은 다수의 해 또는 달을 하나로 조정하여 과도한 열과 빛을 소멸시킴으로써 인간들의 삶을 이전의 상황으로 되돌려 놓고 있다. 따라서 문화영웅들에 의해 다수의 해와 달이 하나로 조정되는 것은, 세계의 '혼돈', '비정상', '불완전' 상황이 '질서', '정상', '완전' 상황으로 전환되는 것을 의미한다.[53]

2. 나나이족의 신앙

나나이족의 기본적인 생계 수단은 수렵과 어로였다. 이 때문에 그들의 신앙은 숲, 동물과 식물의 세계, 그리고 물의 자연현상과 밀접히 관련되어 있다. 따라서 그들의 신앙은 자연스럽게 여러 가지 정령과 인간 영혼의 존재에 대한 믿음에 기초된 애니미즘의 형태를 취하였다. 그 후 애니미즘에서 수렵과 어로상의 정령숭배와 조상숭배를 포함하는 샤머니즘이 발생하면서 그들의 신앙체계에서 샤머니즘이 지배적인 위치를 차지하게 되었다.[54]

나나이족 샤먼은 보호령으로부터 받은 능력에 따라 크게 세 등급으로 구분된다.[55] 질병을 치료하는 '시우린쿠 사만'сиуринку саман과 작은

---

53) 우리의 경우에 다수의 해와 달을 하나로 조정하는 것을 하계의 기후 조절을 통해 농작물의 풍요를 꾀하려는 계절제와 관련시키는 견해(현용준, 『관북지방무가』·추가편, 문화재관리국, 1966, 443면)와 두 개의 해는 가뭄을, 두 개의 달은 홍수를 의미한다고 하면서 가뭄과 홍수를 방지하려는 의도와 관련시키는 견해(서대석, 「창세시조신화의 의미와 변이」, 『구비문학』 4, 한국정신문화연구원, 1980, pp.17-18.)가 있다. 이 두 견해는 해당 자료의 문맥에서 구체적인 근거를 찾기가 어렵다. 이런 관점에서 두 개의 해는 혹서를, 두개의 달은 혹한을 의미한다고 하면서 다수의 해와 달이 나타난 상황을 천지창조나 천지개벽 때 인간이 처한 불가피한 상황과 관련시킨 견해(김헌선, op. cit., 217-219.)가 설득력을 지닌다.
54) C. B. Березницкий ed., op. cit., p.141.

규모의 추도식을 거행하는 '니만그티 사만'немангти саман 그리고
죽은 사람의 영혼을 저승으로 인도하는 '카사티 사만'кассати саман이
그것이다.

샤먼의 등급과 맞물려 샤먼 의례의 목적도 점술, 예언, 치료, 사자(死者)의
영혼인도, 어로나 수렵의 성공 기원, 가족의 건강 기원, 샤먼 자신의 영력
(靈力) 강화 기원 등 매우 다양하다. 이 가운데 샤먼의 가장 중요하고
공통적인 역할은 치병(治病)과 예언이다. 입무식(入巫式)의 중심적인 주제가,
악령이 어떻게 질병을 일으키는가를 입무자가 아는 것과 관련이 있다
는 점도 이를 잘 말해준다.

나나이족의 샤머니즘에서 질병은 그것을 보낸 정령의 활동으로 인
해 야기된다. 질병의 정령이 환자의 몸속에 정주하여 질병이 야기되든
지, 아니면 환자의 영혼을 일시적으로 빼앗아 질병이 야기된다. 따라
서 질병을 치료하기 위해서는 샤먼이 보조령의 도움을 받아 환자 몸속
에 있는 질병의 정령을 쫓아내거나 질병의 정령에 의해 빼앗긴 환자의
영혼을 되찾아야 한다. 이런 목적을 가진 나나이족 치병의례의 기본구
조와 그 의미를 살펴보면 다음과 같다.[56]

[자료 15] 치병의례 절차

① 샤먼은 의례복을 입고, 그의 보조자는 불 근처에서 북을 데운다. 청중들이 모여
든다.

② 북의 반주에 따라 샤먼은 자신의 보조령에게 호소하는 특별한 노래를 부르기

55) Ibid., p.182.
56) Siikala는 시베리아 여러 민족의 샤먼 의례 구조를 밝힌 바 있다. 이때 사용된 개념인 행
위소acteme는 상호간에 또 의례의 목적과 독립적인 행위 단위를 의미하고, 연쇄
sequence는 행위소의 기능적 문맥에 따라 엮어진 더 큰 단위를 의미한다. 행위소와 연
쇄의 관점에서 볼 때 의례의 목적은 다르지만 모든 샤먼 의례의 구조는 거의 유사하다.
cf) Anna-Leena Siikala, The Rite Technique of the Siberian Shaman, Helsinki, 1978, pp.70-77.

시작한다. 샤먼은 노래에서 자신의 보조령에게 지금 닥친 문제를 말하면서 그 것을 해결할 수 있도록 도와달라고 부탁한다.

③㉠ 이후에 그는 천막 가운데 있는 기둥 주위에서 춤을 춘다. 춤을 마친 샤먼은 생 각에 몰두하여 어떤 행동도 하지 않고 침상에 앉아 있다.

㉡ 그 다음에 샤먼은 허리띠를 두르고 북을 잡고서 격렬한 춤을 추면서 노래한 다. 샤먼은 트랜스 상태에 빠진다.

㉢ 샤먼은 트랜스 상태에서 보조령의 도움으로 환자의 질병이 어느 정령에 의 해 야기되었는지를 알게 된다.

④㉠ 만약 질병이 강력하고 무서운 정령에 의해 발생하였으면, 샤먼은 트랜스 상 태에서 큰 존경심을 가지고 그 정령을 대한다. 이때 샤먼은 자신이 가진 통찰 력으로 그 정령을 보면서 그를 존경스러운 이름으로 부르고, 또 몸을 낮추어 인사하면서 그를 찬미한다.

㉡ 그런 후에 샤먼은 환자의 몸으로부터 나가도록, 또는 환자로부터 훔친 영혼 을 되돌려 주도록 그 정령에게 부탁한다.

③'㉢ 이와 달리 샤먼은 보조령의 도움으로 질병의 원인이 작고 악한 정령에 있 다는 것을 알게 되기도 한다.

④'㉠ 이때 샤먼은 그 정령에 대해 어떠한 존경심도 표하지 않는다. 반대로 샤먼 은 그 정령을 자신과 동등하게 취급하거나 혹은 그 정령에게 오만한 태도 를 취한다.

㉡' 이런 경우에 샤먼은 자신의 계책과 물리적인 힘을 사용하여 정령과 싸운다.

⑥ 그 결과 샤먼은 환자로부터 정령을 쫓아내거나 그로부터 환자의 영혼을 다시 빼 앗는다.

⑧㉠ 샤먼은 의례를 끝낸다.

㉡ 환자가 완쾌되면, 샤먼은 환자의 명의로 질병을 일으킨 정령과 자신의 보조 령에게 제물을 바친다.[57]

나나이족 치병의례의 구조는 여섯 개의 연쇄가 논리적으로 결합되

---

57) И. А. Лопатин, *Голды Амурские, Уссурийские, и Сунгарийские*, Влади восток, 1922, pp.264-266.

어 있다. 연쇄 ①과 ②는 '시작 연쇄'initial sequence로서, 그 기능은 다음 연쇄에서 일어날 사건들을 가능하게 하는 데 있다. 연쇄 ①은 샤먼과 그의 보조자 그리고 청중이 의례를 앞두고 그것을 준비하는 행위소들로 구성된 예비단계다. 의례가 거행되는 곳은 현실과 단절된다. 샤먼은 의례복장을 갖추고 그의 보조자는 북을 불로 데워 의례도구를 정화한다. 청중도 의례에 참가한다. 이로써 샤먼의 임무가 수행될 제장(祭場)이 모두 준비된다.

　연쇄 ②는 시베리아에서 동일하게 나타나는데, 샤먼이 자신의 보조령을 구현하는 행위소들로 구성된다. 이때 샤먼은 특별한 노래를 부른다. 그 내용은 의례를 준비한 과정과 목적, 보조령에 대한 요구 그리고 보조령의 이름 나열과 그들의 전능에 대한 찬미 등이다.

　연쇄 ③과 ④는 '중간 연쇄'middle sequence로서, 그 기능은 의례의 궁극적 목적을 달성하는 데 있다. 특히, 여기서 나타나는 샤먼과 초자연의 통교 형식은 의례의 기본구조에 결정적인 영향을 미친다. 연쇄 ③은 샤먼과 보조령의 통교와 관련된 행위소들로 구성된다. 우선 샤먼은 의례적인 행위를 통해 보조령과 통교하려고 시도한다.(㉠) 그 다음 샤먼은 북의 반주에 맞추어 격렬한 춤을 추고 노래하면서 트랜스 상태에 빠진다.(㉡) 이것은 접신(接神)possession의 상태로 보조령이 샤먼에게 내렸음을 나타내는 표지다. 이어서 샤먼은 보조령을 직접 만나 그로부터 여러 가지 정보를 얻는다. 샤먼은 보조령의 도움을 받아 환자의 질병의 원인을 알게 된다.(㉢) 나나이족 샤먼의 주요한 보조령에 샤먼의 우주여행을 안내하는 '아야미'аями와 샤먼의 지하세계 여행을 돕는 새인 '쿠리'кури 그리고 각종 자연의 정령 등이 있다.[58]

---

58) Ibid., p.222.

연쇄 ④는 샤먼이 자신의 눈에 보이는 질병령을 설득하는 행위소들로 구성된다. 이 연쇄는 치병의례와 같은 특별한 의례에서만 보인다. 질병의 원인이 질병령의 환자 몸속 침입 또는 질병령의 환자 영혼 탈취에 있다는 믿음을 보여주는 의례에서만 나타나기 때문이다. 우선 샤먼은 트랜스 상태에서 그가 가진 통찰력으로 질병을 야기한 정령을 만난다. 그 정령이 강하고 무서우면 샤먼은 그를 존경심을 갖고 대한다. (㉠) 그런 다음 샤먼은 그 강력한 정령을 설득한다.(㉡) 질병령이 환자로부터 떠나거나 탈취한 영혼을 환자에게 되돌려주는 것은 곧 환자의 치유다. 이것은 의례를 거행하는 궁극적인 목적이기도 하다.

이와 달리 연쇄 ③와 ④는 질병을 일으킨 정령이 작고 약한 경우에 수행되는 절차다. 연쇄 ③, ④와 연쇄 ③, ④는 경우에 따른 선택적인 연쇄의 논리적 결합인 셈이다. 연쇄 ③에서 샤먼은 트랜스 상태에서 보조령을 직접 만나 질병의 원인이 어디에 있는지를 알게 된다.(㉢) 그런 다음 연쇄 ④에서 샤먼은 질병령이 작고 약하다는 것을 알고 그에게 어떤 존경심도 표하지 않는다.(㉠) 따라서 샤먼은 연쇄 ④ ㉡에서처럼 질병령을 설득하지 않고 자신의 계책과 물리적인 힘을 사용하여 그와 직접적으로 싸운다.(㉡)

연쇄 ⑥과 ⑧은 '최종 연쇄'final sequence로서, 그 기능은 의례의 성공을 보장하고 앞으로 초자연과의 통교 가능성을 유지하는 데 있다. 연쇄 ⑥은 샤먼의 보조령을 떠나보내는 행위소들로 구성된다.

연쇄 ⑧은 의례를 끝내는 행위소들로 구성된다. 여기에는 예언, 제물, 휴식, 소각 등과 관련된 행위소들이 포함될 수 있다. 의례를 거행하는 주체인 샤먼과 보조자는 그들의 임무를 마치고,(㉠) 보조령과 질병령에게 제물을 바친다.(㉡)

이상에서 살핀 것처럼 연쇄의 논리적 연결로 볼 때 나나이족 치병의례의 기본구조는 ① → ② → ③ → ④(또는 ③′ → ④′) → ⑥ → ⑧로 도식화 될 수 있다. 이러한 구조는 제주도의 치병의례인 〈잡귀풀이〉나 〈푸다시〉의 구조와 유사하다. 이것은 두 지역의 치병의례가 동일한 질병관에 기초되어 있음을 말해준다.

나나이족의 치병의례 절차에는 Siikala가 설정한, 샤먼 의례의 가능한 연쇄 여섯 개 가운데 연쇄 ⑤와 연쇄 ⑦은 빠져 있다. 연쇄 ⑤는 샤먼의 타계로의 영혼여행 또는 우주여행이다. 이것은 샤먼의 영혼이 육신을 떠나 타계로 가서 정령을 만나는 탈령(脫靈)ecstasy의 상태를 나타낸다. 따라서 연쇄 ③과 연쇄 ⑤는 샤먼과 보조령의 통교 형태에 있어서 차이점을 드러낸다. 연쇄 ③과 연쇄 ⑤가 동시에 일어나는 경우도 있지만, 그 두 연쇄의 차이는 샤머니즘적인 믿음 체계뿐만 아니라 샤머니즘의 근본적인 성격의 차이를 반영하고 있다. 그리고 연쇄 ⑦은 특정 민족에서만 나타나는 제한된 절차인데, 나나이족의 치병의례에서 그러한 절차를 찾아볼 수 없다.

그런데 Siikala의 보고에 의하면, 나나이족 치병의례의 기본구조는 시베리아 북동 지역에 거주하는 고아시아족의 의례구조와 동일하다.[59] 또 에벤키족, 중국내의 만주족, 타타르족의 의례에서도 연쇄 ③과 연쇄 ④가 동시에 나타나기도 한다. 그러나 거기에는 연쇄 ③과 그 성격이 다른 연쇄 ⑤가 포함되어 있다는 사실을 생각하면, 나나이족 치병의례는 고아시아족, 특히 유카기르나 코랴족의 전통과 맞닿아 있는 것처럼 보인다. 우리의 치병의례도 이런 전통을 보여주고 있음은 물론이다.

---

59) Siikala의 보고에 의하면, 나나이족 의례의 기본구조는 연쇄 ③과 연쇄 ⑤와 각각 관련된 접신과 탈령 현상을 동시에 반영하고 있다.
    cf) Anna-Leena Siikala, op. cit., p.324.

3. 나나이족의 신화와 신앙에 나타난 관념

나나이족의 신화와 신앙에는 우주와 영혼, 그리고 질병에 대한 그들의 전통적인 관념이 반영되어 있다. 이 같은 관념은 대체로 시베리아 샤머니즘의 이념체계와 맥락을 같이 하는 것으로, 우리의 신화와 신앙에 반영된 여러 관념과도 무관하지 않다.

1) 우주관

나나이족의 창조신화에 반영된 우주창조cosmogony에 대한 관념은 샤먼의 의상에 그려진 [그림5]와 [그림6]에 상징적으로 잘 나타나 있다.

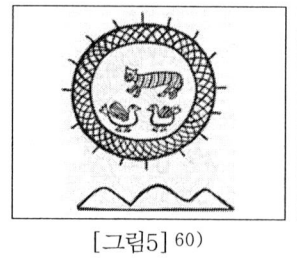 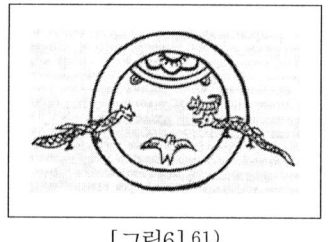

[그림5] 60)　　　　　　　　[그림6] 61)

[그림5]는 빛을 발산하는 두 개의 동심원으로 이루어져 있다. 내부 원 위쪽에는 호랑이가 있고, 아래쪽에는 머리를 중앙으로 향한 두 마리 새가 있다. 그리고 동심원은 직선과 사행선(蛇行線)으로 이루어진 도형 위에 배치되어 있다.

---

60) С. В. Березницкий ed., op. cit., p.164.
61) Ibid., p.166.

이 그림의 의미는 새에 의해 세계가 창조되는 창조신화의 모티프와 밀접히 관련된다. 동심원의 내부 원은 지상을 의미하는데, 그곳에서 두 마리의 새-오리 또는 물새-가 땅을 창조하고 있다. 위쪽에 그려진 호랑이는 해를 의미한다. 아무르강 상류에 거주하는 나나이족 신화에서 최초의 창조 때 출현한 세 개의 해는 동물 모습을 하고 있다. 첫 번째 해는 곰, 두 번째 해는 호랑이, 그리고 세 번째 해는 뱀의 모습을 하고 있다. 세 가지 동물로 형상화된 해 가운데 첫 번째 해와 세 번째 해는 문화영웅에 의해 제거되고, 호랑이 모습을 한 두 번째 해만이 지상에서 인간들을 비추도록 남았다. 앞에서 보인 [자료1]은 이러한 사정을 잘 보여주고 있다. 그리고 지상을 의미하는 내부의 원과 천상을 의미하는 외부의 원이 뱀의 형상으로 결합되어 있는데, 이것은 최초의 창조 당시 세계의 혼돈을 상징한다. 동심원 아래의 그림은 세계의 중심을 상징하는 '우주산'(宇宙山) 또는 '세계산'(世界山)이다.

[그림6]은 '우주란'(宇宙卵)을 상징한다. 우주가 계란형의 모습을 하고 있다는 관념은 시베리아 여러 민족들에게 널리 퍼져 있는 보편적인 관념이다.[62] 위에 그려진 세 개의 꽃잎은 세 개의 해를 의미하고, 그 아래의 두 개의 손잡이-해와 달-가 달린 테는 하늘을 의미한다. 이것에 의해 수직적으로 하늘과 땅이 분리되고, 수평적으로 해와 달이 분리된다. 그리고 호랑이와 독수리, 두 마리의 담비는 나나이족 창조신화에서 중요한 역할을 담당한다. 이 동물들은 나나이족의 여러 부족들에 의해 자신들의 '동물-조상', 즉 토템조상으로 인식된다.[63] 특히, 독수

---

62) M. Jankovics, "Cosmic Models and Siberian Shaman Drums", *Shamanism in Eurasia*, Part 1, Edited by M. Hoppál, Göttingen, 1984, p.153.

63) С. В. Березницкий ed., op. cit., p.157.

리는 [자료4]에서처럼 최초로 땅을 창조한 동물로도 인식된다.

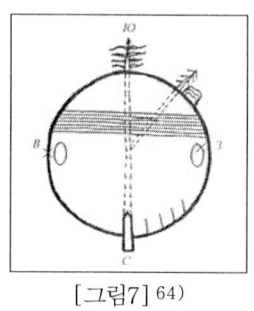

[그림7] 64)

[그림7]은 나나이족 샤먼이 어린아이의 영혼을 뒤쫓아 '위의 세계'로
비상하고 또 죽은 사람의 영혼을 '아래의 세계'로 인도하는 것을 표현
한 그림이다. 여기에 우주구성cosmology에 대한 나나이족의 관념이
잘 반영되어 있다. 그림은 '우주란'을 상징하는 계란형이다. 그 윗부분
에 그려진 일곱 개의 수평선으로 하늘을 나누는데, 샤먼은 하늘로 오
를 때 그것을 무사히 통과해야 한다. 그리고 수직으로 서 있는 나무에
의해 하늘/땅, 위/아래로 구분된다. 나무를 기준으로 왼쪽─동쪽의 절
반은 생자(生者)의 세계와 관련되고, 오른쪽─서쪽의 절반은 조상의 세
계와 관련된다. 이 나무는 정령들의 세계인 '위의 세계'와 살아 있는
사람들의 세계인 '중간의 세계' 그리고 죽은 사람들의 세계인 '아래의
세계'를 연결하고, 수직과 수평에 의해 '우주란'을 만드는 '우주수'(宇宙
樹)다. 세계의 축을 상징하는 '우주수'를 통해 샤먼의 영혼이 타계를 여
행한다는 점에서 이 나무는 '샤먼의 나무'Topo, 곧 '무수(巫樹)'이기도
하다. '위의 세계'에 있는 '우주수'는 남쪽으로 뻗은 가지와 남서쪽으로

---

64) Ibid., p.163.

뻗은 가지 등 두 갈래의 가지를 가지고 있다. 전자는 '영혼의 나무' 또
는 '생명의 나무'로 불려지고, 후자는 '날씨의 나무' 또는 '눈[雪]의 나무'
로 불려진다. '아래의 세계'는 북쪽으로 뻗은 뿌리에 의해 형상화되어
있다.[65]

그런데 [그림7]에 의하면 동쪽은 아래쪽에, 서쪽은 위쪽에, 남쪽은
왼쪽에, 북쪽은 오른쪽에 있다. 동쪽이 해의 방향이면서 생자의 세계
이고 서쪽이 달의 방향이면서 조상의 세계인 것을 생각하면, 나나이족
이 인식하는 우주는 동쪽:아래쪽:생자(生者):해::서쪽:위쪽:조상:달::남
쪽:왼쪽:정령::북쪽:오른쪽:사자(死者)와 같은 등식으로 구성된다. 이와
유사한 방향설정은 몽골족에서도 나타난다.[66]

2) 영혼관

나나이족의 치병의례에 반영된 영혼에 대한 관념은 그들의 질병관
과 관련이 깊다. 그들의 영혼관[67]에 의하면, 사람은 '새-영혼'과 '육체-
영혼' 두 개의 영혼을 갖고 있다. 전자는 사람의 육체로부터 자유로운
'자유혼'이고, 후자는 사람이 살아가는 동안 그의 육체에 갇혀 있는 '육

---

65) 나나이족의 다른 자료에 의하면, '아래의 세계'로 가는 길은 서쪽에 있고, 그 입구는 돌로 덮힌
구멍 또는 돌로 막힌 동굴이다. '아래의 세계'로 가는 입구에 대한 이 같은 관념은 〈자료
10〉과 〈자료 13〉에서도 찾아 볼 수 있다.
cf) А. В. Смоляк, op. cit., pp.131-132.
66) С. Ю. Неклюдов, "Монгольских Народов Мифология", *Мифы Народов Ми
ра*, Том 2, Edited by С. А. Токарев, Москва, 1998, p.172.
67) 나나이족의 영혼관과 그와 관련된 질병관은 A. V. Smoljak, "Some Notions of the
Human Soul among the Nanais", Shamanis in Siberia, Edited by V. Diószegi and M.
Hoppál, Budapest, 1978, pp.439-448과 С. В. Иванов, "Представления Нанай ц
ев о Человеке и его Жизненном Цикле", *Природа и Человек в Религио
зных Представления Народов Сибири и Севера,* Ленинград, 1976, pp.163-
174 그리고 С. В. Березницкий ed., op. cit., pp.190-191의 내용을 정리한 것이다.

체혼'이다.

다른 자료에 의하면, 사람은 세 개의 영혼을 갖고 있다. 새의 모습[68]을 한 아이의 영혼 '오미아'омиа와 아이의 영혼에서 성장한 어른의 영혼 '하냐'ханя(그림자-영혼) 그리고 육체의 영혼 '우크수키'уксуки가 그 것이다. 앞의 두 개는 일종의 '자유혼'이고, 나머지 한 개는 일종의 '육 체혼'이다.

아이가 죽으면 그의 영혼인 '오미아'는 조상의 세계로 가서 재생한다. 이 때 '오미아'는 새의 모습으로 '종족의 영혼나무' 꼭대기에 앉아 다시 태어날 때를 기다린다. 이 '영혼나무'는 뿔, 구리거울, 북 등이 매달려 있는 하늘의 '샤먼나무'이기도 하다. 일정한 시간이 흐른 후 '오미아'는 자신의 부족 여성 가운데 한 사람에게로 옮겨와 그녀로부터 육체의 영 혼인 '우크수키'를 물려받아 태어난다. 가끔 샤먼은 아이가 없는 여성을 위해 조상의 세계로 가 '영혼나무'에서 '오미아'를 데리고 오기도 한다.

어른이 죽으면 그의 영혼인 '하냐'는 조상의 세계로 간다. 그 곳에서 '오미아' 영혼으로 바뀐 후 '영혼나무'에서 자라다가 다시 태어나게 된다. 아이든 어른이든 사람이 죽으면 샤먼은 그들의 영혼을 죽은 사람들의 세계인 '부니'로 인도한다.

육체의 영혼 '우크수키'는 사람의 몸속에서 산다. 그 영혼은 사람이 죽은 후 그 육체가 없어질 때까지 매장지에서 산다.

---

68) 나나이족의 다른 자료에 의하면, 영혼은 계란의 모양을 하고 있다. 이 난혼(卵魂)에 대한 관 념은 '우주란'에 대한 관념 및 범인류적 보편성을 지닌 난생 모티프와 무관하지 않다.
cf) A. V. Smoljak, op. cit. p.445.
김열규, 「한국 신화 원류 탐색을 위한 시베리아 샤머니즘 및 신화」, 조흥윤·김열규·김택규 ·성백인, 『한국 민족의 기원과 형성』(하), 한림과학원총서 48, 1996, p.233.

3) 질병관

나나이족은 질병의 원인을 질병을 보낸 정령, 즉 질병령의 활동에서 찾는다. 질병령이 사람의 영혼을 빼앗을 때 질병이 생긴다. '자유혼'에 해당하는 아이의 영혼 '오메'와 어른의 영혼 '하냐'가 몸 밖으로 나와 배회하다가 질병령에게 잡히면 그 영혼의 주인은 병에 걸린다. 또 질병령이 사람의 몸속으로 들어갈 때도 질병이 생긴다.

이 때 샤먼은 환자의 질병을 치료하기 위해 앞 장에서 설명한 의례를 거행한다. 샤먼은 자신의 보조령의 도움을 받아 질병의 원인을 확인해야 한다. 그런 다음 샤먼은 질병령에게 빼앗긴 환자의 영혼을 되찾아 그에게 넣어주기도 하고, 환자의 몸속으로 들어간 질병령을 그로부터 추방하기도 한다.

특히, 아이의 영혼 '오미아'는 매우 작고 힘이 없으며 겁이 많기 때문에 사악한 정령이나 질병의 정령에 의해 빼앗길 수 있다. 이런 상황은 곧 발병으로 이어진다. 그래서 샤먼은 그들로부터 아이의 영혼을 보호하기 위해 은신처에 그 영혼을 숨겨 안전하게 보호하기도 한다. 이 은신처에 숨겨진 아이의 영혼은 건강하게 지낼 수 있다. 영혼의 은신처와 관련된 모티프에서 우리의 기아(棄兒) 풍속이나 아이들이 호환(虎患)을 피하기 위해 승려를 따라가는 내용을 지닌 민담을 떠올릴 수도 있을 것이다.

VI. 시베리아 에벤크족의 신화와 신앙

1. 에벤크족의 신화

시베리아 에벤크족의 전통적인 신앙은 토테미즘과 샤머니즘이다. 그런데 에벤크족의 사회가 발전함에 따라 토테미즘이 해체되면서 그들의 신화도 변화되었고, 또 샤머니즘이 발생되면서 그들의 신화도 그 이전의 신화와 다르게 변화되었다. 신화는 일반적으로 그것을 전승하는 집단의 신앙을 그 모태로 하고 있기 때문이다.

1) 토테미즘의 붕괴와 에벤크족 신화

고대의 모계사회에 있어서 신앙적인 상부구조를 이루고 있었던 것은 토템 숭배였다. 그 후 모계사회가 해체되고 부계사회가 형성되면서 토테미즘도 붕괴되었다.[1] 이 같은 사회의 변동과 맞물린 신앙의 변화는 곧바로 신화의 변화를 초래한다.

[자료 1]

어느 날 에벤크인들이 밤까지 하루 종일 노래하고 춤추고 있었다. 노파가 '케렌도' кэрэндо 의 날개 소리를 듣고 그들에게 노래하지 말도록 부탁했다. 하지만 그들은 그녀의 말을 믿지 않았다. '케렌도'가 날아 내려와 노래 부르고 있는 모든 사람을 삼켰다. 노파는 솥 아래에 숨을 여유가 있었고, 그래서 구제될 수 있었다. 그녀는 땅에 혼자 남게 되었다. 그녀는 살면서 돌아다녔다. 어느 날 그녀는 숲에서 검은 멧닭 알을 발견했다. 그녀는 알을 집으로 가져와 요람에 두고 흔들기 시작했다. 그녀는 계속 흔들었지만 알은 부화되지 않았다. 그녀는 봄까지 지냈다. 봄에 거위가 날아왔다. 그녀는 강으로 가서 거위를 놀라게 했다. 그러자 거위는 알을 남겨두고 날아갔다. 그녀는 거위 알을 집으로 가져와 다시 흔들기 시작했다. 새끼들이 나오기 시작하자 그녀는 더 열심히 흔들었다. 사흘째 되던 날 알에서 사람이 나왔다. 그는 나중에 사로잡힌 에벤크인의 복수자가 된 '우나니' унянь였다. 얼마 후 그는 자라서 쇠로 된 날개를 만들어 '케렌도'를 찾기 위해 날아갔다. '우나니'와 '케렌도'는 '라마'(바이칼 호수) 위에서 날기 경쟁을 했다. '우나니'는 날개로 '케렌도'의 배를 쨌는데, 거기서 일부는 살아 있는 에벤크인이, 일부는 죽은 에벤크인이 나왔다. '우나니'는 계속해서 '케렌도'의 형제, 아들과 경쟁하여 많은 에벤크인을 자유롭게 해주었다.[2]

[자료1]에 의하면, 사람은 거위의 알로부터 나타났다. 거위가 토템동물로서의 역할을 다하고 있는 셈이다. 특히, 거위는 '어머니−동물'로서의 모습을 간직하고 있다. 이것은 모계사회에서 토템 동물이 모성(母性)을 지니고 있는 '여성−동물' 또는 '최초의 조상'이라는 토테미즘의 원

---

1) А. Ф. Анисимов, *Религия Эвенков в Историко-Генетическом Изучении и Проблемы Происхождения Первобытных Верований* , Москва-Ленинград, 1958, p.149.

2) Г. М. Василевич, "Ранние Представления о Мире у Эвенков", *ТИЭ*, Том 51, Москва, 1959, pp.183-184.

천적인 모습을 보여준다.

[자료 2]

곰이 천막에서 처녀를 훔쳐 자신의 아내로 삼았다. 그 후 곰은 숲에서 아내의 남동생을 만났다. 그는 곰에게 화살을 쏘았다. 곰이 화살을 맞고 죽으면서 말했다. "나는 네 자형이다. 곰의 부족 가운데서 어떤 사냥꾼도 죽은 곰을 매장해서는 안된다."[3]

[자료2]에 의하면, 여성과 곰이 아내와 남편으로 함께 산다. 곰이 아내의 남동생의 자형으로 묘사되고 있다. 이 같은 '동물 남편-곰'에 대한 신화에는 곰을 토템 동물로 숭배하는 에벤크족의 고대적인 관념이 내재되어 있다. 시베리아 여러 민족들의 관념에서 나타나는 것처럼 곰은 '토템-최초의 조상'이었다. 곰과 여성의 결합에서 어느 한 종족이 유래되기도 하기 때문이다.

그런데 [자료2]에서는 [자료1]에서와 달리 토템 동물인 곰이 남성으로 인식된다. 곰이 '아버지-동물'로서의 모습을 간직하고 있는 셈이다. 토템 동물이 모성을 상실하면서 부성(父性)을 지니게 되었다. 이것은, 친족 관계가 모계가 아니라 부계를 따라 이루어지면서 일어난 변화이다. 모계 사회에서 부계사회로의 전환과 함께 토테미즘의 원초적인 모습은 변형되고, 그에 따라 '여성-동물'로서의 토템의 의미도 상실된 결과이다.

이와 같은 토테미즘의 변형에 따른 토템동물의 역할 변화는 다음 신화에서도 확인된다.

---

3) А. Ф. Анисимов op. cit., p.117.

[자료 3]

많은 새들이 물속으로 들어가 바닥에서 흙을 구하려고 했지만 모두 실패했다. 하지만 물속으로 깊이 들어갈 수 있고 또 오랫동안 물속에 있을 수 있는 물새만이 바닥에 이르러 부리 속에 흙을 조금 담아서 물 밖으로 나왔다. 물새가 흙덩어리를 물 위에 놓자 그것이 빨리 자라 땅이 되었다.[4]

[자료 4]

예전에 물과 하늘이 있었다. 물에는 뱀과 개구리가 살았다. 하늘에는 해와 달 그리고 별이 빛났다. 또 그 별에는 '에네칸 부가'энекан буга가 자신의 보조자와 함께 살았다. 뱀은 이미 늙어서 자주 피곤했고, 물속에서 몸뚱이가 얼었다. 어느 날 뱀은 자신의 보조자인 개구리에게 흙을 구하여 그걸 물에서 단단하게 하도록 부탁했다. 뱀은 거기서 쉬면서 햇볕으로 몸뚱이를 따뜻하게 하고 싶었다. 개구리는 잠수해서 흙을 구해 나왔다. 개구리가 흙을 물에서 단단하게 하려고 했지만 흙이 가라 앉았다. 그때 뱀이 헤엄쳐 다가갔다. 그러자 개구리는, 뱀이 자신을 욕할 것 같아 몸뚱이를 뒤집어 발로 흙을 지탱했다. 지금까지 그렇게 남아 있다.[5]

[자료3]에서 물새와 [자료4]에서 개구리는 토템신화의 문화영웅과 유사하게 땅의 창조자 역할을 수행한다. 특히, 에벤크족의 관념에 의하면 땅의 출현은 물새에 대한 관념과 관련되어 있다. 그러나 '물새-창조자'와 '개구리-창조자'의 모습은 이미 더 큰 일반적인 특징을 갖는다. 이 동물들은 토테미즘적인 '최초의 조상'처럼 어떤 민족과 관련되지 않고 범민족적이기 때문이다. [자료3]과 [자료4]에서 물새와 개구리는 더 이상 토템동물로서의 완전한 모습을 지니고 있지 않다.

---

4) Ibid., p.155.
5) А. И. Мазин, *Традиционные Верования и Обряды Эвенков-Орочонов*, Новосибирск, 1984, pp.19-20.

[자료 5]

태초에 세 명의 사람—'샨바이'шанвай , '샨코아'шанкоа, '샨카'шанка—이 살았다. 어느 날 그들은 땅을 만들기 위해 돌과 모래를 가져오도록 세 마리의 백조를 보냈다. 새들은 잠수하였다. 7일 동안 물 밑에서 있다가 나와서 보니 땅이 자라고 있었다. 그때 그들은 '카도'кадо라고 불리는 남자와 '쥴치'джулчи라고 불리는 여자를 만들었다. 사람들의 수가 점차 불어나 아무르강 유역을 모두 차지하였다. '카도'가 말했다. "하늘에 있는 세 개의 해 때문에 너무 뜨거워 살 수가 없어. 해를 쏘아 죽여 버려야겠어!" 그의 아내 '쥴치'가 말했다. "해를 죽이러 가시오!" '카도'는 해가 떠오르는 곳으로 가서 구덩이를 파고 그 속에 숨었다. 첫 번째로 떠오르는 해를 쏘아 죽였다. 두 번째로 떠오르는 해를 쏘았으나 화살이 비켜 나갔다. 세 번째로 떠오르는 해를 쏘아 죽이고 집으로 돌아왔다. 그 후로는 날씨가 덥지 않았다.[6]

[자료 6]

세계가 끝없는 바다였을 때 그 가운데 아주 작은 섬이 있었다. 그 섬에는 사악한 노파가 살았다. 이 섬에 하늘의 오리가 내려와 7년을 살았다. 8년째 되던 해에 노파가 그 새를 쫓아버렸다. 오리는 섬에서 날아오를 때 발로 흙을 움켜잡은 다음 그걸 바다에 떨어뜨렸다. 흙을 조금 떨어뜨린 곳에는 작은 섬이 생겼고, 많이 떨어뜨린 곳에는 큰 산이 생겼다.[7]

[자료5]는 시베리아 나나이족의 신화이고, [자료6]은 시베리아 우데게족의 신화이다. 이 두 자료에서 백조와 오리가 땅을 새롭게 창조하고 있다. 이 같이 땅을 창조하기 위해 '원시대양'을 잠수하여 바닥에서 흙을 운반하는 새에 대한 모티프는 전세계적으로 발견된다.[8] 따라서 백조나 오리와 같은 물새가 부분적으로는 창조자의 모습을 갖고 있지만, [자료3]과 [자료4]에서와 마찬가지로 한 민족과 관련된 토테미즘적

---

6) А. П. Окладников, *Лики Древнего Амура*, Новосибирск, 1968, p.163.
7) В. В. Подмаскин, *Духовная Культура Удэгейцев*, Владивосток, 1991, p.118.
8) Uno Holmberg, *The Mythology of All Races*, Vol. IV, New York, 1964, p.313.

인 '최초의 조상'과는 다르게 범민족적인 것으로 변형되었다.

[자료 7]

　처음에 물이 있었다. 그때 두 명의 형제 '하르기'харги와 '세베키'сэвэки가 살고 있었다. 착한 동생 '세베키'는 위에 살았고, 악한 형 '하르기'는 아래에 살았다. 동생은 물오리와 물새를 보조자로 데리고 있었다. 물새는 잠수하여 흙을 가지고 나왔다. 그 흙이 점차적으로 자라 지금의 모습이 되었다.9)

　[자료7]에서 물새는 최초의 거주자인 '세베키'의 보조자로서 땅의 형성에 참여하고 있다. 여기서도 '물새-최초의 거주자의 보조자'는 [자료3]과 [자료4]에서와 마찬가지로 일반적인 특징만 갖고 있다. 이것은 원초적인 토테미즘이 붕괴되면서 일어난 변형의 결과이다.

2) 샤머니즘의 발생과 에벤크족 신화

　고대의 모계사회가 부계사회로 전환되면서 토테미즘은 붕괴되고 그와 함께 샤머니즘이 새롭게 등장한다. 샤머니즘의 발생은 역사적으로 모계사회의 해체 과정과 밀접히 관련되어 있는 셈이다.10)

　샤머니즘은 무(無)에서 발생한 것이 아니다. 전(前)샤머니즘적인 신앙과 의례의 근거에서 발생하였다. 샤먼은 다만 새로운 관념과 접촉하면서 전샤머니즘적인 신앙과 의례를 약간 변형시키기도 하고 또 가끔 전승된 관념을 새로운 관념과 혼합시키기도 했다.11) 이 같은 상황은

---

9) A. И. Мазин, op. cit., p.20.

10) A. Ф. Анисимов, op. cit., p.150.

11) Г. М. Василевич, "Дошаманские и Шаманские Верования Эвенков", *Советская Этнография*, No. 5, Ленинград, 1971, p.53.

에벤크족 신화에 나타난 우주관과 질병관의 층위에서 확인할 수 있다.

첫째, 우주발생과 우주구성 등 우주관의 층위에서 전샤머니즘 단계의 신화와 샤머니즘 단계의 신화는 구별된다.

먼저 우주발생의 층위에서 살펴보면 다음과 같다.

[자료 8]

옛날에 사방에 물만 있었고 땅은 조금밖에 없었다. 사람들은 어디서도 짐승을 방목할 수가 없었다. 사람들은 매우 슬퍼했다. '어떻게 살지? 어디서 사냥하지? 또 어디서 사슴을 방목하지?' 그때 맘모스 '헬리'хэли가 사람들을 돕기로 결심했다. 그는 자신의 단단한 뿔을 물 아래로 밀어 넣어 사람들이 살 만큼의 흙을 뽑아 올렸다.[12]

[자료 9]

처음에 물과 두 명의 형제가 있었다. 착한 동생은 위에 살았고, 악한 형은 아래에 살았다. 물오리와 물새는 동생의 보조자였다. 그 새들은 잠수한 후에 흙을 물고 나와 그걸 물 위에 내뱉었다. 땅이 자라기 시작했다. 그 후 동생은 신과 영혼들의 세계인 '위의 세계'의 정령이 되었고, 형은 죽은 사람들의 세계인 '아래의 세계'의 정령이 되었다.[13]

[자료 10]

처음에 물이 있었다. 그때 두 명의 형제 '하르기'харги와 '세베키'сэвэки가 살고 있었다. 착한 동생 '세베키'는 위에 살았고, 악한 형 '하르기'는 아래에 살았다. 동생은 물오리와 물새를 보조자로 데리고 있었다. 물새는 잠수하여 흙을 가지고 나왔다. 그 흙이 점차적으로 자라 지금의 모습이 되었다.[14]

---

12) А. Ф. Анисимов, op. cit., p.75.
13) Г. М. Василевич, Эвенки, Ленинград, 1969, p.214.
14) А. И. Мазин, op. cit., p.20.

[자료8]에서 물속의 흙을 끌어올려 땅을 넓히는 것은 맘모스였다. '맘모스-창조자'는 토템동물로서의 잔재를 지닌 동물일 뿐이다. 여기에는 어떤 샤머니즘적인 관념도 내포되어 있지 않고 또 어떤 선악의 관념도 내포되어 있지 않다. 따라서 [자료8]은 가장 초기의 관념이 반영된 전샤머니즘적인 단계의 신화라고 할 수 있다.

[자료9]에서는 최초로 땅을 만든 것이 형과 동생이다. 에벤크족의 다른 신화에 등장하는 이름인 '아킨'акин과 '네쿤'нэкун도 각각 '형'과 '동생'을 의미한다. 그러나 이 창조자들에게는 '선한'과 '악한'이라는 수식어가 붙어 있다. 선과 악에 대한 인식을 바탕으로 땅이 처음으로 만들어지고 있음을 보여준다. 이런 점에서 [자료9]는 [자료8]보다 뒤에 형성된 것으로 보인다.

그리고 동생과 형은 그 이후에 각각 '위의 세계'의 지배령дух-хозяин과 '아래의 세계'의 지배령이 된다. 이것은 샤머니즘적인 관념이 반영된 결과이다. 지배령에 대한 관념은 샤머니즘의 발생과 함께 나타난 것이기 때문이다.[15] 따라서 [자료9]는 전샤머니즘적인 관념과 샤머니즘적인 관념이 혼합되어 형성된 신화라고 할 수 있다.

[자료10]에서는 땅을 창조하는 과정에 등장하는 형과 동생의 이름이 각각 '하르기'와 '세베키'로 교체되어 있다. 에벤크족의 다른 신화에서는 '하르기'가 '아바시'абасы로 불리기도 하고, '세베키'는 '쉐베키', '헤베키' 또는 '엑세리', '엑쉐리' 등으로 불리기도 한다. 이럴 경우 '하르기'는 '아래의 세계'를 지키는 사악한 정령의 명칭이고, '세베키'는 '위의 세계'를 지키는 선한 정령의 명칭이다. 따라서 [자료10]은 전적으로 지배령과 같은 샤머니즘적인 관념이 반영된 신화라고 할 수 있다.

---

15) Г. М. Василевич, "Дошаманские и Шаманские Верования Эвенков", *Советская Этнография*, No. 5, Ленинград, 1971, p.54.

땅의 창조 모티프뿐만 아니라 사람의 창조 모티프에서도 전샤머니
즘적인 단계의 신화와 샤머니즘적인 단계의 신화는 구별된다.

[자료 11]

두 명의 형제가 살고 있었다. 형은 '아래의 세계'에서 살았고, 동생은 '위의 세계'에
서 살았다. 형은 모든 나쁜 것들: 모든 종류의 벌레와 뱀을 만들었다. 동생은 사슴의
가지 뿔로 사람('베에'6ээ)을 만들었다. 형제들은 서로를 좋아하지 않았다. 동생은
자신의 보조자로 개를 갖고 있었다. 어느 날 그는 창고에 개를 남겨놓고서는 자신의
창조물('오날—비'онал—би)을 지키고, 창고 문을 열지 못하도록 개에게 지시했다.
그가 떠난 후에 형이 와서 개에게 창고 문을 열어주면 털을 주겠다고 약속했다. 개는
형의 꾐에 빠져 그가 들어가는 것을 허락했다. 그는 창고로 들어가 소상(塑像)('오나-
르반'она—лван)을 입으로 불고는 가버렸다. 10일 후 동생은 집으로 돌아와 부서
진 창고를 보고 모든 일을 알아차렸다. 그는 창고로 가서 죽은 또 반쯤 살아 있는 사
람의 형상물('베에')을 보았다. 그는 살아 있는 것들에 생명을 불어넣고 혈관에 피가
흐르게 했다. 형상물들은 살아나 사람이 되었다. 그리고 나서 그는 개에게 말했다.
"지금부터 너는 사람 뒤를 따라가게 될 것이고, 그가 죽인 것들의 나머지를 먹게 될
것이다."[16]

[자료 12]

최초에 세 개의 세계가 있었다. '위의 세계'에는 동생 '헤베키'хэвэки가 살았고,
'아래의 세계'에는 형이 살았다. 그들은 '중간의 세계'에서 동물들을 창조했다. 동생
은 오리를 만들었고, 형은 논병아리를 만들었다. 동생은 족제비를 만들었고, 형은
곰을 만들었다. 동생은 여우를 만들었고, 형은 늑대를 만들었다. 동생은 모든 것들의
이름을 지었다. 그 다음에 동생은 남자와 여자를 만들고, 그들에게 형이 만든 동물
을 먹지 못하도록 금지시켰다. 까마귀는 동생의 보조자였다. 그 새는 동생의 창조물
을 보호했다. '위의 세계'에 사는 동생은 가끔 자신이 만든 사람들이 어떻게 사는지,
또 무얼 하고 있는지를 까마귀에게 물었다. 이때 까마귀가 대답했다. "그들은 살면서

---

16) Г. М. Василевич, "Ранние Представления о Мире у Эвенков", *ТИЭ*, Том 51,
Москва, 1959, p.177.

어린애를 낳았습니다. 그래서 땅에는 많은 사람들이 살게 되었습니다. 그들은 여우, 족제비, 그리고 다른 동물들을 사냥하여 죽였습니다." 어느 날 악한 형이 까마귀에게 와서 말했다. "내게 동생이 만든 창조물('오나-르반'она-лван)을 보여주라. 그렇게 하면 네게 좋은 음식과 위를 주겠다." 형은, 까마귀가 음식을 맛보도록 했다. 까마귀는 음식을 맛보고 매우 좋아했다. 까마귀는 형에게 사람의 형상을 보여주었다. 그 후에 동생이 까마귀에게 물었다. "내가 만든 사람들이 어떻게 지내고 있느냐? 그들을 보고 싶다." 동생은 까마귀에게 매우 화가 났다. 그래서 앞으로 까마귀는 음식물 쓰레기와 썩은 고기만 먹도록 했다.[17]

[자료 13]

'헤베키'хэвэки는 집에서 살았다. 그에게는 일꾼들이 있었다. 어느 날 그는 외출하려고 준비하면서 말했다. "어느 누구도 내가 만든 사람('베엘'бэел)에게 접근하지 못하도록 해라. 만약 '하르기'харги가 와서 부탁하더라도 접근하지 못하도록 해라." 그는 멀리 떠났다. 일꾼들은 집에 남아서 진흙으로 사람('베에'бэе)을 만들고 있었다. '헤베키'가 떠난 후에 '하르기'가 왔다. 그는 일꾼들에게 부탁했다. "사람들에게 접근할 수 있게 해주라. 그러면 난 진흙으로 걸을 수 있는 개를 만들겠다." 일꾼들이 말했다. "그걸 허락할 수 없습니다. 그러면 '헤베키'가 우리를 꾸짖을 것입니다." "사람을 볼 수 있게 허락해 주라." 그는 간청했다. 그들은 그를 진흙 소상(塑像)('치타'чита)이 있는 곳으로 안내했다. '하르기'가 진흙으로 만든 소상을 잡았다. 그는 그것으로 개를 만들고는 가버렸다. 그가 떠나자 개는 길을 따라 달리기 시작했다. '헤베키'가 와서 일꾼들에게 물었다. "너희들은 이미 개를 만들었느냐? 아니면 너희들 가운데 한 사람이 '하르기'를 들여보냈느냐? 내가 너희들에게 그를 들여보내지 말라고 말하지 않으냐?" 그들이 말했다. "그가 와서 우리에게 말했습니다. '내가 개를 만들 수 있도록 들어가는 것을 '헤베키'가 허락했다.'" "나는 그에게 들어가도 좋다고 결코 말하지 않았다. 이 소상은 에벤크인이 될 것이고, '하르기'는 그들의 생명을 갉아 먹을 것이다."[18]

[자료11]과 [자료12] 그리고 [자료13]에서 동생은 사람을 창조하고,

---

17) Ibid., p.175.
18) Ibid., p.175.

형은 동생의 행위를 방해한다. 이 때 [자료11]에서는 사람을 창조하고 방해하는 인물이 단순히 선한 동생과 악한 형의 관계에 있는 인물이다. 물론 선악의 관념이 반영되어 있기는 하지만 [자료11]은 초기의 관념이 내재된 전샤머니즘적인 단계의 신화라고 할 수 있다.

그러나 [자료12]에서는 동생을 '헤베키'로 부르고 있다. 형의 이름은 신화의 문면에 드러나 있지 않지만 다른 자료를 참조할 때 그의 이름은 '하르기'로 짐작된다. '헤베키'와 '하르기'는 샤머니즘에서 등장하는 정령들의 이름이다. 이런 점에서 [자료12]는 전샤머니즘적인 관념과 샤머니즘적인 관념이 혼재된 신화라고 할 수 있다.

이와 달리 [자료13]에서는 사람을 창조하고 방해하는 인물의 관계가 형과 동생으로 이루어져 있지 않다. 단지 사람을 창조하는 인물은 '헤베키'로, 그리고 그 행위를 방해하는 인물은 '하르기'라는 이름으로 나올 뿐이다. 따라서 [자료13]은 전적으로 샤머니즘적인 관념이 내재된 신화라고 할 수 있다.

다음으로 우주구성의 층위에서 살펴보면 다음과 같다.

[자료 14]

새 '킨기트'кингит가 자신에 대한 봉사의 대가로 영웅 '차르치칸'чарчикан을 '위의 세계'로 데려갔다. 새가 물었다. "내 아이들을 구해준 보답으로, 당신은 어떤 세계로 가고 싶소?" "하늘로 가는 입구까지 날 데려다 주시오." "그건 매우 험난한 길이오." 새는 두 마리 사슴을 데려가면서 말했다. "내가 당신에게 부탁하면 사슴들을 내 입으로 밀어 넣으시오." 그들은 멀리 날아갔다. 그들은 나흘 동안 날아갔다. 하늘로 가는 입구가 보였다. 새가 그에게 말했다. "어떤 사람을 만나더라도 내가 당신을 데려왔다고 말하지 마시오." 새는 그를 내려놓았다. 그는 걸어갔다. 그 곳은 온통 풀이 자라는 아름다운 땅이었고, 사람의 흔적이 없었다. 또 아무도 없었다. 그는 천막을 발견할 때까지 계속 돌아다녔다. 천막에 이르렀다. 그 곳에 여자가 살고 있었다. 그녀는 수도 놓고 잠도 자고 그러면서 살았다. 그녀는 아름다웠다. 그는 그녀에게 물어보았지만, 그녀는 그 말을 듣지 못하고 생각했다. "불이 조금 탁탁 소리를 내는구나." 그는 그녀와 함께 있었다. 그는 그녀 곁에 머물면서 그녀와 같이 잠자리에 들고 싶었다. 밤에 그는 그녀에게로 살며시 다가가서 관계를 맺었다. 그때서야 그녀는 그를 느끼면서 볼 수 있었다. "누가 당신을 데려왔습니까? '킨기트'가 데려왔습니까?" "나 혼자 왔소." 그녀가 말했다. "당신은 지금 날 혼란스럽게 만들었소. 당신은 여기서 늘 살 수 없소. 여기에는 땅이 없소. 당신은 '중간의 세계'에서 땅을 가져와야 하오." 내가 어떻게 하면 그걸 가져올 수 있소?" 그녀는 그에게 날개 달린 말을 주었다. 그는 땅으로 내려갔다. 그녀는 그를 쫓아가 불렀다. "당신이 어떤 사람을 만나면 그가 무슨 말을 하더라도 듣지 마시오. 흙을 조금 떠서 돌아오시오. 말이 당신을 데리고 돌아올 것이오." 그녀는 그를 말에 묶었다. 말은 입구로 갔다. 그들은 땅으로 날아갔다. 그들은 땅에 도착했다. 말이 길을 따라 갔다. 거기서 한 노파가 썰매를 뒤엎어 똑바로 놓을 수 없었다. 그녀는 그를 보고 말했다. "썰매를 바로 놓을 수 있도록 도와주시오." 그는 그녀를 돕기 위해 재빨리 말에 묶인 줄을 풀어 굴레를 벗긴 다음 썰매를 바로 놓기 시작했다. 그녀는 그의 손을 잡고 말했다. "나는 삼 년 동안 죽음이 데려간 당신을 기다렸어요. 그래서 나는 지금도 당신 신발을 보관하고 있어요." 그는 주위를 둘러보았지만 말은 멀리 날아가 버렸다. 그는 땅에 계속 머물렀다. 죽음이 그를 삼켰다. 말이 땅으로부터 하늘에 도착했을 때 말이 다시 들려왔다. "당신은 날 당황스럽게 했어. 내가 당신에게 말했지만, 당신은 내 말을 주의하지 않았어요."[19]

[자료 15]

한 사람이 아래 세계로 출발했다. 그는 입구를 발견하고 내려갔다. 거기서 그는 사람들과 천막을 발견하고는 그 안으로 들어갔다. 그 곳에 남자와 두 명의 아이들 그리고 두 명의 여자가 있었다. 도착한 사람은 두 여자 사이에 앉았다. 그가 앉자마자 장작불 불꽃이 튀었다. 그는 말했다. "불이 왜 튀지?" 그 후에 그가 여자들 가운데 한 사람을 건드리자 그녀는 병이 들었다. "불이 튀어서 내가 병이 들었어. 샤먼을 부르시오" 그들은 샤먼을 불렀다. 샤먼이 와서 굿을 했지만 낫지 않았다. 그들은 큰 샤먼을 불렀다. 그가 와서 굿을 하기 시작했다. 그는 병의 원인이 '위의 세계'로부터 왔다는 것을 알았다. 그는 위에서 내려온 사람을 던지고 멀리 보내 버렸다. 위에서 내려온

---

19) Ibid., p.167.

사람은 쫓겨난 후 입구를 발견하고는 지상으로 되돌아왔다. 병에 걸렸던 여자는 좋아졌다.[20]

[자료 16]

한 노인에게 다섯 명의 딸이 있었다. 그는 물을 마시도록 딸을 교대로 보냈다. 그러나 그들은 모두 거절했다. 그는 강으로 갔다. 그는 물을 마시기 시작했고 그리고는 얼음에 얼어붙었다. 그는 자신을 자유롭게 해주도록 부탁하면서 그리고 그 보답으로 자신의 딸 가운데 한 사람을 보냈겠다고 약속하면서 얼음에게 말하기 시작했다. 얼음은 어린 '헬라단'хеладан을 데리고 오도록 했다. 노인은 장난감과 함께 그녀를 강으로 보냈다. 그녀는 강으로 가서 얼음 위에 앉았고, 그리고는 빠졌다. 그녀는 강(샤먼의 강) 바닥으로 빠진 후에 '엔그제키트'энгдекит에 도착했다. 그녀는 얼음을 타고 하류로 내려갔다. 그녀는 오랫동안 떠내려갔다. 그녀는 강 하구의 곳에서 불을 보고 유빙에게 멈추도록 했다. 유빙은 그렇게 했다. 그녀는 불이 있는 방향으로 갔다. 그녀는 한 노파가 살고 있는 천막을 보았다. 그녀는 물었다. "유빙이 날 어디로 데려가고 있습니까?" "난 잘 모르겠다. 두 개의 북을 갖고 있는 여자샤먼에게 물어보면 그녀는 알 것이야." 그녀는 계속 갔다. 그녀는 더 멀리 떠내려갔다. 이렇게 하여 그녀는 열 개의 북을 가진 여자샤먼에게로 갔다. 그녀가 샤먼에게 다가가자 샤먼이 그녀에게 말했다. "얼음은 널 '춘게제크'чунгэдек(영원한 어둠의 장소, 샤먼의 '아래의 세계')로 데려가고 있어. 지금 얼음이 널 속이고 있어." 샤먼은, 그녀가 송곳을 땅에 박은 다음 그걸 잡아 당겨 땅 위로 나올 수 있도록 그녀에게 열 개의 송곳을 주었다. 그러면서 그녀에게 경고했다. "얼음은 널 불러 달랠 것이다. 하지만 절대로 뒤돌아보지 마라." 그녀는, 얼음이 온갖 종류의 여자에게 필요한 도구를 주겠다고 약속하면서 자신을 불렀지만 뒤돌아보지 않았다. 그리고는 그에게는 물감을 섞기 위해 돌 대신에 사람의 이마가 있고, 그에게는 숫돌이 아니라 종지뼈가 있고, 검은 물감이 아니라 죽은 사람의 배설물이 있고, 붉은 물감이 아니라 죽은 사람의 피가 있고, 무두장이가 아니라 죽은 사람의 척추골이 있고, 문지르는 도구가 아니라 골반뼈가 있고, 숫돌이 아니라 복사뼈가 있고, 잔이 아니라 두개골이 있고, 부싯돌이 아니라 죽은 사람의 팔뚝이 있다고 얼음에게 말했다. 그래서 얼음은 그녀를 꾈 수 없었고, 그녀는 도망갔다.[21]

---

20) Ibid., p.168.

[자료9], [자료10], [자료11], [자료12]에서 알 수 있는 것처럼 에벤크족은, 이 우주가 '위의 세계'인 '우구 부가'угу буга와 '중간의 세계'인 '둘린 부가'дулин буга 그리고 '아래의 세계'인 '헤르구 부가'хэргу буга 등 세 개의 세계로 이루어져 있다고 생각한다. '위의 세계'에는 신과 영혼들이 살고, '중간의 세계'에는 살아 있는 사람들이 살며 그리고 '아래의 세계'에는 죽은 사람들이 산다.22)

그런데 우주구성에 대한 전샤머니즘적인 관념에 의하면 '위의 세계'는 하늘보다 더 높고, '아래의 세계'는 땅보다 더 아래에 있다. '위의 세계'는 북극성을 통해서 갈 수 있고, '아래의 세계'는 땅의 표면에 있는 구멍이나 물의 바닥에 있는 구멍을 통해서 갈 수 있다.

이 점은 [자료14]와 [자료15]에서 확인된다. [자료14]에서 '위의 세계'는 하늘에 있는 것으로 간주되고, [자료15]에서 '아래의 세계'는 땅 아래에 있는 것으로 간주된다. 따라서 [자료14]와 [자료15]에는 세 개의 세계가 수직적으로 배치되는 전샤머니즘적인 우주구성론이 반영되어 있다.

이와 달리 [자료16]은 샤머니즘적인 우주구성론을 보여준다. [자료16]에 의하면, 노인의 딸인 '헬라단'은 '샤먼의 강'에 빠진 후 '엔그제키트'라 불리는 강에 도착한다. 이 때 얼음이 그녀를 태워 '아래의 세계'인 '춘게제크'로 데려가려고 한다.

에벤크족 샤먼의 관념에 의하면 '엔그제키트'는 '샤먼의 강'으로서 상류는 '위의 세계'에 닿아 있고, 하류는 '아래의 세계'에 닿아 있다. 또 '엔그제키트'의 많은 지류에는 샤먼의 보조령들이 자리잡고 있고, 또 그 지류의 하류는 '죽은 사람들의 세계', 즉 '부니'буни다. 샤먼은 의례 때

---

21) Ibid., p.171.
22) А. И. Мазин, op. cit., p.7.

지류에 있는 소용돌이를 통해 '엔그제키트'에 도달한 다음 '위의 세계'와 '아래의 세계' 입구까지 갈 수 있다.23) 이 같은 관념을 따라 [자료16]을 살피면, '헬라단'은 강의 지류에 빠진 다음 소용돌이를 통해 '샤먼의 강'에 도달하고, 그 후 얼음이 그녀를 '아래의 세계'로 데려가려고 하고 있음을 알 수 있다. 이것은 세계의 공간적 구성에 대한 에벤크족 샤먼의 관념을 잘 보여준다. 따라서 [자료16]에는 세 개의 세계가 강을 매개로 하여 수평적으로 배체되는 샤머니즘적인 우주구성론이 반영되어 있다.

둘째, 질병관의 층위에서도 전샤머니즘 단계의 신화와 샤머니즘 단계의 신화는 구별된다.

[자료 17]

'세베키'сэвэки가 에벤크인을 만들기 시작했다. 그는 남자와 한 명의 여자를 만들었다. 친구가 일하고 있는 '세베키'에게 와서 말했다. "너는 진흙으로 어떻게 에벤크인을 만들고 있느냐? 그들의 뼈가 정말 나쁘구나. 쇠로 더 잘 만들 수 있을 텐데. 그러면 뼈가 더 단단할 거야. 만약 그들의 뼈를 쇠로 만들면 질병이 그들을 덮칠 수 없을 거야." 그가 친구에게 말했다. "내가 널 찾을 테니 숨어 보아라. 만약 내가 널 찾지 못하면 네가 계속 그들을 만들어도 좋아." 친구는 숨으러 갔다. 친구는 나무의 갈라진 틈 속으로 들어가 땅 밑으로 내려갔다. 그 후에 친구는 자기 집으로 돌아갔다. '세베키'는 도처를 다니면서 친구를 찾았다. 집으로 가 보았지만 거기에도 없었다. 베개 속을 보았지만 아무것도 없었다. 이 이후에 친구는 양모로 만든 실로 변했다. 그는 실을 잡고 말했다. "네가 여기 있었네." 그는 친구를 찾은 다음 친구에게 자신을 찾도록 했다. 그리고 나서 그는 자신이 만든 사람('오나'она)에게로 갔다. 친구는 그를 뒤따라가면서 보았지만 그를 찾을 수가 없었다. 친구가 말했다. "친구야, 널 찾을 수가 없네. 나와. 무엇으로 변하였어? 찾을 수가 없어." 그러나 그는 친구에게 말하고 싶지 않았다. 그때 친구가 그에게 말했다. "네가 하는 대로 그걸 만들어라. 그 사람

23) Г. М. Василевич, op. cit., p.57.

들이 늙을 때까지 넌 질병으로부터 에벤크인을 보호할 수 있을 거야." 그는 계속 진
흙으로 사람을 만든 다음 말리기 위해 옆으로 펼쳐 놓았다. 그 후에 그는 그들을 길
렀다. 그 다음 그는 진흙으로 만든 사람을 지키도록 개를 만들었다. 그리고 개에게
말했다. "에벤크인을 지켜라." 개는 그걸 지키기 시작했다. 어느 날 '하르기'xарги
가 왔다. 개는 벌거벗었고, 옷은 초라했다. 그가 말했다. " '세베키'가 네게 나쁜 옷을
주었구나. 나를 들여보내주면 네게 옷을 주겠다." 개는 그를 들여보냈다. 그는 개에
게 옷을 주고 에벤크인에게 침을 뱉으면서 말했다. "에벤크인은 병에 걸리게 될 것이
다."(에벤크인은 지금 모두 병에 걸리게 되었다.) '세베키'가 집으로 돌아와서 개에게
물었다. "너는 어디서 모피 외투를 찾았느냐?" " '하르기'가 주었습니다." 그는 화를 내
면서 개를 쳤다. "너는 왜 내가 만든 소상('오나-르바프'она-лвав)을 배신하였느
냐? 너는 왜 모피 외투를 받았느냐? 나중에 내가 네게 옷을 줄 수 있었다. 지금부터
너와 무슨 일을 같이 하겠느냐? 에벤크인으로 하여금 널 때리게 할 것이고, 네 모피
를 입지 못하게 할 것이며, 너의 고기도 먹지 못하게 할 것이다." (털과 가죽에서 나쁜
냄새가 난다. 그래서 에벤크인은 그것을 입지 않는다.)24)

질병의 원인에 대한 초기의 설명은 사람의 창조에 대한 전샤머니즘
적인 관념과 관련이 있다. [자료17]에서 '하르기'는, '세베키'가 진흙으
로 만든 사람을 향해 침을 뱉었다. 또는 재채기를 하거나 불기도 한다.
이 결과 에벤크족은 병에 걸리게 되었다. 사람의 출현과 동시에 질병
도 야기되고 있는 셈이다. 사람의 창조에 대한 신화에서 나타나는 이
같은 질병관은 질병이나 죽음과 같은 자연현상에 대한 공포와 관련되
어 있다.

[자료15]에서 질병의 원인을 다르게 설명하고 있다. '중간의 세계'에
사는 사람들과 다른 세계, 즉 '위의 세계'나 '아래의 세계'의 거주자의
접촉이 질병을 야기한다. 이것은 다른 언어를 사용하거나 다른 문화를
가진 부족과의 상호관련성을 반영한다.25) 이 같은 질병의 원인에 대한

24) Ibid., p.175.

설명은 전샤머니즘적인 관념과 관련된다.

물론 [자료15]와 [자료17]에는 샤머니즘적인 관념이 반영되어 있다. [자료15]에서는 샤먼이 등장하고, [자료17]에서는 샤먼 정령의 이름인 '세베키'와 '하르기'가 등장하기 때문이다. 그러나 [자료15]와 [자료17] 에서 보이는 질병의 원인에 대한 설명은 전샤머니즘적이다. 왜냐하면 샤머니즘이 발생하면서 샤먼들은 질병의 원인에 대해 다르게 설명하 기 때문이다. 시베리아 샤머니즘에는 영혼의 이중성을 바탕으로 영혼 이 육체를 떠날 수 있다는 믿음과 적의를 품고 있는 샤먼의 보조령에 대한 믿음이 깔려 있다. 이에 따라 샤먼들은 질병의 원인을 영혼의 일 시적인 상실이나 적의를 품은 샤먼의 보조령에 의한 영혼의 약탈로 설 명한다. 따라서 다른 세계 사람과의 접촉을 통해 질병이 야기되고, 또 질병을 야기한 사람을 그의 본래 세계로 돌려보냄으로써 질병이 치료 된다는 관념과 창조 과정에 있는 사람에게 침이나 가래 등을 뱉음으로 써 질병이 야기된다는 관념은 전샤머니즘적인 것이라고 할 수 있다.

2. 에벤크족의 신앙

Uno Holmberg의 글[26]에서 알 수 있는 것처럼 시베리아 토테미즘과 샤머니즘은 밀접한 관계를 맺고 있다. 에벤크족의 부족 명칭은 토템동 물이나 새의 이름을 따르고 있다. 부족 명칭 '쥬쿠기르'дюкугир는 '수 달의 부족'을, '칸드이기르'кандыгир는 '오리의 부족'을, '하르키기르'xa

---

25) Г. М. Василевич, "Дошаманские и Шаманские Верования Эвенков", *Сове тская Этнография*, No. 5, Ленинград, 1971, p.57.
26) Uno Holmberg, op. cit., pp.496~523.

ркигир는 '순록의 부족'을, '실리기르'силигир는 '황새의 부족'을, '콘
그노코기르'конгнокогир는 '사슴의 부족'을 의미한다.[27] 에벤크족의
부족 명칭이 동물이나 새의 이름을 따르고 있는 것은 이전에 이미 존재
했던 토템 숭배의 잔재이다.

에벤크족의 경우 첫째, 샤먼의 정령에서 토테미즘적인 관념을 확인
할 수 있다. 샤먼의 정령은 샤먼과 혈연적인 친족관계를 맺고 있는 토템
이다. 그래서 그 동물을 죽일 수도 없고, 또 그 고기를 먹을 수도 없다.

에벤크족의 관념에 의하면, 샤먼의 모든 정령은 그에 상응하는 동물, 새,
물고기 등의 모습을 하고 있다. 이 같은 샤먼의 주요한 정령에 '하르기'
харги가 있다. '하르기'는 '아래의 세계'에 거주하는 샤먼의 조상 영혼
으로서 다양한 동물 분신으로 나타난다. 이때 '하르기'는 '어머니-사
슴', '어머니-순록', '어머니-곰', '어머니-새' 등의 모습으로 묘사된다. '하르
기'는 샤먼의 동물 분신 정령인 셈이다. 샤먼의 정령 '하르기'를 통해
알 수 있는 것처럼 에벤크족 샤머니즘은 그 기원을 토테미즘에 두고
있다.

둘째, 정령에 의한 샤먼의 선택 또는 소명과 관련된 신앙에서 토테
미즘적인 관념을 확인할 수 있다. 정령에 의한 새로운 샤먼의 선택이나
샤먼 후보자의 소명 수령은 우선 늙은 샤먼의 죽음과 관련되어 있다.
샤먼의 조상령 '하르기'가 샤먼 후보자를 선택한다. 만약 샤먼 후보자가
그 소명을 거부하면 샤먼의 조상령은 그를 괴롭히고 위협한다. 샤먼의
조상령은 샤먼 후보자의 영혼을 데리고 '아래의 세계'에 있는 조상령의
세계로 데리고 간다. 이럴 경우 조상령은 반인반수(半人半獸)의 형태로
생각되기 때문에 샤먼 후보자가 조상령의 세계로 가는 것은 그의 영혼이

---

27) А. Ф. Анисимов, op. cit., p.133.

동물의 정령으로 바뀌는 것을 의미한다. 샤먼 후보자의 영혼은 그 곳에서 곰, 사슴, 순록 등 여러 동물로 변신하게 된다. 계속적인 변신의 순환이 완료된 후 샤먼 후보자의 영혼은 사람들이 사는 '중간의 세계'로 돌아와 새로운 샤먼으로 태어나게 되고, 변신했던 동물들은 그의 주요한 보조령이 된다.28) 이 같은 샤먼의 선택과 소명에도 토테미즘적인 관념이 내재되어 있다.

이상과 같은 샤먼의 정령과 그에 의한 샤먼의 선택 또는 소명과 관련된 토테미즘과 샤머니즘의 습합은 샤먼의 관, 의복과 그것에 달린 형상물들, 신발, 그리고 북과 같은 무구(巫具)에 잘 형상화되어 있다.

[그림1] 29)

[그림1]은 사슴뿔과 곰의 형상물로 장식된 에벤크족 샤먼의 관이다. 이 관은 사슴 유형deer type과 곰 유형bear type의 복합형 샤먼 복장 장식에 속한다. 사슴은 샤먼의 동물분신으로서 의례 동안 샤먼이 타계로 여행할 때 운송수단이 되는 보조령이다. 샤먼의 관에 사슴뿔이 장식되는 것은 시베리아 샤머니즘의 일반적인 특징이기도 하다. 특히, 이 관에는 곰의 형상물이 사슴뿔에 매달려 있다. 에벤크족에게 있어서 곰은 사슴과

---

28) Ibid., p.142.
29) Ibid., p.172.

함께 샤먼의 상계여행(上界旅行) 때 그를 돕는 보조령으로 간주된다.30)

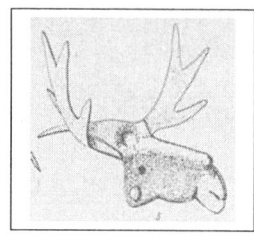

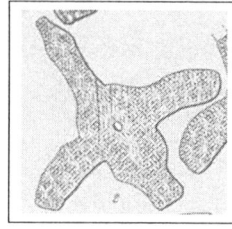

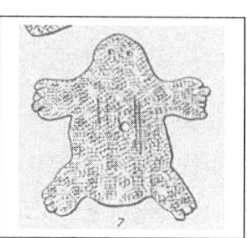

[그림2] 31)   [그림3] 32)   [그림4] 33)

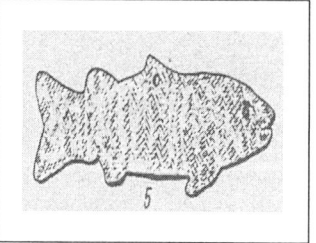

[그림5] 34)   [그림6] 35)

　[그림2]~[그림6]은 샤먼 의상에 매달려 있는 각종 동물 형상물들이다. [그림2]는 사슴뿔, [그림3]은 물새, [그림4]는 개구리, [그림5]는 곰, [그림6]은 연어이다. 이것들은 에벤크족이 숭배하는 동물이면서 동시에 샤먼의 보조령 역할을 한다. 특히, 물새, 연어, 개구리 등은 샤먼이 '아래의 세계'를 여행할 때, 그리고 사슴, 곰은 '위의 세계'를 여행할 때 안내자 역할을 한다.36)

---

30) А. И. Мазин, op. cit., p.78.
31) Ibid., p.156.
32) Ibid., p.157.
33) Ibid., p.157.
34) Ibid., p.158.
35) Ibid., p.158.

  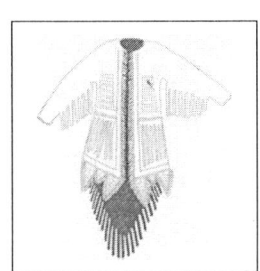

[그림7] 37)   [그림8] 38)   [그림9] 39)

　[그림7]과 [그림8]은 각각 곰발 형태를 닮은 샤먼의 장갑과 신발이다. [그림9]는 새의 깃털을 닮은 샤먼의 의복이다. [그림7]과 [그림8]은 곰 유형 bear type의 복장 장식에, [그림9]는 새 유형bird type의 복장 장식에 속한다. 에벤크족의 곰에 대한 명칭 가운데 '아마카'амака 또는 '아미칸'амикан은 '할아버지-노인'을, '아마'ама는 '아버지'를, '에네'энe는 '어머니'를, '에베케' эбэкэ는 '할머니'를 의미한다.40) 이 명칭에서 알 수 있는 것처럼 곰은 사람의 형제일 뿐만 아니라 부족의 조상으로 숭배되는 동물이다.

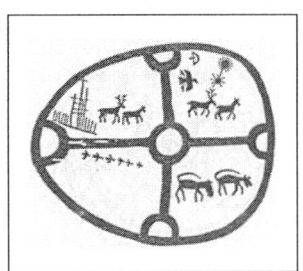

[그림10] 41)

---

36) Ibid., p.78.
37) А. Ф. Анисимов, op. cit., p.172.
38) Ibid., p.172.
39) Ibid., p.171.
40) Г. М. Василевич, *эвенки*, Ленинград, 1969, pp.216~217.

[그림10]은 에벤크족 샤먼의 북에 그려진 그림이다. 이 그림에서 십자형 가로축을 중심으로 위쪽은 '위의 세계'를, 아래쪽은 '아래의 세계'를 형상화하고 있는 것으로 보인다. 그리고 위쪽의 반원은 '위의 세계'로, 아래의 반원은 '아래의 세계'로, 양옆의 반원은 '부니'буни, 즉 사자(死者)의 세계로 가는 입구를 형상화한 것으로 보인다. 그리고 가운데 있는 구멍은 세계, 우주의 중심을 상징하는 '세계의 배꼽', '우주의 배꼽'[42]으로 간주된다. 십자형 통로는 그곳으로 가는 길을 의미한다. 에벤크족 샤먼의 관념을 형상화한 이 같은 그림은 그들의 '우주모형도'라고 할 만하다.

그런데, '위의 세계'에는 사슴이 묘사되어 있고, '아래의 세계'에는 말이 묘사되어 있다. 에벤크족 관념에 의하면 사슴은 샤먼이 '위의 세계'로 갈 때 안내자 역할을 하는 보조령으로, 말은 샤먼이 '아래의 세계'로 갈 때 안내자 역할을 하는 보조령으로 간주된다.[43]

3. 신화와 신앙의 상관성

신화는 순수한 허구fiction가 아니다. 신화는 그것을 말하는 사람들에게 있어서 '역사'이자 '진실담'true story이다. 신화는 사물의 시작, 우주와 인간의 기원, 동물과 식물의 기원, 삶과 죽음의 기원, 숭배의 기원, 경작의 시작 등과 관련하여 실제로 일어난 사건에 대한 설명이다. 이러한 신화 속의 세계는 분명히 초월적인 리얼리티transcendent reality다. 왜냐하

---

41) M. Jankovics, "Cosmic Models and Siberian Shaman Drums", *Shamanism in Eurasia*, Part 1, Edited by M. Hoppál, Göttingen, 1984, p.164.
42) M. Jankovics, op. cit., p.154.
43) Г. М. Василевич, op. cit., p.254.

면 그것은 현재의 리얼리티의 필요불가결한 선험(先驗)이기 때문이다.[44]

이처럼 신화가 우주와 인간이 창조되고 또 삶과 죽음이 창조되던 '태초'와 관련될 때 그러한 신화는 종교이기도 하고, 그러한 신화를 이야기하는 것은 숭배이기도 하다.[45] 이런 점에서 신화는 이미 종교이다.

종교 경험은 근원적인 시·공간에로의 복귀이다. '그 때의 처음' 또는 '아득한 그 때'로 거슬러 올라가고, 그리고 '근원적인 곳' 또는 '궁극적인 곳'으로 돌아가는 것이 종교 경험이다.[46] 이 같은 경험은 신화 속에서도 드러난다. 신화도 근본적으로 '태초'의 시·공간에 대해 언급하고 있기 때문이다. 이것은 곧 신화의 종교적 함축성이면서 또한 종교의 신화적 함축성이라고 할 수 있을 것이다. 신화와 종교가 모두 인간의 삶 속에서 야기되는 온갖 갈등에 대한 해답으로서 기능한다는 사실도 이와 무관하지 않을 것이다.

이 같은 신화와 종교 또는 제의의 관련성은 여러 연구자들에 의해 언급되었다. 소위 Cambridge학파나 제의학파는 '신화는 제의에서 유래된다'와 '신화는 시행된 제의의 구술적 상관물이다'는 명제를 제시하였다. H. Zimmer는 상징체계인 신화가 지닌 종교적 함축성을 논의하였고[47], M. Eliade는 신화와 종교 상징의 관련성을 논의하였다[48]. 그런가 하면 C. Kluckhohn은 모든 신화가 제의에서 유래한 것은 아니지만 그 둘은 복잡한 상호 의존관계를 맺고 있다고 하였고[49], G. S. Kirk

---

44) R. Pettazzoni, "The Truth of Myth", *Myth*, Vol. Ⅳ, Edited by R. A. Segal, Routledge, 2007, p.5.
45) Ibid., p.9.
46) 정진홍, 『종교학서설』, 전망, 1980, pp.15~24.
47) H. Zimmer, *Myths and Symbols in Indian Art and Civilization*, Princeton University Press, 1946.
48) M. Eliade, *Patterns in Comparative Religion*, New York, 1958.
49) C. Kluckhohn, "Myths and Rituals: A General Theory", *Reader in Comparative Religion,*

은 제의가 모티프나 원인을 제공하기는 하지만 모든 신화가 제의와 관련되어 있는 것은 아니라고 하였다[50]. 신화와 제의 또는 종교의 관계를 보편적인 관계로 파악하든 그렇지 않으면 특수한 관계로 파악하든 이들의 견해는 한결같이 그 둘의 관련성을 언급하고 있다. 신화와 제의 또는 종교는 매우 밀접하게 관련되어 있을 뿐만 아니라 상호 영향을 미친다는 점에서 이들의 견해가 일치하는 셈이다. 이러한 점으로 미루어 볼 때 신화는 신앙[51]을 모태로 하여 형성되고, 신앙은 신화로 하여 더욱 견고하게 된다. 이것은 신화가 신앙을 내포하고 있고, 신앙은 신화를 내포하고 있다는 것을 의미한다.

Edited by W. A. Lessa and E. Z. Vogt, Harper & Row, 1965.

50) G. S. Kirk, *Myth*, University of California Press, 1970.

51) 종교는 하나의 신앙체계이고 가치체계이며 행동체계이다. 이 말은, 종교는 신앙, 가치, 행동의 체계성을 갖추고 있어야 한다는 것을 의미한다. 하지만 이 글에서 논의되는 토테미즘이나 샤머니즘은 보통의 종교가 갖추고 있는 체계성을 갖추고 있지 않다. 따라서 종교의 의미와 함께 토테미즘이나 샤머니즘을 포괄하기 위해 '신앙'이라는 용어를 사용한다.

Ⅶ. 시베리아 에벤족의 신화와 신앙

1. 에벤족의 곰 축제와 곰 신화

곰 사냥과 관련된 곰 의례, 또는 곰 축제[1]는 지리적으로 유럽의 스칸디나비아 반도로부터 북미의 알래스카까지 툰드라 지역, 스텝 지역, 그리고 그 남쪽의 농경 지역에 거주하는 여러 민족들에게서 공통적으로 나타난다. 시베리아 에벤족도 그 지역에 거주하는 민족들처럼 곰 축제를 거행함은 물론이다.[2]

---

1) 곰 축제를 거행하는 목적에 대해서는 1)고기를 얻기 위해, 2)친척들이 함께 모이기 위해, 3)수렵의 행운을 빌기 위해, 4)곰을 더 많이 잡을 수 있도록 죽은 곰을 '숲의 주인'에게 돌려보내기 위해 등 여러 견해들이 제시되었다.
   A. M. Золотарев, *Родовой Строй и Религия Ульчей*, Хабаровск, 1939, p.122 참조.
2) 시베리아 오로치족, 울치족, 우데게족, 나나이족, 에벤크족의 곰 축제에 대해서는 각각 다음의 책 참조.
   В. А. Тураев ed., *История и Культура Орочей*, Сант-Петербург, 2001 ; Л.

동시베리아 마가단 주에 거주하는 에벤족은 죽은 곰 고기를 집단적으로 나누어 먹으면서 특별한 의례적 향연인 곰 축제 '우르카착'уркач ак을 거행하였다. Попова의 보고에 의하면, 곰 축제가 올스크 지역에서는 1953년에, 그리고 빌리빈스크 지역에서는 1961년에 거행되었다.3) 물론 최근에는 곰을 사냥하는 것이 금지되었고, 또 곰 숭배 풍속이 거의 사라져 에벤족은 더 이상 곰 축제를 거행하지 않는다.

곰 축제는 곰 사냥과 밀접히 관련되어 있다. 곰 사냥 후 일정한 절차에 따라 곰 축제가 거행되기 때문이다. 이런 점에서 '곰 사냥'은 '곰 축제'의 예비적인 단계라고 할 수 있을 것이다. 에벤족 곰 축제는 크게 A.〈주술이 수반된 곰 사냥〉, B.〈곰 고기의 집단적인 소비〉, 그리고 C.〈곰의 의례적인 부활〉 등 세 부분part으로 이루어진다. 이러한 점은 오로치족, 울치족, 우데게족, 나나이족, 에벤크족 등 시베리아 만주-퉁구스족 곰 축제에서 공통적으로 나타난다. 다만 곰 살해의 대상, 축제의 기간, 축제 동안 부여되는 각종 금기 등 행위의 단위인 행위소 actemes4)에 있어서 조금씩 차이가 날 뿐이다.

우선 곰 사냥의 구체적인 절차를 보이면 다음과 같다.

[A] ① 곰 굴을 발견한 사냥꾼은 굴 주위를 돌아다니다가 굴에서 자고 있는 곰에

Я. Иващенко ed., *История и Культура Ульчей в XVII-XX вв.*, Санкт-П етербург, 1994 ; А. И. Крушанова ed., *История и Культура Удэгей цев*, Ленинград, 1989 ; С. В. Березницкий ed., *История и Культура Нанай цев*, Сант-Петербург, 2003 ; А. Ф. Анисимов, *Религия Эвенков в Историко-Ге нетическом Изучении и Проблемы Происхождения Первобытных Верова ний*, Москва-Ленинград, 1958.

3) У. Г. Попова, "О Пережитак Культура Медведя(Уркачак) Среди Эвенов Магаданской Области", А. И. Крушанов ed., *История и Культура Народов Севера Дальнего Востока,* Вып. 17, Москва, 1967, p.174.

4) Anna-Leena Siikala, *The Rite Technique of the Siberian Shaman*, Helsinki, 1978, p.74.

게 접근하여 부탁을 했다. "소리를 내지 마십시오." 그는 집으로 돌아오면
서 다음날 길을 찾을 수 있도록 나무에 표시를 해두었다. 그는 집으로 돌아
와 곧바로 곰 사냥 준비를 했다. 그러나 그는 그 사실에 대해 누구에게도
말하지 않았다. 특히, 여자들이 알지 못하도록 조심하면서 침묵을 지켰다.
그를 찾아 온 이웃들은 전통적인 관습에 따라 그가 사냥 준비를 마친 다음
에 천막 안에서 그를 만났다. 그때서야 비로소 이웃들은 그가 곰 굴을 발견
했다는 사실을 알아차렸다. 그러나 그는 아무 말도 하지 않고 계속해서 사
냥 준비를 했다.

② 다음 날 새벽에 그는 숲으로 갔다. 이때 두 세 명의 동료와 역시 가장 가까
운 친구들이 그의 무언의 동의 아래 그를 도왔다. 그들은 총과 날카로운
칼, 그리고 단단한 가죽 끈으로 만든 올가미를 준비한 후 미리 표시해둔 흔
적을 따라서 스키를 타고 곰 굴을 향해 갔다. 그들은 굴에 조심스럽게 도착
한 후 다시 한번 굴을 사방으로 살펴보았다. 그런 다음 그들 가운데 한 사
람이 굴 위로 올라가 구멍을 뚫은 후 막대기로 깊은 잠에 빠져 있는 곰을 건
드렸다. 사냥꾼은 큰 칼로 두 개의 단단하고 긴 낙엽송을 벤 다음 말뚝을
만들어 곰이 밖으로 뛰어 나오지 못하도록 굴 입구 앞에 십자형으로 박았
다. 그리고 십자형 막대기를 가죽 끈으로 만든 올가미로 단단하게 묶었다.
그 후 그들은 굴 입구 앞에 반원형으로 서서 곰을 기다렸다. 그들 가운데
가장 나이 많은 사람이 다시 굴 위로 올라가 막대기로 곰을 심하게 괴롭히
기 시작했다. 잠시 후 곰이 굴 밖으로 뛰어 나왔다. 곰이 굴 밖으로 뛰어 나
와 막대기 밑으로 머리를 밀어넣자 그들은 곰을 향해 총을 두 번 쏘았다.
곰은 굴 앞에서 머리를 땅에 쳐박고 쓰러졌다. 하지만 곰의 몸뚱이는 굴에
남아 있었다. 곰이 죽은 것을 확인한 다음 그들 가운데 가장 나이 많은 사
람이 굴 위로 올라갔다. 그는 굴에 뚫린 구멍을 넓힌 후에 아래로 내려가
죽은 곰의 목에 단단한 올가미를 걸었다. 사냥꾼들은 함께 죽은 곰을 굴 밖
으로 끌어냈다. 그들 가운데 가장 나이 많은 사람이 얇은 막대기를 깎아 곰
의 입에 가로로 끼웠다.

③ 사냥꾼들은 죽은 곰을 덮어두고 집으로 돌아온 후 사냥에 대해 아무것도 여
자에게 말해주지 않았다. 다른 사람들에게도 죽은 곰에 대해 큰 소리로 전하
지 않았다. 그것은 금지되어 있다. 곰 굴을 발견한 사냥꾼은 잠시 휴식한

다음 '니막'нимак[역주: 이웃 가운데, 또는 인척 가운데 가장 나이가 많고 사냥에 가장 숙련된 남재의 집을 방문했다. 사냥꾼은 그의 집에 도착하여 매우 조심스럽게 곰 사냥의 결과에 대해 전한 다음 잡은 곰을 선물로 주겠다고 제안했다. 이것은 나이 많은 사람에게 존경을 바치는 것을 의미한다. 이때 그는 이 선물을 거절해서는 안 된다. 만약 거절을 하면 그는 죄가 있는 사람으로, 무례한 사람으로, 그리고 가치 없는 사람으로 간주된다.

④ 다음 날 아침 '니막'은 사냥에 참가했던 모든 사람들과 함께 곰의 몸통을 나누기 위해 죽은 곰이 있는 장소로 갔다. 그들은 가죽을 벗기고 몸통을 나누는 모든 일을 주관했다. '니막'은 곰의 가죽을 벗기고 배를 갈랐다. 가죽을 벗길 때 그는 가죽의 부위에 따라 그에 상응하는 소리를 질렀다. 눈 주위의 가죽을 벗기면서 '코흐-코흐'кох-кох 하는 소리를 내면서 울었고, 귀 주위의 가죽을 벗기면서 짧고 단속(斷續)적으로 '퓨'ффью 하는 휘파람 소리를 내었고, 사지의 가죽을 벗기면서 단속적으로 '느그이'нгы라는 소리를 질렀다. 항문 주위의 가죽을 벗기면서 방귀 소리를 흉내내어 '뿍-뿍'пук-пук 하는 소리를 내었다. 벗겨진 가죽의 눈구멍에는 붉은 물건을 꿰매었다. 그는 피 한 방울도 땅에 떨어지지 않도록 매우 조심했다. 뼈를 자르거나 부수면 안 된다. 관절을 따라 나누어야 한다. 그는 뼈에서 살을 발라내면서 노래했다. "쥐가 물어뜯는다, 담비가 물어뜯고 또 물어뜯는다." 나머지 사람들은 합창으로 후렴을 따라 불렀다. "물어뜯는다, 물어뜯는다." 몸통에서 머리를 분리할 때 다음과 같이 말했다. "가장 나이 많은 우리 모두의 누이를 자신의 누이로 생각하자." 내장, 사지의 힘줄, 지방, 간장, 심장을 함께 모으면서 말했다. "우리의 내장이야." 관절을 따라 사지를 꺾으면서 노래했다. " '레-테-테'рэ-тэ-тэ, 우리의 다리가 쪼인다." 살에서 지방을 분리하면서 말했다. " '두드이'дуды' 죽은 곰을 나눈 다음 머리, 내장, 몸통의 앞부분, 사지는 당일에, 그리고 나머지 부분은 다음 날에 집으로 가져갔다.[5]

A는, 행위소들이 기능적인 문맥에 따라 더 큰 단위로 결합된 네 개의 연쇄sequence[6]로 구성된다. 연쇄 〈곰 사냥 준비〉(①), 〈곰 사냥〉(②),

---

5) У. Г. Попова, op. cit., pp.175-177.

〈곰 사냥 성공 알림〉(③), 그리고 〈곰 고기 운반〉(④) 등이 그것이다.

A의 각 연쇄를 구성하는 행위소를 구체적으로 보이면 다음과 같다. 에벤족은 1년 중 일정한 시기, 즉 가을과 겨울에 곰을 사냥한다. 여름은 생식의 시기이고, 봄은 출산의 시기이기 때문이다. 번식 시기에 곰을 사냥하는 것은 금지된다. 따라서 가을과 겨울에 곰을 사냥하는 것은 '좋은' 것으로 간주되고, 또 합법적이다.

곰 사냥에서의 금기는 사냥 시기와 관련되어 있을 뿐만 아니라 다른 것과도 관련되어 있다. [자료1]에서 알 수 있는 것처럼 사냥꾼들이 곰 사냥의 성공에 대해 여자에게 전하거나 다른 사람들에게 큰 소리로 전하는 것은 금지되어 있다. 그러한 행위는 곰을 경멸하는 것이기 때문이다. 또 사냥꾼이 '니막'에게 자신이 잡은 곰을 선물로 주려고 할 때 그는 이 선물을 거절해서는 안 된다. 그러한 행위는 그를 죄 있는 사람으로, 무례한 사람으로, 그리고 가치 없는 사람으로 만들기 때문이다.

사냥꾼들은 보통 봄과 여름에 사냥을 나갔을 때 숲에서 곰과 만나는 것을 피하려고 한다. 만약 곰이 가까이 있다는 것을 알게 되면, "당신 마법사여! 나타나지 마십시오. 우리는 당신을 자극하지 않을 것입니다. 당신은 광활한 곳으로 떠나십시오. 당신과 마주치고 싶지 않습니다."라고 되풀이하여 말한다. 만약 사냥꾼이 여름에 고기를 얻기 위해 어쩔 수 없이 곰을 사냥해야 한다면, 그는 곰을 수색할 때 "당신은 아름답고 먼 곳으로 떠나십시오."라고 주문을 건다.[7]

'니막'과 사냥꾼들은 곰을 사냥한 당일에 곰의 머리, 내장, 몸통의 앞부분, 사지를 집으로 가지고 간다.

---

6) Anna-Leena Siikala, op. cit., p.174.
7) У. Г. Попова, op. cit., p.175.

[B] ⑤ '니막'과 사냥꾼들은 곰을 나눈 후 집으로 돌아와 남자들의 연회인 축제 '우르카착'을 거행하기 위한 준비를 했다. 모든 준비를 마친 후 곰 사냥에 대해 알아챈 여자들은 '니막'의 천막을 떠났다. 노파들이 처음으로 알아차렸지만 누구에게 아무것도 설명해 주지 않았고, 모든 여자들의 절반을 '우르카착'이 거행되는 동안 멀리 떨어진 천막에 앉아 있도록 하였다. 이때 노파들은 여자들, 특히 젊은 여자들 가운데 누구도 호기심을 나타내지 않도록 그들을 엄격하게 주시했다. 사람들은 죽은 곰과 관련 없는 사람에게 곰에 대해서 전해서는 안 되고, 또 곰 고기를 먹는 축제에 대해서도 말해서는 안 된다. '우르카착'은 본질적으로 한 씨족, 또는 한 부족 남자들의 축제이기 때문이다. '니막'은, 곰 굴을 발견한 사냥꾼이 인내심과 지구력을 갖기를 바라면서 그에게 약으로 이용하는 곰 쓸개를 주었다. 모든 곰 고기는 3일 안에 모두 먹어야 한다. 곰 고기는 저장해서는 안된다. 개가 곰 뼈를 물어 뜯고, 곰 핏방울을 핥는 것은 엄격히 금지된다. 그래서 모든 개를 좀 더 멀리 끌고가서 묶어 두었다. 곰 몸통의 앞부분 고기 조각을 천막 안에 있는 난로 위의 막대에 걸어 두었다. 천막 앞에 모닥불을 피우고 머리와 혀 그리고 심장을 삶았다. 그리고 천막 안에서는 허파와 가슴, 내장 그리고 발을 삶았다. 발은 삶기 전에 비스듬하게 세운 뾰족한 막대기에 꽂아 가죽이 잘 떨어지도록 발바닥을 불을 향하도록 했다. 그 후 장갑처럼 가죽을 벗긴 다음 발을 내장과 함께 솥에 넣어 삶았다. 머리는 삶기 전에 작은 톱으로 조심스럽게 잘랐다.

⑥ 고기가 준비되면 모든 남자들이 '니막'의 천막으로 모였다. 엄격하게 연장자 순으로 난로 주위에 앉았다. 가장 연장자인 '니막'이 상좌(上座)에 앉았고, 그 오른쪽에는 곰 굴을 발견한 사람이 앉았다.

⑦ '니막'은 고기를 솥에서 꺼내어 조각으로 자른 다음 칼에 꽂아 순서대로 모든 사람에게 주었다. 곰 고기 조각을 물어뜯어서는 안 된다. 칼로 작은 조각으로 잘라서 먹어야 한다. 뼈를 부수어서는 안 된다. 관절을 따라서 뼈를 조심스럽게 나누어야 한다. 먼저 가슴뼈의 고기를 먹었다. '니막'은 가슴뼈의 고기를 솥에서 접시로 꺼내면서 말했다. "이것은 우리의 썰매다." 그는 고기 조각을 천천히 잘라 연장자 순으로 주었다. 몸통 앞부분의 고기는 신성하기 때문에 그것을 천천히, 그리고 경건하게 먹었다. 사람들은 혀를 먹을 때 말했다. "이것은 힘들게 호흡할 때 내미는 혀다." 혀 조각을 먹기 전에 모

든 사람들이 연장자부터 두 번 '으이으이흐-으이으이흐'ҕыix-ҕыix 하고 목이 쉰 숨소리를 내었다. '니막'은 솥에서 심장을 꺼내어 조각으로 자르면서 말했다. "이것은 우리의 돌멩이다." 작은 심장 조각을 돌처럼 입 안으로 던져 삼켰다. 그 다음 '니막'은 삶은 머리에서 칼로 눈을 잘라 내었다. 이때 곰 굴을 발견한 사냥꾼은 까마귀처럼 '코흐흐-코흐흐-코흐흐'кохх-кохх-кохх 소리를 내면서 울었다. 또 눈을 매우 작은 조각으로 자르면서 말했다. "이것은 우리의 별이다." 눈의 조각을 먹기 전에 모든 사람들은 까마귀처럼 두 번 울었다. '니막'은 왼손으로 곰 머리를 잡고 오른손을 왼 무릎에 놓는 동작을 하면서 곰의 관자놀이 부근 살을 잘라 내었다. 그 다음 고기 조각을 접시에 놓은 후 왼손으로 접시를 잡고서 오른손으로 고기를 아주 작은 조각으로 잘랐다. 그 후 그는 칼을 쥔 오른손을 오른쪽 무릎 아래로 내밀어 칼끝에 꽂힌 고기 조각을 모든 사람에게 차례대로 주었다. '니막'은 송곳니 고기 조각을 찾으면 그것을 아무에게나 주면서 말했다. "대체로 스키 지팡이의 끝을 땅에, 또는 눈에 미끄러지게 해야 한다." 또 누가 턱뼈를 찾으면 그에게 말했다. "이것은 산에 오르기 위한 우리의 스키 지팡이다." 그는 뼈를 분리하면서 단속적으로 '느그이'ηгы 하고 신음소리를 냈다. 모든 사람이 하나의 그릇에 곰의 허파를 담아서 조금씩 조각으로 잘라 먹었다. 앞다리 고기 조각을 먹기 전에 말했다. "이것은 우리의 앞발이다." 배 부분 고기를 먹을 때는 "이것은 우리의 앞치마다."라고 말했다.

⑧ 죽은 곰 고기를 먹는 축제가 끝나면, 사람들은 운동 경기를 개최하여 싸우거나 돌아다니면서 즐겁게 놀았다.

⑨ 그동안 두 번째로 고기를 삶기 위해 솥에 그것을 넣었다. 몸통 앞부분에서 남은 고기 조각과 가죽에서 발라낸 나머지 고기를 삶았다.

⑩ 이때는 성인남자와 함께 소년들도 음식을 먹기 위해 자리에 앉았다. '니막'은 곰 고기를 소년들에게 주기 전에 곰 지방과 혼합된 그을음으로 그들의 얼굴에 콧수염을 그렸다.

⑪ 곰 고기를 처음으로 먹는 소년들의 입에 자작나무로 만든 작은 고리를 걸어 두었다. 그들은 고기 조각을 그것을 통해서 입으로 넣어야 했다. '니막'은 소년들에게 고기를 물어뜯어서는 안 되고, 크지 않은 조각으로 잘라 먹어야 한다고 주의를 주었다. 웃거나 떠들고, 그리고 제멋대로 행동하는 것

은 엄격히 금지된다. 곰은 자신을 경멸하는 것을 참지 못한다. 만약 누가 곰 고기를 물어뜯거나 웃으면서 먹고, 그리고 제멋대로 굴면, 곰은 반드시 그를 처벌한다.

⑫ 다음 날 곰 사냥 장소에 남겨두었던 죽은 곰의 몸통 부분을 가져와 삶았다.

⑬ 이때는 여자도 축제에 참가하였다. 약간의 여자들은 곰 고기를 먹는 것을 거부했지만, 나머지 여자들은 연장자 순으로 난로 주위에 둘러앉았다.

⑭ 접시에 놓인 몸통 뒷부분의 고기를 조각으로 자르면서 말했다. "이것은 천막 덮개의 밑부분이다." 가장 나이 많은 여자가 고기 조각을 받은 후 작은 조각으로 잘라서 감사의 표시로, 또는 속죄의 제물로 난로불 속으로 던졌다. 나머지 여자들도 연장자 순으로 따라했다.

⑮ 이 집단적인 축제는 참가자 전체의 춤인 '헤제'хэде를 새벽까지 춘 후 끝났다.[8]

B도 네 개의 연쇄로 구성된다. 연쇄 〈곰 고기 준비〉(⑤, ⑨, ⑫), 〈참가자 앉기〉(⑥, ⑩, ⑬)), 〈곰 고기 먹기〉(⑦, ⑪, ⑭), 〈오락〉(⑧, ∅, ⑮) 등이 그것이다. 이럴 경우 B는 네 개의 연쇄가 순차적 결합되어 있다. 그러면서 축제 첫째 날 그런 연쇄의 결합이 두 번 반복되고, 둘째 날 그런 연쇄의 결합이 한 번 더 나타난다. 그럼에도 불구하고 B는 본질적으로 〈곰 고기 준비〉-〈참가자 앉기〉-〈곰 고기 먹기〉-〈오락〉 등 네 개의 연쇄의 순차적 결합으로 구성된다.

B의 각 연쇄를 구성하는 행위소를 구체적으로 보이면 다음과 같다. 연쇄 〈곰 고기 준비〉(⑤)에서 천막 밖에서는 머리와 혀, 그리고 심장을 삶고, 천막 안에서는 허파와 가슴, 내장, 그리고 발을 삶는다. 이때 곰 고기를 저장하고, 개가 곰 뼈를 물어뜯거나 곰 핏방울을 핥는 것은 금

---

8) Ibid., pp.177-178.

기로 되어 있다. 곰 축제의 다른 절차에서도 죽은 곰의 뼈를 부수거나 마음 내키는 대로 내던지는 것은 금기로 되어 있다. 에벤족은 두개골과 뼈에 곰의 영혼이 깃들어 있다고 믿는다.[9] 따라서 곰의 두개골이나 뼈와 관련된 금기는 영혼이나 생명력의 보관 용기인 그것들을 잘 지켜 곰의 재생을 초래하고자 하는 의지의 또 다른 표현이다.

여자와 씨족 또는 부족 구성원 이외의 사람들은 축제에 참가할 수 없다. 또 그들에게 죽은 곰에 대해서, 그리고 곰 축제에 대해서 알고 싶어 하거나 알아서는 안 된다는 금기가 부여된다. 특히, 여자에게 주어지는 금기는 '톤그케키츠'тонгкэкич라는 단어로 나타난다. 이 단어는 '불가(不可)', '금지', '죄가 있음' 등으로 번역되는데, '곰에 대해 많이 말하다', '성공을 자랑하다', '사람을 모욕하다', '사람을 조롱하다'의 의미를 지닌다. 그래서 여자들은 곰에 대해 절대로 말할 수 없다.[10] '우르카착'은 본질적으로 한 씨족, 또는 한 부족 남자들만의 축제이기 때문이다.

이밖에도 여자들에게는 다른 금기가 부여된다. 여자들은 축제 둘째 날에는 참가하여 머리와 몸통 앞부분을 제외한 곰 고기를 먹을 수 있다. 그러나 첫째 날에는 축제에 참가하는 것이 엄격하게 금지된다. 또 축제 마지막 날 치르는 곰 장례에도 여자들이 참가하는 것은 금지된다. 곰 축제를 거행할 때 여자들에게 주어지는 금기들은, 여자가 남자보다 곰과 더 가까운 친족으로 간주되기 때문이다.[11]

에벤족의 민간전승에서는 축제 '우르카착'의 중요한 행위에서 여자를 제외시키는 것을 다음과 같이 설명하기도 한다. '곰이 원래 어머니였기

---

9) В. А. Тураев ed., *История и Культура Эвенов*, Санкт-Петербург, 1997, p.121.
10) У. Г. Попова, op. cit., p.174.
11) В. А. Тураев ed., op. cit., 1997, p.121.

때문에 여자는 곰을 낳은 것을 부끄럽게 여겼다. 그래서 여자는 두 번째로 태어난 아들—사람으로 하여금 첫 번째로 태어난 아들—곰을 죽이도록 부추겼다. 그 후 여자는 곰 축제에 참가할 자격을 잃어버렸다.'12)

연쇄 〈참가자 앉기〉(⑥)에서 축제 참가자들은 연장자 순으로 앉는다. 특히, '니막'은 상좌에 앉고, 곰 굴을 발견한 사람은 그 오른쪽에 앉는다.

연쇄 〈곰 고기 먹기〉(⑦)에서 그 다음 곰 고기를 먹을 때 고기를 물어뜯어서는 안 된다는 금기가 그들에게 주어진다. 곰 고기는 연장자 순으로 먹어야 할 뿐만 아니라 몸통 앞부분의 고기—혀—심장—눈—관자놀이 살—허파 부위 순으로 먹어야 한다.

연쇄 〈오락〉(⑧)에서 축제 첫째 날 첫 번째 곰 고기 먹기가 끝나면 축제에 참가한 사람들이 운동 경기를 개최하여 즐겁게 논다. 연쇄 〈오락〉(⑮)에서도 축제 참가자들은 집단적으로 춤을 추면서 놀았다. 시베리아 여러 민족들의 곰 축제에서 보이는 것처럼 참가자들은 고기를 집단적으로 나누어 먹은 후 춤, 연극, 활쏘기, 스키 경주, 썰매 타기 등과 같은 놀이와 시합을 하기도 한다. 이것은 수렵사회의 곰 숭배와 관련된 곰 축제가 점차 씨족적인 또는 부족적인 오락과 극적인 연출의 특성을 취하게 된 결과이다.13)

연쇄 〈곰 고기 준비〉(⑨)와 〈참가자 앉기〉(⑩), 그리고 〈곰 고기 먹기〉(⑪)는 축제 첫째 날 두 번째로 이루어지는 절차이다. 연쇄 〈곰 고기 준비〉(⑨)에서 다시 곰의 몸통 앞부분에서 남은 고기와 가죽에서 발라낸 나머지 고기를 삶는다.

연쇄 〈참가자 앉기〉(⑩)에서 성인 남자와 함께 소년들도 고기를 먹기

12) У. Г. Попова, op. cit., p.180.
13) В. В. Подмаскин, *Духовная Культура Удэгейцев*, Владивосток, 1991, p.50.

위해 축제에 참가하여 자리에 앉는다.

연쇄 〈곰 고기 먹기〉(⑪)에서 소년들에게 고기를 물어뜯고, 고기를 먹을 때 웃거나 떠들고 또 제멋대로 행동해서는 안 된다는 금기가 주어진다. 이 같은 곰 고기 먹기는 곰 숭배와 관련되어 있다.

축제 첫째 날 두 번째로 이루어지는 절차에서는 연쇄 〈오락〉은 생략되어 있다.

축제 둘째 날 이루어는 연쇄 〈곰 고기 준비〉(⑫)에서 사냥 장소에 남겨두었던 죽은 곰의 몸통 뒷부분 고기를 가져와 삶는다.

연쇄 〈참가자 앉기〉(⑬)에서 여자들도 축제에 참가하여 고기를 먹기 위해 연장자 순으로 난로 주위에 둘러앉는다.

연쇄 〈곰 고기 먹기〉(⑭)에서 고기를 먹기 전에 축제에 참가한 여자들 가운데 가장 나이 많은 여자가 난로불 속으로 고기 조각을 던지면 다른 여자들도 연장자 순으로 따라한다. 이것은 곰에 대한 감사와 속죄의 표시이다. .

연쇄 〈오락〉(⑮)에서 축제에 참가한 모든 사람들은 새벽까지 집단적으로 춤을 춘다. 그 후 여자들은 집으로 돌아간다.

[C] ⑯ 새벽에 여자들은 집으로 돌아가고, 축제의 주관자인 '니막'의 천막에 남은 남자들은 축제의 마지막 부분, 즉 곰의 두개골과 나머지 뼈의 장례를 준비했다. 이때 여자들이 참가하는 것은 엄격히 금지된다. 죽은 곰의 뼈를 본래 순서대로 모았다. 죽은 곰의 뼈를 마음 내키는 대로 내던져서는 안 된다. 옛날에 죽은 사람의 장례를 지냈기 때문에 곰도 장례를 지낸다. 나무로 특별한 단(壇)을 만들어 곰의 모든 뼈와 두개골을 놓았다.

⑰ 먼저 장식 의례인 '안가드익'ангадьк을 거행하였다. 만약 죽은 곰이 수곰이면 두개골의 눈구멍에는 나무껍질로 안경을 만들어 씌웠고, 귓구멍에는

나무로 만든 귀고리를 달았으며 발목에는 나무로 만든 팔찌를 끼웠다. 만약 암곰이면 귀고리, 안경 이외에 두개골을 나무껍질로 만든 댕기 비슷한 것으로 장식했다. 그리고 목덜미에는 나무껍질로 만든 머리카락을 붙였고, 손목에는 나무로 만든 팔찌를 끼웠으며 발가락뼈에는 나무로 만든 고리를 끼웠다. 사지를 팔찌와 고리로 장식하면서 노래했다. " '굴로, 굴로'гуло, гуло"(번역하기 어렵다.) 두개골을 장식할 때 노래를 불렀다. 이 노래는 "당신을 아름다운 옷으로 치장하고, 당신에게 안경을 씌우며 귀고리와 팔찌를 끼운다."와 같이 곰을 먼 여행으로 인도하면서 곰을 장식하는 이야기로 되어 있다. 모든 뼈는 본래의 순서대로 모가 없으면서 뿔 모양으로 갈라진 막대기로 단에 고정되었다. 수곰을 향해서는 그를 반드시 '에트케'этке(장인이라는 의미)라고 불렀고, 암곰을 향해서는 '아트카'атка(장모라는 의미)라고 불렀다.[14]

C는 두 개의 연쇄로 구성된다. 연쇄 〈뼈와 두개골 안치〉(⑯)와 〈뼈와 두개골 장식〉(⑰) 등이 그것이다.

연쇄 〈뼈와 두개골 안치〉(⑯)에서 우선 나무로 곰의 뼈와 두개골을 안치할 특별한 단을 만든다. 거기에 곰의 뼈와 두개골을 원래의 순서대로 연결하여 안치한다.

그 후 연쇄 〈뼈와 두개골 장식〉(⑰)에서 곰의 뼈와 두개골을 장식한다. 곰의 뼈와 두개골을 안경, 귀고리, 팔찌, 댕기, 머리카락, 고리 등으로 장식한다. 이때 장식 부위에 따라 노래가 수반된다.[15] 에벤족의 관념에 의하면 이 모든 장식들은, 죽은 곰이 먼 여행을 할 때 필요한 것들이다.[16]

에벤족 곰 축제는 다음과 같이 구조화될 수 있다.

---

14) У. Г. Попова, op. cit., pp.178-179.
15) 이런 점을 고려하면 파프로트의 "아무르 종족 곰 의식의 특별함은 동반 음악이 있다는 점인데, 이는 북퉁구스나 아이누족 - 홋카이도나 사할린 모두 - 에게서는 찾을 수가 없다.(한스-요하임 파프로트 지음, 강정원 옮김, 『퉁구스족의 곰 의례』, 태학사, 2007, p.300.)"는 진술은 재고되어야 할 것이다.
16) В. А. Тураев ed., op. cit., p.121.

A(① → ② → ③ → ④) → B(⑤ → ⑥ → ⑦ → ⑧)

→ B(⑨ → ⑩ → ⑪ → ∅)

→ B(⑫ → ⑬ → ⑭ → ⑮) → C(⑯ → ⑰)

이 같은 구조를 고려할 때 에벤족의 곰 축제는 대체로 열 개의 연쇄, 즉 〈곰 사냥 준비〉, 〈곰 사냥 성공 알림〉, 〈곰 고기 운반〉, 〈곰 고기 준비〉, 〈참가자 앉기〉, 〈곰 고기 먹기〉, 〈오락〉, 〈뼈와 두개골 안치〉, 〈뼈와 두 개골 장식〉으로 구성되어 있음을 알 수 있다.

곰 축제 또는 곰 의례는 그것의 구술적 상관물인 신화를 만들어 낸다. 이것은, 의례가 신화적 기반이 됨을 의미한다. 이 같은 제의학파의 명제와 관련하여 에벤족의 민간전승에도 곰 축제 '우르카착'의 기원에 대해 설명하는 신화가 있다.

[자료 1]

두 명의 남매 가운데 누이동생이 곰 굴을 발견하고 들어갔다. 곰은 자신의 발을 빨 게 하여 그녀를 길렀다. 그녀는 봄에 집으로 돌아와 두 명의 아이—새끼 곰과 어린아 이—를 낳았다. 새끼 곰은 자신의 형제인 '토르가니'торгани와 함께 자라다가 숲으로 가버렸다. '토르가니'는 새끼 곰을 찾아보았지만 찾지 못하고 그의 흔적만을 발견했다. 그는 나무에서 곰이 할퀸 흔적을 발견하고서 곰에게 결투를 신청했다. 곰 이 할퀴어 그에게 상처를 냈지만 그는 날카로운 돌로 곰을 죽였다. 곰은 죽으면서 그 에게 곰 축제인 '우르카착'уркачак을 거행해야 한다고 말했다.[17]

[자료1]에 의하면, 동생—사람은 우연히 형—새끼 곰을 죽이게 된다. 이때 형—새끼 곰은 동생—사람에게 곰 축제 '우르카착'을 거행할 것을

---

17) А. А. Бурыкин, "Мифологические Рассказы о Мидведе у Народов Север о-Восточной Азии и Северной Америкии", К. А. Новикова, *Эвенские Ск азки, Предания и Легенды*, Магадан, 1988, pp.89–97.

지시한다.

시베리아 여러 민족들의 관념에 의하면 곰은 원래 '숲의 사람'이다. 따라서 곰이 죽으면 그들의 친척인 '숲의 사람'에게로 돌아간다고 생각한다. 이때 죽은 곰이 화내지 않기를 부탁하고, 그들의 친척에게 가서 사람들에 대해 잘 말해 주기를 바란다. 그러면 '숲의 사람'은 다시 곰을 사람들에게 보내줄 것이라고 믿는다. 이를 위해 사람들은 곰 축제를 거행한다. 죽은 곰은 그들의 친척에게 가서 곰 축제에 대해 말한다. 만약 축제가 규칙에 따라 거행되었다면, '숲의 사람'은 만족하고 사람들에게 사냥의 성공을 보장한다.[18]

2. 에벤족의 곰 축제와 곰 신화에 나타난 곰 숭배

시베리아 여러 민족들처럼 에벤족에게도 곰 숭배에 대한 관념이 존재한다. 그들은 곰을 '땅과 숲의 정령'으로 숭배하기도 한다.[19] 그리고 에벤족 샤먼의 장갑 손등에 구리로 만든 곰 형상이 부착되어 있다. 장갑 끝에는 곰 털이 붙어 있다. 이것은 샤먼의 보호령인 곰 '만기'манги의 발을 형상화한 것이다.[20] 에벤족의 이 같은 곰 숭배가 가장 특징적으로 나타나는 것은 곰 축제이다.

에벤족의 곰 축제에서 보이는 곰 숭배 관념은 토테미즘적인 특성에 기초해 있다. 토테미즘은 주술, 수많은 금기, 토템 동물의 번식에 대한

---

18) А. М. Золотарев, op. cit., p.124.

19) В. А. Тураев ed., op. cit., p.118.

20) Е. Д. Прокофьева, "Шаманские Костюмы Народов Сибири", *СМАЭ*, Том 27, 1971, pp.49–50.

염려, 그리고 특징적인 의례의 요소를 포함하고 있다.[21] 이와 같은 토테미즘적인 특성은 에벤족의 곰 축제 '우르카착'에서도 보인다.

원시적인 사냥 주술은 곰을 발견했을 때 곰에게 말하는 "소리를 내지 마십시오."라는 부탁-주술에서 나타난다. 이 부탁-주술은 적합한 방법으로, 적당한 시간에 곰을 사냥하기 위한 것이다. 그리고 죽은 곰의 몸통을 분할할 때 주술적인 행위와 비유가 수반된다. 가죽을 벗기거나 살을 발라낼 때 특이한 소리를 내고 노래를 부르며, 곰 고기의 각 부위를 다른 사물에 비유하여 말하는 것이 그것이다. 이러한 행위와 비유는 곰, 즉 자신들의 '친척' 살해에 대한 책임을 회피하기 위한 것에서 비롯된다.[22]

곰 사냥과 곰 축제 동안 수많은 금기가 주어진다. 특히, 번식의 시기에 곰을 사냥하지 않는 것은 에벤족의 토템동물인 곰의 번식에 대한 염려와 관련된다.

이와 함께 에벤족 곰 축제의 토테미즘적인 특성은 '숲의 사람'에 대한 관념과 형태 변화의 관념에서도 나타난다. 곰은 원래 사람이었다. 이런 점은 '아버지', '연장자', '노인', '노파', '백부 · 숙부' 등과 같은 곰의 명칭에서도 알 수 있다. 곰이 사람의 명칭으로 불리는 것은 시베리아에서 일반적인 현상이다. 곰은 원래 사람이었고, 사람이 형태 변화에 의해 곰이 되었다는 것은 사람과 동물 사이의 경계 그리고 그 둘 가운데 어느 하나가 다른 하나로 변하는 것을 막는 경계가 거의 존재하지 않는다는 토테미즘적인 관념을 바탕으로 하고 있다.[23]

에벤족의 곰 축제는 발생적인 측면에서 모계사회 조직과 연관성이 있다.[24] 이 같은 점은, 곰 축제에서 여자들 가운데 가장 나이 많은 사

---

21) W. H. R. Rivers, *The History of Melanesian Society.* 2 vols, Cambridge, 1941: C. Lévi-Strauss, *Totemism*, Beacon Press, 1963, p.8에서 재인용.

22) У. Г. Попова, op. cit., p.179.

23) А. М. Золотарев, op. cit., p.130.

람이 속죄 또는 감사의 제물을 각 가정의 아궁이의 보호령에게 바친다
는 사실에서 알 수 있다.[25] 그리고 축제의 두 번째 부분인 〈곰 고기의
집단적인 소비〉말미에서 여자들이 부족 구성원들과 함께 춤 '헤제'를
집단적으로 춘다는 사실에서도 알 수 있다.

이와 아울러 곰 축제와 모계사회 조직의 가장 명백한 연관성은 죽은
수곰과 암곰의 뼈와 두개골을 매장할 때 합창의 노래와 함께 그것을
장식하는 풍속 '안가드익'에서 알 수 있다. 에벤족은 곰을 어머니의 형
제로 간주하면서 자신들의 친척이라고 믿는다. 곰이 사람과 친척관계
라는 믿음은 곰 축제에서 수곰을 '에트케'(장인이라는 의미)라고 부르
고, 암곰을 '아트카'(장모라는 의미)라고 부르는 데서도 확인된다. 모계
사회에서 어머니의 형제는 다음 세대를 양육하는 매우 중요한 역할을
맡았다. 그래서 어머니의 형제가 부족의 조상(남성)이 될 수 있었다.[26]
이런 점 때문에 곰 축제에서 '부족의 조상-곰'의 뼈와 두개골을 장식하
여 죽은 곰을 그들의 친척에게로 보낸다.

곰 축제 '우르카착'에서 보이는 에벤족의 곰 숭배는 그들의 신화에서도
나타난다.

---

24) У. Г. Попова, op. cit., p.179.

25) 에벤족은 천막을 옮긴 후 새로운 아궁이에 불을 피우는 동안 남자들이 '아궁이-불의 정
령'에게 순록을 제물로 바친다. 이것은 에벤족의 사회가 부계사회로 바뀌면서 일어난 변
화로 보인다.
У. Г. Попова, "Пережитки Шаманизма у Эвенов", Н. Н. Миклухо-Макла
я ed., Проблемы Истории Общественного Сознания Аборигенов Сибири,
Ленинград, 1981, pp.238-239 참조.

26) У. Г. Попова, "О Пережитак Культура Медведя(Уркачак) Среди Эвенов Магад
анской Области", А. И. Крушанов ed., История и Культура Народов Севера Да
льнего Востока, Вып. 17, Москва, 1967, pp.179-180.

[자료 2]

남자-사냥꾼이 길을 잃은 후에 곰 굴을 발견했다. 곰은 그로 하여금 발을 자신의 귀에 대도록 하여 친척들이, 그는 길을 잃어버렸고 또 죽었다고 말하는 것을 듣도록 하였다. 그러나 샤먼은, 그가 아직 살아 있다고 말하였다. 또 곰은 그로 하여금 자신의 발을 빨게 하여 그를 길렀다. 이후에 그는 집으로 돌아오면서 자신의 반지를 곰의 목에 걸어 주었다. 여름에 곰은 잡은 물고기 가운데 그의 몫을 남겨두었다. 시간이 많이 흐른 후에 그는 곰을 사냥하러 가기 위해 준비를 하면서 곰이 자신을 죽일 것이기 때문에 기다리지 말라고 친척들에게 말했다.[27]

[자료 3]

적이 집을 습격하여 남편을 죽이고 그 아내와 아이들을 포로로 잡았다. 이때 아내는 이름이 '툰투카이'тунтукай인 젖먹이 아들을 망토에 싼 후 나무 아래에 숨겼다. 암곰이 아이를 발견하여 그를 길렀다. 아이가 자란 후에 암곰은 그에게 그를 싸고 있던 망토를 주었다. 젊은이는 그것을 가지고 어머니를 찾으러 갔다. 그는 어떤 여자를 만나 그녀에게 자신의 어머니가 어떻게 자기를 구했는지를 말했다. 그러자 그녀는 언젠가 자신이 그렇게 했다고 말하면서 그가 가지고 있던 망토를 알아보았다. 젊은이는 친척들의 원수를 갚은 후 적의 우두머리의 딸을 아내로 데려왔다. 이이후부터 모든 사람들은 그 암곰을 '툰투카이'의 양어머니로 숭배했다.[28]

[자료2]와 [자료3]은 곰 숭배를 설명하는 에벤족 신화이다. [자료2]와 [자료3]에서 암곰은 길을 잃었거나 버려진 남자를 양육한다. 이때 암곰은 '어머니-동물'의 모습을 지니고 있다. [자료3]에서 암곰이 양어머니로 숭배되었다는 사실은 암곰의 '어머니-동물'의 모습을 분명하게 보여준다. 따라서 에벤족은 시베리아 여러 민족들의 신화에서 보이는 것처럼 곰을 '최초의 조상', '동물-조상' 또는 '최초의 어머니'로 숭배하였다.

---

27) А. А. Бурыкин, op. cit., pp.89~97.
28) Ibid., pp.89~97.

Ⅷ. 맺음말 : 시베리아 만주 - 퉁구스족 신화와 신앙에 반영된 세계관

    시베리아 만주-퉁구스족 신화는 크게 두 개의 층으로 나뉜다. 하나는 전(前)샤머니즘적인 층이고, 다른 하나는 샤머니즘적인 층이다. 전샤머니즘적인 층은 우주의 기원 그리고 땅과 거기에 살고 있는 모든 것의 창조에 대한 관념을 포함하고 있다. 에벤크족의 신화에는 세계의 창조에 대한 관념이 반영되어 있다. "태초에 단지 물과 두 명의 형제(혹은 새)만 있었다. 동생은 물의 바닥에서 흙을 약간 구하였다.(혹은 새가 부리 속에 흙을 담아 나왔다.) 동생은 그 흙을 수면에 놓았다. 그런 다음에 동생은 그 위에 앉아서 잠이 들었다. 그러자 형은, 동생이 앉아 있는 곳의 아래쪽 흙을 훔쳐서 지금과 같은 큰 땅으로 넓혔다. 그 후에 형제들은 일하기 시작했다. 그들은 진흙과 돌로 사람의 형상을 만들었다. 또 동생은 사람에게 유익한 짐승을 만들었고, 형은 사람에게 해로운 짐승을 만들었다. 동생은 개(혹은 까마귀, 혹은 곰)를 보조자로 데리고 있었다. 개는 창조자가 부재할 때, 그가 만든 형상을 지켜야 했고, 또 그것을 형에게 보여주지 말아야 했다. 어느 날 모피를 주겠다는 형의 제안에 유혹된 보조자가 그에게 동생의 창조물을 보여주었다. 형은 그 형상에 여러 가지 질병을 불어넣거나 혹은 그것을 부수었다. 집으로 돌아온 동생은 그 사실을 알고 보조자를 벌한 다음 자신의 일을 계속하였다. 동생은 일을 마친 후에 사람들 사이의 중재자로서 자신의 보조자인 까마귀(혹은 곰)를 남겨두고 하늘로 올라갔다. 형은 땅 아래로 갔다. 그 뒤에 나타난 샤먼들은 동생을 '세베키'cэвэки, 형을 '하르기'харги라고 불렀다."

　우주는 세 개의 세계로 간주된다. 첫째, '위의 세계'다. 하늘보다 더 높은 세계로서 '하늘의 입', 즉 북극성을 통해 갈 수 있다. 둘째, '중간의 세계'다. 우리가 살고 있는 땅이다. 셋째, '아래의 세계'다. 소용돌이를 통해 갈 수 있다. '위의 세계'와 '아래의 세계'에서의 삶은 '중간의 세계'에서와 마찬가지로 영위된다. 다만, '위의 세계'와 '아래의 세계'에서 사는 사람들은, '중간의 세계'에서 사는 사람들이 질병을 가져온다고 생각하여 그들을 자신들의 세계에서 내쫓는다. 가장 오래된 신화에서 해와 달은 여성으로 묘사되고, 그 후의 신화에서는 한 쌍의 부부로 묘사된다. 스키를 타고 사슴을 좇는 사냥꾼 '헤글룬'хэглун에 대한 신화는, 퉁구스족이 숲속에서 나가 사슴을 사냥하기 시작하는 시기에 형성되었다. 사냥꾼과 사슴은 〈큰곰자리〉 성좌이고, 사냥꾼이 스키를 탄 흔적은 〈은하수〉다.

　샤머니즘적인 우주발생신화는 현저하게 늦은 시기에 나타났다. '위의 세계'는 수원(水源)과 산 정상보다 더 위에 있다. 그리고 '아래의 세계'는 '위의 세계'에서 시작하여 '아래의 세계'에서 끝나는 '엔그제키트'энгдекит 강 하구보다 더 아래에 있다. '아래의 세계'로 들어간 모든 사람은 물론 샤먼조차도 되돌아올 수 없다. 샤머니즘적인 우주발생론은, 고대에 퉁구스족이 강을 따라 이주하는 과정을 반영하고 있다. 따라서 '위의 세계'와 '아래의 세계'의 방향(혹은 동, 서, 남, 북 등등)은 중요한 강의 흐름의 방향과 밀접히 관련되어 있다. 최초의 샤먼의 영혼은 사자(死者)의 세계보다 더 아래에 있는 '엔그제키트' 강(혹은 바위절벽)에 있다. 샤먼의 보조령은, 샤먼이 일을 시키지 않거나 또는 샤먼이 치료하고 있는 환자의 잃어버린 영혼을 찾아오도록 시키지 않을 때는 샤먼의 개인적인 강인 '엔그제키트' 강의 지류에 거주하고 있다. 샤먼은 '위의 세계'에 땅과 사람의 창조자인 '세베키'를 앉힌다. 샤먼 자신은 '세베키'와 사람의 중재자를 자처한다.

샤머니즘적인 관념에 의하면, 아직 태어나지 않은 영혼은 '위의 세계'의 산기슭에 있는 '느게크타르'нгектар에 자리잡고 있다. 태어난 영혼은 사람에게 자리잡는다. 그리고 죽음 후에는 사자(死者)의 세계에 자리잡는다.

샤먼의 기능 가운데 하나는 죽은 사람의 영혼 '오미'оми를 사자의 세계로 보내는 것이다. 샤먼은 많은 보조령을 가지고 있다. 환자의 빼앗긴 영혼을 찾고, 혹은 물어보고 싶은 것을 알고, 가끔 죽은 사람의 영혼을 사자의 세계로 보내는 것을 요구 받으면, 샤먼은 여러 가지 임무와 함께 보조령을 파견한다. 샤먼은 보조령과 하나가 되는 의례인 '세벤체뻬케'сэвэнчэпэке를 거행하면서 항상 그와 관계를 맺으려고 한다. '세벤'은 임무가 없으면 샤먼의 개인적인 강에 자리잡고 있다. 샤먼의 두 번째 기능은 보조령을 관리하는 것이다. 특히, 나나이족 샤먼은 보조령 형상을 많이 만든다. 보조령이 적극적으로 참여하는 굿을 거행할 때, 샤먼은 '세베키'와 샤먼의 조상령에게 신선한 제물을 바친다.

샤먼이 지배령에 대한 관념을 만들었기 때문에, 그들은 처음으로 사슴-'세베키'에게 제물을 바치는 의례 혹은 그것에 대한 금기를 시행했다. 이 이외에 샤먼은 사냥의례의 주요하고도 능동적인 참여자인데, 그 의례에서는 신선한 제물을 바치는 절차는 없다.

샤먼은 우주발생론을 정립한 후에, 자신의 조상샤먼을 사자의 세계와 샤먼의 개인적인 강 사이에 있는 '엔그제키트' 강에 자리잡게 했다. 그리고 나서 샤먼은 조상샤먼에 대한 신화적인 이야기를 만들었다.

이상에서 말한 만주-퉁구스족 신화의 전샤머니즘적인 층과 샤머니즘적인 층을 우주관과 영혼관 그리고 질병관의 측면에서 정리하면 다음과 같다.

1. 우주관

전샤머니즘적인 층의 만주-퉁구스족 신화에서는 일반적으로 무(無)의 상태에서 사람과 땅이 어떻게 창조되었는가보다는 이미 존재하던 사람과 땅에서 그것들이 어떻게 증대되었는가를 말하고 있다. 또 이미 존재하던 다수의 해와 달을 조정함으로써 자연의 질서를 바로잡고 있다. 이런 점에서 만주-퉁구스족 신화는 '우주발생적' 성격보다는 '지리적' 성격이 강하다.

그 후 샤머니즘적인 층의 신화에서 샤먼들은 처음으로 사람과 땅을 만든 존재의 이름을 보조령과 같은 샤머니즘과 관련된 이름으로 바꾸었다.

전샤머니즘적인 층에서 우주는 신이나 영혼이 사는 '위의 세계'와 사람이 사는 '중간의 세계' 그리고 죽은 사람들이 사는 '아래의 세계' 등 세 개의 세계로 구성되어 있다. 이 같은 우주구성에서 세계는 수직적으로 배치되어 있다. 또 '중간의 세계'에서 사는 사람들 가운데 용감한 사람은 '위의 세계'와 '아래의 세계'로 들어갈 수 있다.

그러나 샤머니즘적인 층에서 세계는 강을 중심으로 수평적으로 배치되어 있다. 강의 상류에 '위의 세계'가 있고, 하류에 '아래의 세계'가 있다. 이러한 세계의 배치는 '근원의 땅'을 의미하는 '샤먼의 강'이라는 관념과 결부되어 있다. 그리고 '위의 세계'는 샤먼만이 갈 수 있고, '아래의 세계'는 특히 강한 샤먼만이 보조령의 도움을 받아 갈 수 있다.

2. 영혼관

영혼에 대한 관념은 사람과 동물의 기원에 대한 신화의 출현과 관련된다. 처음에 진흙이나 돌 등으로 인간형상의 영혼이 만들어졌다. 이런 관념은 만주-퉁구스족 신화에서 일반적이고 매우 고대적이며 또한 전샤머니즘적인 것이다. 영혼은 삶의 수단으로 간주된다. 그것은 사람 몸의 여러 부분에 있을 수 있다. 그러나 영혼은 사람의 죽음과 함께 그에게서 떠난다. 사람의 몸에서 영혼의 완전한 이탈은 곧 죽음을 의미한다.

샤머니즘적인 층의 신화에서 샤먼은 영혼에 대한 전샤머니즘적인 관념을 수용하면서 영혼에 대한 관념을 새롭게 한다. 영혼은 태어나기 전에는 영혼의 세계에 자리잡고 있고, 그 후에는 살아 있는 사람에게 자리잡으며 죽은 후에는 죽은 사람의 세계로 간다. 특히, 샤먼의 영혼은 '샤먼의 나무'에 자리잡는데, 그 나무가 쓰러지면 샤먼 또한 죽게 된다. 그리고 단일한 영혼이 아니라 자유혼과 육체혼과 같은 이중적인 영혼에 대한 관념이 나타난다. 이것은 샤머니즘의 핵심적인 관념 가운데 하나다.

3. 질병관

질병의 원인에 대한 최초의 설명은 사람의 창조에 대한 전샤머니즘적인 관념과 관련이 있다. 사람의 창조에 대한 신화에 의하면, 형은 동생이 만든 사람의 형상을 부수고 그것에 침을 뱉었다고 한다. 그때부터 사람들은 기침과 재채기를 하고 질병에 걸렸다. 또 어떤 신화에서는 '중간의 세계'에 사는 사람들이 '위의 세계'와 '아래의 세계'에 질병을 옮기고, 다른 신화에서는 다른 부족과의 접촉이 질병을 야기한다고 생각하였다.

샤머니즘적인 층의 신화에서 샤먼은 질병의 원인에 대해 새롭게 설명한다. 이것은 사람이 살아 있을 때도 몸에서 영혼이 떠날 수 있다는 믿음과 관련된다. 영혼의 이중성이라는 샤머니즘의 핵심적인 관념을 바탕으로 사람의 몸에서 일시적으로 영혼이 떠날 때, 또는 질병령이 영혼을 약탈할 때 질병이 생긴다. 어떤 경우에는 질병령이 사람 몸속에 침입할 때 질병이 생기기도 한다. 이럴 경우 샤먼만이 잃어버린 영혼을 되찾거나 몸속의 질병령을 쫓아낼 수 있다. 이 결과는 곧 환자의 치유로 이어진다.

제 2부 : 시베리아 신화와 샤머니즘

Ⅰ. 시베리아 만주 - 퉁구스족
곰 신화의 양상과 유형

1. 서론

시베리아의 신화적 관념이나 의례에서 곰은 최고의 신(神), 천신 (天神)의 아들, 우주의 창조자 또는 그의 보조자, 문화영웅, 토템, '아래 세계'의 정령, 샤먼의 보호령, 샤먼의 동물 분신 또는 영혼, 치료령(治療靈) 등 다양한 모습으로 나타난다.[1]

시베리아 문화에서 곰의 의미는 우선 사람과 곰의 유사성에 의해 정 의된다. 곰은 일반적으로 '이전의 사람' 또는 '숲의 사람'으로 인식된다. 사람과 곰이 동일시되고 있는 셈이다. 이런 점은 곰을 부르는 명칭에

---

[1] C. A. Токарев ed., *Мифы Народов Мира*, Том 2, Москва, 1998, p.128.

서도 나타난다. 시베리아 에벤크족은 곰을 '할아버지-노인', '할머니', '아버지', '어머니', '노인', '위대한 노파', '백부' 등으로 부르고 있기 때문이다.[2] '사람-곰', 또는 '곰-사람의 형제'라는 관념은, 곰이 인간의 출생과 관련되어 있다는 것을 설명해 준다. 이 같은 관념 속에서 곰은 한 민족의 '최초의 조상', 그들의 '오래된 친척', 즉 토템이 된다. 그런 관념을 가진 민족들의 곰 숭배는 곰의 토템적인 기능에 의해 설명될 수 있다. 시베리아에서 20세기까지도 거행되었던 〈곰 의례〉의 핵심 부분을 이루는 곰 숭배도 이런 관념과 무관하지 않다.

시베리아 〈곰 의례〉를 거행할 때 사람들은 곰 가면과 곰 복장을 통해 곰으로 변장하기도 한다. '반인반웅'(牛人牛熊)과 같은 곰의 의례성은 시베리아 신화에서도 흔히 나타난다. 숲에서 길을 잃은 여자와 곰의 동거 또는 사냥꾼과 암곰의 관련성에 대해 이야기하는 신화들이 다수 존재한다. 이런 신화에서 '반인반웅'의 특별한 범주가 보이기 때문이다.

시베리아 샤머니즘에서 가장 강력한 능력을 지닌 샤먼의 영혼은 곰/사슴/독수리 등과 같은 동물로 변신할 수 있다. 이럴 경우 곰으로 변신한 '곰 샤먼'은 자신을 곰과 동일시할 뿐만 아니라 많은 경우에 의례 참가자들로 하여금 곰을 닮도록 이끌기도 한다. 또 어떤 샤먼은 '위의 세계'로 여행할 때 자신의 보조자인 곰의 도움을 받기도 한다. 어떤 경우에는 곰 발이나 곰 뼈를 통해 점을 치기도 한다.

곰은 시베리아의 각종 의례와 신앙 그리고 신화 등에서 다양한 의미와 역할을 갖고 있다. 따라서 곰은 시베리아 문화를 이해하는 데 있어서 매우 중요한 위치를 차지하고 있다. 이러한 관점에서 그 동안 시베리아 곰 신화에 대한 연구가 이루어지기도 했다. 그 가운데 이정재[3]와

---

2) Г. М. Василевич, *Эвенки*, Ленинград, 1969, p.216.

강정원[4]의 연구가 대표적이다. 그러나 이 연구들은, 시베리아 곰 신화 전체를 텍스트화하는 시점의 광역화에 따라 논의의 초점이 흐려졌을 뿐만 아니라 제한된 자료로 인하여 시베리아 곰 신화의 실상을 제대로 보여주고 있지 못하다. 따라서 이 글에서는 앞의 연구들이 지닌 한계를 극복하면서 시베리아 문화 일반에서 나타나는 곰의 의미 또는 역할을 바탕으로 시베리아 만주–퉁구스족 곰 신화의 유형과 그 의미를 살펴보고자 한다. 이를 위해 우선 곰 신화의 개념과 그에 따른 범주를 설정한 다음 시베리아 만주–퉁구스족(오로치족, 울치족, 우데게족, 나나이족, 에벤크족, 에벤족) 곰 신화의 전체적인 양상을 살펴볼 것이다. 둘째로 시베리아 만주–퉁구스족 곰 신화의 유형을 분류한 후 그것들의 구조와 의미를 살펴볼 것이다. 이와 아울러 시베리아 만주–퉁구스족 곰 신화를 배태한 시베리아 곰 신앙의 구체적인 모습도 살펴볼 것이다.

시베리아 곰 문화와 관련하여 시베리아 만주–퉁구스족 곰 신화를 살펴보는 것은 한편으로 우리의 곰 신화, 나아가서 시베리아 문화와 밀접한 관계 속에 있었던 우리의 상고대 문화를 이해하는 길이기도 하다.

2. 시베리아 만주 – 퉁구스족 곰 신화의 범주와 양상

신화의 개념을 정의하는 것은 매우 어려운 일이다. 이것은 한편으로 신화의 개념 정의가 다양하게 이루어졌다는 것을 의미하기도 한다.[5]

---

3) 이정재, 『동북아 곰문화와 곰신화』, 민속원, 1997.
4) 강정원, 「시베리아의 곰 신화와 곰 의례」, 이평래 외 지음, 『동북아 곰 신화와 중화주의 신화론 비판』, 동북아역사재단, 2009.

그러나 신화의 개념에 대한 다양한 정의는 공통적으로 4가지 요소를 내포하고 있다. 첫째 이야기story라는 점, 둘째 사회적인 배경 속에서 일반적으로 구술로 전승된다는 점, 셋째 비범한 인물을 다룬다는 점, 넷째 먼 태초의 사건을 취급한다는 점 등이 그것이다.6) 이런 공통적인 요소를 고려하면 신화는 '이야기가 전승되는 사회 구성원에 의해 먼 과거에 일어난 것에 대한 진실한 설명으로 간주되면서 초자연적 또는 초인간적 존재를 다루는 산문 서사체'로 정의될 수 있을 것이다.

신화는 불가지(不可知)의 현상들을 설명하려는 사람들의 욕구에서 기인한다. 소위 주지주의적 신화론intellectual mythology에서 언급하는 것처럼 사람들은 모든 현상들의 원인을 알고 싶어 한다. 여기서 신화는 현상들의 원인이나 사물들을 설명하려는 사람들의 보편적이고 지속적인 욕구를 반영하게 된다.7) 이런 관점에서 본다면 원인론적인 etiological 이야기가 곧 신화인 셈이다.

신화의 개념과 의미를 이상과 같이 파악한다면, 시베리아 만주-퉁구스족 곰 신화의 개념과 의미는 '시베리아 만주-퉁구스족 사회 구성원에 의해 먼 과거에 일어난 것에 대한 진실한 설명으로 받아들여지고 곰과 같은 초자연적 존재를 다루며 모든 현상들의 원인이나 기원을 설명하는 산문 서사체'로 정의할 수 있다. 이럴 경우 다음과 같은 이야기들이 시베리아 만주-퉁구스족 곰 신화의 범주에 포함될 수 있을 것이다.

시베리아 만주-퉁구스족 곰 신화의 양상을 곰과 관련된 특징적인

---

5) 신화의 다양한 개념 정의에 대해서는 다음 책 참조.
   Richard Chase, *Quest for Myth*, Greenwood Press, 1949.
6) Robert A. Oden, Jr., "Myth and Mythology", *Myth*, Vol. Ⅰ, Edited by Robert A. Segal, Routledge, 2007, p.111.
7) Ibid., pp.113-114.

모티프를 중심으로 살펴보면 다음과 같다.

1) 오로치족 곰 신화

[자료 1]

남동생이 누나와 혼인하고 싶어 하였지만, 누나는 집을 떠나 곰에게 시집을 갔다. 남동생은 그들의 집을 찾아가 함께 살았다. 그는 성장한 다음에 우연히 곰과 싸우다가 자신의 자형-곰을 죽였다. 그러자 누나는 그에게 새끼 곰을 거느린 암곰을 죽이지 말도록 말한 후에 새끼 곰을 데리고 숲으로 가버렸다. 얼마 후에 그는 암곰을 죽였다. 그는 죽은 곰의 몸뚱이에서 여성용 가슴 가리개와 장식물을 발견한 후 자신의 누나를 죽였다는 사실을 알게 되었다. 그는 새끼 곰을 집으로 데리고 왔다. 새끼 곰이 굴을 파려고하자 그는 곰에게 통나무 구조물을 지어 주었다. 어느 날 새끼 곰은 사라져버렸다. 이때부터 오로치족은 곰과 관련되는 것을 금지하였다.[8]

[자료 2]

오빠가 어른이 되었을 때, 누이동생이 곰과 혼인하여 두 명의 쌍둥이를 낳았다는 사실을 우연히 알게 되었다. 그는 화가 나서 매제(妹弟)-곰을 죽여 버렸다. 그러자 누이동생은 두 명의 아이들과 함께 곰으로 변하여 숲속으로 가버렸다. 얼마 후 오빠는 사냥을 나갔다가 우연히 암곰으로 변신한 누이동생에게 부상을 입혔다. 누이동생은 죽으면서 곰과 오로치족의 화해의식을 오빠에게 가르쳐 주었다. 이때부터 오로치족은 곰 축제를 거행하였다.[9]

[자료 3]

오빠가 누이동생과 함께 숲에서 살았다. 그녀는 오빠에게 시집을 갔다. 그때 오빠는 그녀가 누이동생이라는 사실을 몰랐다. 그들은 아들과 딸을 낳았다. 아들은 성장

---

8) А. А. Бурыкин, "Мифологические Рассказы о Мидведе у Народов Северо-Восточной Азии и Северной Америкии", К. А. Новикова, *Эвенские Сказ ки, Предания и Легенды*, Магадан, 1988, pp.89~97.

9) С. В. Березницкий , *Мифология и Верования Орочей* , Сант-Петербург, 1999, p.79.

하여 활로 새를 잡기 위해 갔다. 이때 새가 그에게 말했다. "네 어머니는 자신의 오빠에게 시집을 갔어." 그는 집으로 돌아와 어머니에게 이 사실을 말했다. 어머니는 그에게 이 사실을 아버지에게 말하지 말도록 부탁했다. 그러나 아버지는 밤에 이 말을 우연히 들었다. 아버지는 아침에 사냥을 나가서 사슴을 죽였다. 아버지는 총을 길에 세워 두고 집으로 돌아와 누이동생-아내를 화살로 죽였다. 아버지는 아들과 딸을 숲으로 데려가서 아들은 암호랑이에게 맡겼고, 딸은 수곰에게 맡겼다. 그리고 자신은 목매달아 죽었다. 그 후 딸은 곰에게 시집을 갔는데 그들로부터 오로치족이 시작되었다.[10]

오로치족의 곰 신화에서 특이한 모티프는 [자료1]에서 여성용 가슴가리개와 장식물 같은 표지(標識)를 통해 암곰의 정체를 알아보는 것이다. 이 모티프의 변이형으로 목 주위의 흰 줄무늬, 옷의 가슴에 부분에 달린 흰 끈, 목에 걸린 반지 등도 보인다. [자료2]에서 여성이 곰으로 변신하는 모티프와 그 곰이 죽으면서 오빠에게 곰 축제 거행을 부탁하는 모티프가 눈에 띈다. [자료3]에서는 오로치족의 기원을 남매간의 근친상간 모티프와 여성-곰의 동거 모티프의 결합을 통해 설명하는 것이 특이하다.

2) 울치족 곰 신화

[자료 4]

두 명의 형제와 그 누이동생 한 명이 살고 있었다. 누이동생이 꿈속에서 '숲의 사람'이 자신을 부르는 소리를 듣고 그에게로 갔다. 그녀는 '숲의 사람'과 함께 살면서 아이-새끼 곰을 낳았다. 어느 날 '숲의 사람'이 먹을 것을 구하기 위해 숲으로 갔을 때 두 명의 형제는 곰의 굴로 가서 자신들의 누이동생-암곰을 찔러 죽이고 새끼 곰을 데리고 돌아와 길렀다. 그 후 살해된 곰은 '숲의 정령'에게 돌아가면서 사람들이 금기를 지키지 않은 것에 대해 매우 불쾌하게 생각했다. 그러나 모든 규칙을 준수하

---

10) Ibid., p.148.

면서 거행된 곰 축제를 보고난 후 불쾌했던 마음을 풀고 '숲의 정령'에게 사람들에 대해 호의적으로 말했다.[11)

[자료4]에서 죽은 곰이 '숲의 정령'에게로 돌아가는 모티프가 보인다. 울치족의 관념에 따르면, '두엔쩨 에제니'дуэнте эдени로 불리는 '숲의 정령'은 3개, 또는 6개, 또는 9개의 혹을 가진 거대한 곰으로 형상화된다. 사냥꾼은 숲에서 곰의 흔적을 발견하거나 곰을 죽인 후 전통적인 규칙을 준수해야 한다. 만약 그렇지 않으면, 죽은 곰은 불쾌한 기분으로 '숲의 정령'에게 돌아가 사냥꾼에 대해 호의적으로 말하지 않는다. 그럴 경우 '숲의 정령'은 사냥꾼을 처벌한다.[12)

3) 우데게족 곰 신화

[자료 5]

옛날에 오빠와 누이동생이 함께 살았다. 누이동생이 곰과 함께 놀았지만, 오빠는 이 사실을 몰랐다. 오빠가 우연히 이 일을 알고서 곰을 죽여 버렸다. 누이동생은 오빠에게 화를 내면서 숲으로 가버렸다. 숲으로 간 누이동생은 암곰으로 변하였다. 그 후 암곰은 새끼 곰 두 마리를 낳았다. 어느 날 오빠가 사냥을 나갔다가 암곰에게 상처를 입혔다. 이때 상처를 입은 암곰이 오빠에게 말했다. "오빠! 왜 저를 죽이려 합니까? 저는 당신의 누이동생입니다. 당신이 제 가죽을 벗기면 저의 가슴 가리개를 보게 될 것입니다." 그리고 누이동생은 죽으면서 오빠에게 곰 고기의 사용을 위한 의례를 일러 주었다.[13)

[자료 6]

어떤 사냥꾼이 자신의 두 아이들을 숲에 남겨두고 강으로 가서 물에 뛰어들었다.

---

11) А. М. Золоторев, Родовой Строй и Религия Ульчей , Хабаровск, 1939, p.125.

12) А. В. Смоляк, Ульчи, Москва, 1966, pp.124-125.

13) В. Г. Ларькин, "Религиозные Воззрения Удэгей цев", Труды Серия Исто рическая, Том 2, Владивосток, 1961, p.229.

곰은 남겨진 아이들 가운데 소녀를 데려가 아내로 삼았고, 암호랑이는 소년을 데려가 남편으로 삼아서 함께 살았다. 우데게족은 곰과 소녀의 혼인으로부터 시작되었다. 바로 이 때문에 그들은 곰을 자신들의 조상으로 생각한다. 하지만 암호랑이와 소년 사이에는 자식이 없었다. 소년은 자라서 사냥하는 법을 배웠다. 어느 날 사냥하러 갔다가 곰을 발견하고는 활을 쏘아 부상을 입혔다. 곰이 죽으면서 사냥꾼에게 자신은 그의 누이동생의 남편이라고 말하면서 다음과 같은 유언을 남겼다. "다음부터 오빠가 죽인 곰 고기를 누이동생은 절대로 먹을 수 없고, 여자는 항상 곰 가죽을 덮고 잘 수 없으며 곰의 성기를 모계를 따라 후손에게 전해라." 우데게족은 지금도 이 유언을 지키고 있다.14)

[자료 7]

옛날에 누이동생이 오빠의 간교에 빠져 그와 혼인하여 남자아이와 여자아이를 낳았다. 그 아이들이 이미 자랐을 때, 오빠는 자신의 아내가 누이동생이라는 것을 우연히 알았다. 오로치족은 오빠와 누이동생의 동거를 엄격하게 처벌하였다. 그 후 오빠는 이 사실을 알고 자신의 누이동생-아내를 죽였고, 아이들을 동물에게 던져 버렸다. 그러나 암호랑이는 남자아이를 우연히 발견하여 키웠고, 수곰은 여자아이를 우연히 발견하여 키웠다. 남자아이와 여자아이는 성장한 후 각각 암호랑이와 수곰과 혼인했다. 이 혼인으로부터 각각 오로치족과 우데게족이 시작되었다.15)

[자료8]

누나와 남동생이 함께 살았다. 어느 날 남동생은, 누나가 곰과 함께 살고 있다는 것을 알게 되었다. 남동생은, 누나가 집을 떠난 사이에 곰을 창으로 찔렀다. 곰은 피를 흘리면서 도망쳤다. 집으로 돌아온 누나는 이 사실을 알고 남편-곰을 찾기 위해 떠났다. 누나는 곰을 찾아 함께 살게되었지만, 남편-곰은 결국 남동생에 의해 죽게 되었다. 그 후 누나는 남동생을 떠났고, 남동생은 다른 여자와 혼인하였다.16)

14) В. В. Подмаскин, *Духовная Культура Удэгейцев XIX-XX вв.*, Владивосток, 1991, p.48.
15) С. В. Березницкий ed., op. cit., p.79.
16) М. Д. Симонов, В. Т. Кялундзюга, М. М. Хасанова ed., *Фольклор Удэгейцев: Ниманку, Тэлунгу, Ехэ*, Новосибирск, 1998, pp.81-85.

[자료 9]

　　누나와 남동생이 함께 살고 있었다. 어느 날 거인이 누나를 찾아왔지만 남동생이 그를 속여서 죽였다. 그러자 누나는 집을 떠나 곰에게로 가버렸다. 남동생은 누나의 아이들인 새끼 곰들과 함께 살기 위해 그들에게로 갔다. 누나의 남편인 곰은 사냥을 떠나면서 자신을 알아볼 수 있도록 옷의 가슴 부분에 흰 끈을 꿰매었다. 남동생은 우연히 자형—곰을 죽였다. 누나는 새끼 곰들을 남동생에게 맡기고 떠났다. 남동생은 딸에게 앞으로 곰 고기를 먹지 말고, 또 곰 가죽 위에서 자지 못하도록 하였다.[17]

　　[자료5]에서 누이동생임을 알아볼 수 있는 표지로 가슴 가리개 모티 프가 등장한다. 그리고 여성이 곰으로 변신하는 모티프도 특징적이다. [자료6]에서는 남성과 암호랑이의 동거와 여성과 수곰의 동거 중 후자 에서 우데계족이 시작되었다는 모티프가 보인다. 그리고 여성에게 주 어지는 곰과 관련된 금기 가운데 곰의 성기를 모계를 따라 전하는 점이 특이하다. [자료7]에서는 민족의 기원이 남매혼에 의해 설명된다. [자료 8]에서 동거하던 누나가 떠나면서 남동생은 다른 여성과 결혼하게 된 다. [자료9]에서 곰의 정체가 드러나는 표지는 옷의 가슴 부분에 꿰맨 흰 끈이다. 그리고 여성에게 곰과 관련된 금기가 주어지는 것도 특징적 이다.

4) 나나이족 곰 신화

[자료 10]

　　한 여자가 아이들을 잃어버렸지만 결국 찾을 수가 없었다. 그 후 그녀는 곰과의 사이 에서 아이들을 낳았다. 아이들이 다 자라자 그녀는 3년 동안 곰을 죽이지 말라고 말 한 후 곰에게로 가버렸다. 아이들은 2년간 그 말을 지켰다. 3년째 그들은 곰을 죽였

---

17) A. A. Бурыкин, op. cit., pp.89~97.

고, 그 몸뚱이에서 여성용 가슴 가리개를 발견하였다.[18]

[자료 11]

한 여자가 세 명의 아이들과 함께 살고 있었다. 어느 날 두 아이가 숲 속으로 들어간 다음 돌아오지 않았다. 겨울이 지나고 봄이 왔지만 아이들은 끝내 돌아오지 않았다. 그녀가 강가에 나가 울고 있는데 갑자기 곰이 나타났다. 곰은 도망치는 그녀를 뒤따라와 말했다. "너는 왜 우느냐? 울지 마라. 네가 아이를 낳을 수 있도록 해주겠다. 그 아이들은 똑같이 나나이족의 구성원이 될 것이다. 집으로 가서 나를 기다려라." 그녀는 집에서 곰이 오기를 기다렸다. 곰이 그녀의 집에 온 후 그녀는 아이들을 낳았다. 아이들이 성장하자 그녀는 그들에게 말했다. "잘 지내라. 나는 곰에게로 가야한다. 앞으로 3년 동안 곰과 내게 활을 쏘지 말거라." 아이들은 2년간 곰에게 활을 쏘지 않았지만, 3년째 되던 해 사냥을 갔다가 곰을 만나 그를 쏘아 죽였다.[19]

[자료 12]

최초에 '아도'адо는 여성이었다. 그녀는 남동생과 함께 살고 있었다. 어느 날 누나가 집을 나가버렸다. 남동생은 누나를 찾아 강으로 가게 되었다. 강가에 집이 한 채 있었다. 그는 집으로 올라갔다. 집의 문은 온통 곰의 발톱으로 할퀴어져 있었다. 집 안에 누나가 있었다. 그녀는 낙엽송 그루터기에 앉아 동생에게 말했다. "여기서 자거라. 나중에 자형 '카이'каи를 보게 될 것이다." 남동생이 숨어서 보았다. 저녁에 자형이 돌아왔다. 그는 거대한 곰이었다. 곰이 침상 위로 올라왔다. 곰 얼굴에서 피가 흘렀다. 곰은 철쭉 즙을 마셨다. 앉아서 흐르는 피를 핥았다. 누나는 남편에게 죽을 주었고, 자신도 그걸 먹었다. 남동생은 다음 날 아침 일찍 올라가 보았다. 누나는 남편에게 죽을 먹였다. 남편이 가려고 할 때 그는 자신의 눈에 띄는 모든 것을 물어뜯었다. 그 후에 집 밖으로 나갔다. 누나는 남동생에게 죽을 주고 밖으로 나갔다. 그녀는 곰의 흔적을 따라 달렸다. 그녀는 곰을 따라잡은 다음 그와 싸우기 시작했다. 그들은 오랫동안 싸웠다. 이 광경을 보고 있던 남동생이 자형을 향해 화살을 쏘아 누나를 기쁘게 했다. 그는 다시 화살을 쏘아 자형을 죽였다. 얼마 후 누나는 신음하면서

---

18) Ibid., pp.89-97.
19) С. В. Березницкий ed., *История и Культура Нанай цев*, Санкт-Петербург, 2003, p.154.

두 마리 새끼 곰과 두 명의 애를 낳았다. 그녀는 두 마리 새끼 곰을 집 밖으로 내던지면서 말했다. "사람으로 변해라!" 그러자 두 마리 새끼 곰 가운데 하나는 붉은 두꺼비로, 다른 하나는 푸른 두꺼비로 변하여 땅에 떨어졌다. 이 두꺼비들은 각각 붉은 '아도'와 푸른 '아도'가 되었다. 누나는 검게 변하여 암곰에게 달려가 으르렁거렸다. 그녀는 달려가서 죽은 듯이 쓰러졌다. 여기서부터 '아도'가 나타나게 되었다.[20]

[자료 13]

어느 날 한 사냥꾼이 사냥을 나갔고, 집에는 누이동생만 남았다. 그때 곰이 나타나서 그녀를 끌고 가버렸다. 곰은 그녀와 혼인하였다. 오빠는 오랫동안 누이동생을 찾다가 드디어 숲에서 그녀를 찾았다. 그녀는 오빠에게 자신이 혼인을 했으며 지금 남편은 집에 없다고 말했다. 그 후 오빠는 사냥을 나갔다가 누이동생의 집에서 멀지 않은 곳에서 곰을 죽였다. 그는 곰을 손질한 다음 집으로 가져왔다. 그녀는 곰 가죽과 머리를 보고 죽은 곰이 자신의 남편이라는 사실을 알고서는 놀라서 죽었고, 오빠는 미쳐버렸다.[21]

[자료10]에서 여성용 가슴 가리개의 표지에 의해 곰의 정체가 드러난다. 그리고 아이들이 어머니에 의해 주어진 금기를 위반하고 곰을 죽이는 모티프가 보인다. [자료11]에서도 아이들이 어머니에 의해 주어진 금기를 위반하고 곰을 죽이는 모티프가 나타난다. [자료12]의 특징적인 모티프는 여성과 곰의 동거 후에 아이와 새끼 곰이 동시에 태어나는 것과 그 가운데 새끼 곰이 두꺼비로 변하는 것이다. [자료13]의 모티프 가운데 곰과 동거를 한 누이동생과 '매제─곰'을 살해한 오빠를 동시에 처벌하는 것이 매우 특이하다.

---

20) А. П. Деревянко ed., *Нанайский Фольклор: Нингман, Сиохор, Тэлунгу*, Новосибирск, 1996, p.429.

21) И. А. Лопатин, *Гольды Амурские, Уссурийские, и Сунгарийские*, Владивосток, 1922, p.206.

5) 에벤크족 곰 신화

[자료 14]

옛날에 처녀가 우연히 곰의 굴에 떨어져 거기서 곰과 함께 겨울을 보냈다. 이듬해 봄 그녀는 임신을 한 채로 부모에게로 돌아갔다. 그녀는 새끼 곰을 낳았는데, 그 곰이 그녀의 부모를 모셨다. 그 후에 그녀는 다른 남자에게 시집을 가서 남자아이를 낳았다. 곰과 남자 아이 형제는 자라면서 가정을 돌보았다. 형제들이 다 자라자 서로의 힘을 비교해 보고 싶었다. 형인 곰이 먼저 공격하여 동생의 가죽을 벗겼다. 그때 동생이 말했다. "내게는 발톱이 없어요. 발톱 대신에 돌로 공격할 수 있게 해 주시오." 이에 형이 허락하였다. 동생은 날카로운 돌을 쥐고 곰의 심장을 때렸다. 곰은 죽은 듯이 쓰러졌다. 곰은 죽으면서 자신을 매장해 줄 것을 부탁했다.[22]

[자료 15]

곰이 움막에서 한 처녀를 훔쳐서 아내로 삼았다. 얼마 후 처녀의 남동생이 숲에서 사냥을 하다가 곰을 활로 쏘았다. 그 곰은 죽으면서 자신은 사냥꾼의 자형이라고 고백했다. 또 곰 부족 가운데 누구든지 사냥한 곰을 매장해서는 안 된다고 말했다.[23]

[자료 16]

두 명의 형제가 '중간의 땅', 즉 지상세계에서 여러 동물들을 만들었다. 동생은 사람에게 유익한 동물을 만들었고, 형은 해로운 동물을 만들었다. 그 후 동생은 그 동물들의 고기에 대해 금기를 부과했다. 동생은 동물을 만든 다음에 진흙, 뼈, 돌 등으로 사람을 만들었다. 곰은 동생의 보조자로서, 그가 집에 없을 때 그의 창조물을 못 쓰게 하려는 사악한 형으로부터 사람의 형상물을 지켰다.[24]

---

22) Г. М. Василевич, op. cit., p.217.
23) Ibid., p.117.
24) Ibid., p.215.

[자료17]

곰이 소녀에게 가기 위해 강을 건너기 시작했다. 곰은 완전히 사라질 때까지 발뒤꿈치, 발목, 무릎, 넓적다리, 엉덩이, 배, 배꼽, 겨드랑이, 어깨, 목구멍, 턱, 입, 코, 눈, 머리 정수리에 이르도록 물속으로 점점 더 깊이 들어갔다. 그때 곰이 말했다. "내 발뒤꿈치는 숫돌이 될 것이고, 무릎은 연마기가 될 것이고, 견갑골은 물감을 살펴보는 돌이 될 것이고, 피는 붉은 물감이 될 것이고, 배설물은 검은 물감이 될 것이다." 그때부터 사람들은 숲에서 물감, 연마기, 숫돌, 그리고 다른 것들을 찾을 수 있었다.[25]

[자료18]

소녀 '헬라단'xeладан이 걷고 또 걸어서 드디어 곰에게 이르렀다. 곰이 말했다. "나를 죽여서 잘라라. 내 심장은 네 곁에서 자도록 두고, 신장은 '말루'мaлy(역주: 아궁이 뒤편에 있는 신성한 공간)에 놓고, 십이지장과 직장은 네 맞은편에 두고, 가죽은 마른 도랑에 펴고, 작은 장(腸)은 마르고 굽은 나무에 걸고, 머리는 '말루' 근처에서 자도록 두어라." '헬라단'은 곰을 죽여서 그가 시키는 대로 했다. 아침에 그녀는 깨어서 보았다. '말루'에 놓고 있는 두 명의 아이(신장)가 있었고, 아이들 근처에는 노인(머리)이 자고 있었고, 그 노인 맞은편에는 노파(장)가 자고 있었다. '헬라단'은 거리에 사슴들(가죽)이 걷고 있는 것과 계곡에 사슴이 가득 차 있는 것을 얼핏 보았다. 그녀는 천막에서 뛰어나갔는데, 기운 나무에 약간의 고삐(작은 장)가 걸려 있었다.[26]

[자료 19]

'태양 사슴' '호글렌'xoглэн이 태양을 훔쳐 '하늘의 숲'으로 도망쳤다. 그래서 지상에는 밤이 시작되었다. 이때 '우주 곰' '만기'мaнги가 '호글렌'을 추적하였다. '만기'는 지평선을 따라 동쪽에서 서쪽으로 '호글렌'을 뒤쫓아 드디어 잡아 죽였다. 그 후 지상에는 낮이 회복되어 낮과 밤의 교체가 일어났다. 은하수는, '만기'가 '호글렌'을 뒤쫓으면서 탔던 스키의 흔적이다. 〈큰곰자리〉 성좌는 곰이 다 먹지 못한 사슴의 다리다. 곰은 죽은 사슴 고기를 먹은 후 여행이 끝날 무렵에는 겨우 발을 옮길 수 있을 정도로 살이 쪘다. 그래서 지평선의 서쪽 방향에 오솔길의 흔적이 한 개가 아니라

25) Г. М. Василевич, "Ранние Представления о Мире у Эвенков", ТИЭ, Том 51, Москва, 1989, p.186.
26) Ibid., p.68.

두 개 남았다. 그리고 '사냥꾼-우주 곰'은 하늘에서 아크투루스(대각성) 별이 되었다.[27]

[자료 20]

　우주에 3개의 땅, 즉 '위의 땅', '중간의 땅', '아래의 땅'이 있었다. 처음에 '중간의 땅'은 매우 작았다. 그 위에는 나무도, 산도, 강도, 풀도 없었다. 그 후에 땅이 자라서 큰 땅으로 변했다. 그 다음에 나무, 산, 강, 풀 등이 나타났다. 마침내 땅 위에 곰이 나타났고, 그 뒤를 이어서 나머지 동물들이 나타났다.[28]

[자료14]에서는 이복형제 사이인 사람-동생과 곰-형이 서로 싸우는 모티프와 곰이 죽으면서 사람-동생에게 자신을 매장해 줄 것을 부탁하는 모티프가 눈에 띈다. [자료15]에서 곰은 죽으면서 곰 사냥 의례와 관련된 금기를 남긴다. [자료16]에서 곰은 인간 창조자의 보조자 구실을 다하고 있다. [자료17]에서 곰의 각 부위로부터 자연의 사물들이 만들어지고 있다. [자료18]에서는 곰의 부위와 내장으로부터 인간이 출현하고 있다. [자료19]에서 곰은 자연 현상 및 별자리 생성과 밀접히 관련되어 있다. [자료20]에서 지상에 나타난 '최초의 거주자'인 곰으로부터 인간이 나타난 것으로 간주되고 있다.

6) 에벤족 곰 신화

[자료 21]

　두 명의 남매 가운데 누이동생이 곰 굴을 발견하고 들어갔다. 곰은 자신의 발을 빨

---

27) А. Ф. Анисимов, *Религия Эвенков в Историко-Генетическом Изучении и Проблемы Происхождения Первобытных Верований*, Москва-Ленинград, 1958, p.71.
28) Ibid., p.115.

게 하여 그녀를 길렀다. 그녀는 봄에 집으로 돌아와 두 명의 아이-새끼곰과 어린아이-를 낳았다. 새끼 곰은 자신의 형제인 '토르가니'торгани와 함께 자라다가 숲으로 가버렸다. '토르가니'는 새끼 곰을 찾아보았지만 찾지 못하고 그의 흔적만을 발견했다. 그는 나무에서 곰이 할퀸 흔적을 발견하고서 곰에게 결투를 신청했다. 곰이 할퀴어 그에게 상처를 냈지만 그는 날카로운 돌로 곰을 죽였다. 곰은 죽으면서 그에게 곰 축제인 '우르카착'уркачак을 거행해야 한다고 말했다.[29]

[자료 22]

남자-사냥꾼이 길을 잃은 후에 곰 굴을 발견했다. 곰은 그로 하여금 발을 자신의 귀에 대도록 하여 친척들이, 그는 길을 잃어버렸고 또 죽었다고 말하는 것을 듣도록 하였다. 그러나 샤먼은, 그가 아직 살아 있다고 말하였다. 또 곰은 그로 하여금 자신의 발을 빨게 하여 그를 길렀다. 이후에 그는 집으로 돌아오면서 자신의 반지를 곰의 목에 걸어 주었다. 여름에 곰은 잡은 물고기 가운데 그의 몫을 남겨두었다. 시간이 많이 흐른 후에 그는 곰을 사냥하러 가기 위해 준비를 하면서 곰이 자신을 죽일 것이기 때문에 기다리지 말라고 친척들에게 말했다.[30]

[자료 23]

적이 집을 습격하여 남편을 죽이고 그 아내와 아이들을 포로로 잡았다. 이때 아내는 이름이 '툰투카이'тунтукай 인 젖먹이 아들을 망토에 싼 후 나무 아래에 숨겼다. 암곰이 아이를 발견하여 그를 길렀다. 아이가 자란 후에 암곰은 그에게 그를 싸고 있던 망토를 주었다. 젊은이는 그것을 가지고 어머니를 찾으러 갔다. 그는 어떤 여자를 만나 그녀에게 자신의 어머니가 어떻게 자기를 구했는지를 말했다. 그러자 그녀는 언젠가 자신이 그렇게 했다고 말하면서 그가 가지고 있던 망토를 알아보았다. 젊은이는 친척들의 원수를 갚은 후 적의 우두머리의 딸을 아내로 데려왔다. 이 이후부터 모든 사람들은 그 암곰을 '툰투카이'의 양어머니로 숭배했다.[31]

[자료21]에서 한 여성이 곰과 동거한 후에 새끼 곰과 아이를 낳았다.

---

29) A. A. Бурыкин, op. cit., pp.89~97.
30) Ibid., pp.89~97.
31) Ibid., pp.89~97.

형제에 의해 죽게 된 곰은 곰 축제를 거행하도록 지시한다. [자료22]에서는 남성과 (암)곰의 동거 모티프가 특징적이다. 그리고 곰의 정체를 알아볼 수 있는 표지로 반지 모티프가 등장한다. [자료23]에서는 젊은이의 정체를 알아볼 수 있는 모티프로 망토가 등장한다. 그리고 원수를 갚은 젊은이는 적의 딸을 아내로 삼았고, 이때부터 곰을 '양어머니'로 숭배하게 되었다는 모티프가 특이하다.

3. 시베리아 만주–퉁구스족 곰 신화의 유형과 의미

현상들의 원인이나 사물들을 설명하는 이야기를 신화로 규정할 경우 '무엇을 설명하고 있는가'에 따라 시베리아 만주–퉁구스족 곰 신화의 유형은 대체로 다음과 같이 분류될 수 있다.[32] I형 : 혼인 규범을 설명하는 신화, II형 : 의례 제정을 설명하는 신화, III형 : 정령 발생을 설명하는 신화, IV형 : 민족 기원을 설명하는 신화, V형 : 곰 숭배를 설명하는 신화, VI형 : 인간·동물 출현을 설명하는 신화, VII형 : 자연 현상을 설명하는 신화 등이 그것이다.

1) I형 : 혼인 규범을 설명하는 신화

I형의 곰 신화는 혼인 규범에 대한 설명과 관련된 내용을 포함한다.

---

[32] 강정원은 시베리아 곰 신화의 유형을 기원이나 진행의 대상에 따라 ①곰 의례의 기원과 진행에 관한 신화, ②민족의 기원에 관한 신화, ③곰의 기원에 관한 신화 등으로 분류하였다.(강정원, op. cit., pp.153–166.) 이정재는 시베리아 곰 신화의 유형을 주인공들 간의 성별 및 접촉 동기에 따라 ①수곰–여성 동거형, ②암곰–남성 동거형, ③암곰–자식 입양형 등으로 분류하였다.(이정재, op. cit., p.227.)

[자료1], [자료8], [자료10], [자료11], [자료13] 등이 이 유형에 해당된다.

이 유형에 포함되는 곰 신화의 공통적인 구조를 보이면 다음과 같다.

① 사람과 곰 동거   ② 자녀 출생

③ 곰 살해(1)   ④ 곰 살해(2)

Ⅰ형에 포함되는 곰 신화는 대체로 네 개의 신화소(神話素)mytheme 의 유기적인 관계에 의해 구조화된다. 신화소 ①은 각편(各篇)version 에서 사람과 곰의 성별(性別)에 따라 ㉠'여성과 수곰의 동거'와 ㉡'남성 과 암곰의 동거' 등의 변이소(變異素)33)로 나타날 수 있다. 신화소 ②는 자녀의 실체에 따라 ㉠'사람 출생'과 ㉡'곰 출생' 그리고 ㉢'사람과 곰 출생' 등의 변이소로 나타날 수 있다. 신화소 ③은 살해의 의도에 따라 ㉠'의도적 살해'와 ㉠'비의도적 살해' 등의 변이소로, 살해의 주체와 대 상에 따라 ⓐ'오빠에 의한 매제(妹弟)─곰 살해'와 ⓑ'남동생에 의한 자형 (姉兄)─곰 살해' 그리고 ⓒ'형제에 의한 형제─곰 살해' 등의 변이소로 나 타날 수 있다. 신화소 ④도 살해의 의도에 따라 ㉠'의도적 살해'와 ㉡'비 의도적 살해' 등의 변이소로, 살해의 주체와 대상에 따라 ⓐ'오빠에 의 한 누이동생─곰 살해'와 ⓑ'남동생에 의한 누나─곰 살해' 그리고 ⓒ'아 들에 의한 어머니─곰 살해'등의 변이소로 나타날 수 있다.

변이소들의 결합에 따른, Ⅰ형 곰 신화 각편들의 개별적인 구조를 도표로 나타내면 다음과 같다.

---

33) 여기서 '변이소'라는 용어는, 신화의 본질적인 구성단위인 '신화소'가 신화의 각편에 따라 서사 논리상 다양하게 변할 수 있는 구성단위를 의미한다.

신화소	①		②			③						④					
변이소	㉠	㉡	㉠	㉡	㉢	㉠			㉡			㉠			㉡		
						ⓐ	ⓑ	ⓒ	ⓐ	ⓑ	ⓒ	ⓐ	ⓑ	ⓒ	ⓐ	ⓑ	ⓒ
[자료 1]	○		○				○									○	
[자료 8]	○						○										
[자료 10]	○			○													○
[자료 11]	○			○													○
[자료 13]	○					○											

[도표 1]

[도표1]에 의하면, Ⅰ형 곰 신화의 각편들에서 신화소 ①의 변이소는 모두 ㉠'여성과 수곰의 동거'로 나타난다. 신화소 ②는 자녀의 실체에 따라 ㉠'사람 출생'과 ㉡'곰 출생' 등의 변이소로 나타난다. 그러나 [자료 8]과 [자료 13]에서는 신화소 ②가 없다. 신화소 ③에서는 오빠 또는 남동생이 매제-곰 또는 자형-곰을 의도적으로 살해한다. 그러나 신화소 ④에서는 남동생 또는 아들이 누나-곰 또는 어머니-곰을 비의도적으로 살해한다. 신화소 ③의 경우에는 살해의 주체와 대상이 혈연관계에 있지만 그 대상이 본래 사람이 아니라 곰이기 때문에 의도적으로 살해할 수 있었다. 그러나 신화소 ④의 경우에는 살해의 대상이 살해의 주체와 직접적인 혈연관계에 있는 누나이거나 어머니이기 때문에 그 대상을 의도적으로 살해하는 것은 금기시된다. 그래서 곰의 죽음을 우연한 실수에서 비롯된 것으로 돌리고 있는 것이다. 이러한 점은 곰의 몸뚱이에서 나온 표지를 통해 그의 정체가 드러나는 것에서 알 수 있다. 그리고 [자료10]과 [자료11]에서는 신화소 ③이, [자료8]과 [자료13]에서는 신화소 ④가 없다.

Ⅰ형 곰 신화는 고대의 혼인 규범에 대한 설명을 반영하고 있다. 먼

과거에 이루어진 혼인 형태는 동일토템 내부에서 배우자를 택하는 족
내혼endogamy이었다. 실제로 아무르강 유역을 비롯한 시베리아 민족
들의 풍속에 근친상간이 존재하였거나 그들의 신화에서 '최초의 조상'
의 근친상간에 대한 관념이 존재하였다.34) 이러한 사실은 시베리아 만
주-퉁구스족 곰 신화 가운데 Ⅰ형에서 뿐만 아니라 다른 유형에서도
확인된다. 오빠와 누이동생이 혼인하였다는 사실([자료3], [자료7])과
남동생이 누나와 혼인하고 싶어 하였다는 사실([자료1]), 처음에 오빠와
누이동생만 함께 살았다는 사실([자료2], [자료4], [자료5], [자료13], [자
료21]), 그리고 누나와 남동생만 함께 살았다는 사실([자료8], [자료9],
[자료12], [자료15]) 등에서 남매혼과 그에 대한 흔적을 확인할 수 있다.
  그러나 혼인 형태가 동일토템 내부에서 배우자를 택하지 않는 족외혼
exogamy으로 점차 바뀌면서 남매혼 또는 근친혼은 규범의 위반으로
인식되었다. [자료7]에서 알 수 있는 것처럼 남매혼뿐만 아니라 근친혼
은 허용될 수 없는 것으로 간주되었다. 그래서 [자료8]에서는 남동생이
다른 여자와 혼인을 하고, [자료23]에서는 한 젊은이가 다른 부족의 여
자를 데려와 혼인을 한다. 그러나 족외혼으로 완전히 바뀌기 전까지
곰 신화에는 족내혼을 의식적으로 회피하려는 심리가 반영되어 있다.
오빠 또는 남동생으로부터 누이동생 또는 누나의 자발적인 또는 비자
발적인 떠남과 그녀의 토템동물과의 결합이 바로 그것이다.
  [자료1], [자료8], [자료9], [자료12]에서는 누나가 자발적으로 남동생
을 떠나 곰과 결합하고, [자료2], [자료4], [자료5], [자료21]에서는 누이
동생이 자발적으로 오빠를 떠나 곰과 결합한다. [자료15]에서는 누나

---

34) C. B. Березницкий ed., *История и Культура Нанай цев*, Санкт-Петербург,
   2003, p.160.

가 비자발적으로 남동생을 떠나 곰과 결합하고, [자료13]에서는 누이동
생이 비자발적으로 오빠를 떠나 곰과 결합하며, [자료6]에서는 남매 가
운데 여자 형제가 비자발적으로 남자 형제를 떠나 곰과 결합한다.

시베리아 여러 민족들은 일반적으로 곰을 '토템−최초의 조상'으로
숭배한다. 따라서 누나 또는 누이동생이 남동생 또는 오빠를 떠나 곰
과 결합하는 것은 곧 여성과 토템동물의 결합을 의미한다. 족내혼의
흔적을 보여주는 이 같은 결합은, 그것에 대한 부정적인 관념이 형성
되면서 그것을 윤리적으로 회피하려는 심리에서 나타난 신화적 현상
이다. 이럴 경우, 앞에서 보인 시베리아 만주−퉁구스족 곰 신화에서는
사람과 토템동물의 결합이 여성과 수곰의 결합으로 나타난다. 이와 달
리 만주 지역의 에벤크족 신화35)와 오로첸족 신화36) 그리고 비라르족
신화37)에서는 남성과 암곰의 결합, 즉 남성과 곰−아내의 결합으로 나
타난다.38) 남성과 암곰의 결합에서 암곰은 '어머니−동물'의 모습을 지
니고 있다. 이런 점에서 곰은 '최초의 어머니'로 숭배된다. 이 같은 결
합은, 토템동물이 모성(母性)을 지니는 모계사회의 흔적을 보여준다.39)
그러나 모계사회가 부계사회로 발전하면 토템동물이 부성(父性)을 지
니게 된다. 그 결과 대부분의 시베리아 만주−퉁구스족의 곰 신화에서
처럼 사람과 토템동물의 결합이 여성과 수곰의 결합, 즉 여성과 곰−남
편의 결합으로 나타난다.40) 성별에 따른 사람과 토템동물과의 결합 방

---

35) 박연옥 편, 『중국의 소수민족설화』, 학민사, 1994, p.38 참조.
36) 체렌소드놈, 이평래 역, 『몽골민간신화』, 대원사, 2001, p.121 ; 김재용 · 이종주, 『왜 우
리 신화인가』, 동아시아, 2004, pp.318~319 참조.
37) 오바야시 타료, 윤용혁 역, 「북 아시아의 곰에 대한 신화와 의례」, 『웅진문화』 8집, 공주
향토문화연구회, 1995, pp.137~138 참조.
38) 남성과 곰−아내의 결합이라는 관점에서 보면, 우리나라의 단군신화를 비롯하여 곰과 관
련된 각종 전승은 이런 신화들의 계통을 잇고 있는 것으로 보인다.
39) A. Ф. Анисимов, op. cit., p.113.

식은 사회 발전단계에 따른 혼인 규범을 반영하고 있는 셈이다.

여성과 수곰의 결합이든 남성과 암곰의 결합이든 사람과 토템의 결합은 족내혼의 흔적을 보여준다. 점차 족외혼이 정착되면서 족내혼은 규범의 위반으로 인식되었다. 따라서 혼인 풍속을 반영하고 있는 곰 신화에서는 규범을 위반한 주체들에게 처벌이 가해진다. 규범을 위반한 사람과 곰 모두의 죽음 또는 사람과 곰 가운데 어느 한쪽의 죽음이 그것이다. 실제로 남매혼이 이루어진 곰 신화에서는 오빠(남편)가 여동생(아내)을 죽인 다음 아이들을 버리거나,([자료7]) 아니면 아이들을 버린 후 자신은 자살을 한다.([자료3])

2) Ⅱ형 : 의례 제정을 설명하는 신화

Ⅱ형의 곰 신화는 곰 축제, 곰 매장, 곰 고기나 가죽 사용 금기 등에 대한 설명이나 그것들의 기원(起源)과 관련된 내용을 포함한다. [자료2], [자료4], [자료5], [자료9], [자료14], [자료15], [자료21] 등이 이 유형에 해당된다. [자료2]와 [자료4] 그리고 [자료21]은 곰 축제에 대한 설명이나 그 기원, [자료5]는 곰 고기 사용과 관련된 금기, [자료9]는 곰 고기 및 가죽 사용과 관련된 금기, [자료14]와 [자료15]는 곰 매장이나 그와 관련된 금기를 다루고 있다.

이 유형에 포함되는 곰 신화의 공통적인 구조를 보이면 다음과 같다.

① 사람과 곰 동거　② 자녀 출생　③ 곰 살해(1)
④ 곰 살해(2)　⑤ 의례 제정

---

40) 시베리아 신화에서 남성과 암곰의 결합은 여성과 수곰의 결합보다 드물게 나타난다.
C. B. Березницкий ed., *История и Культура Нанай цев*, Санкт-Петербург, 2003, p.152.

Ⅱ형에 포함되는 곰 신화는 대체로 다섯 개의 신화소의 유기적인 관계에 의해 구조화된다. 신화소 ①은 각편에서 사람과 곰의 성별에 따라 ㉠'여성과 수곰의 동거'와 ㉡'남성과 암곰의 동거' 등의 변이소로 나타날 수 있다. 신화소 ②는 자녀의 실체에 따라 ㉠'사람 출생'과 ㉡'곰 출생' 그리고 ㉢'사람과 곰 출생' 등의 변이소로 나타날 수 있다. 신화소 ③은 살해의 의도에 따라 ㉠'의도적 살해'와 ㉠'비의도적 살해' 등의 변이소로, 살해의 주체와 대상에 따라 ⓐ'오빠에 의한 매제(妹弟)—곰 살해'와 ⓑ'남동생에 의한 자형(姉兄)—곰 살해' 그리고 ⓒ'형제에 의한 형제—곰 살해' 등의 변이소로 나타날 수 있다. 신화소 ④도 살해의 의도에 따라 ㉠'의도적 살해'와 ㉡'비의도적 살해' 등의 변이소로, 살해의 주체와 대상에 따라 ⓐ'오빠에 의한 누이동생—곰 살해'와 ⓑ'남동생에 의한 누나—곰 살해' 등의 변이소로 나타날 수 있다. 마지막으로 신화소 ⑤는 의례 제정의 주체에 따라 ㉠'곰에 의한 의례 제정'과 ㉡'사람에 의한 의례 제정' 등의 변이소로, 의례의 내용에 따라 ⓐ'곰 축제'와 ⓑ'곰 매장' 그리고 ⓒ'곰 금기' 등의 변이소로 나타날 수 있다.

변이소들의 결합에 따른, Ⅱ형 곰 신화 각편들의 개별적인 구조를 도표로 나타내면 다음과 같다.

신화소	①		②			③						④				⑤					
변이소	㉠	㉡	㉠	㉡	㉢	㉠			㉡			㉠		㉡		㉠			㉡		
						ⓐ	ⓑ	ⓒ	ⓐ	ⓑ	ⓒ	ⓐ	ⓑ	ⓐ	ⓑ	ⓐ	ⓑ	ⓒ	ⓐ	ⓑ	ⓒ
[자료 2]	o		o			o								o		o					
[자료 4]	o			o										o		o					
[자료 5]	o			o		o								o			o				
[자료 9]	o			o						o											o
[자료 14]	o		o←o					o								o					
[자료 15]	o															o					
[자료 21]	o				o			o	o							o					

[도표 2]

　[도표2]에 의하면, Ⅱ형 곰 신화의 각편들에서 신화소 ①의 변이소는 모두 ㉠'여성과 수곰의 동거'로 나타난다. 신화소 ②의 변이소 가운데 [자료14]의 경우는 특이하다. 먼저 여성과 수곰 사이에서 새끼 곰이 태어난 후 그 여성과 남성 사이에서 사람이 태어나기 때문이다. 그 결과 신화소 ③의 변이소도 ⓒ'형제에 의한 형제-곰의 살해'로 나타난다. 그러나 [자료15]에서는 신화소 ②가 없다. 신화소 ③에서는 곰을 의도적으로 살해하기도 하지만 비의도적으로 살해하기도 한다. 그러나 [자료2], [자료4], [자료5]의 신화소 ④에서는 모두 곰을 비의도적으로 살해한다. 이러한 상황은 곰 신화 Ⅰ형의 신화소 ③과 신화소 ④의 경우와 동일하다. 그리고 또 [자료4]에서는 신화소 ③이, [자료9]에서는 신화소 ④가 없다. 신화소 ⑤의 변이소는 곰이나 사람에 의해 제정된 각종 곰 의례와 관련되어 있다. 특히, 곰 의례의 금기와 관련하여 곰은 남성 부족의 토템으로 여성과 무관하다는 관념41), 곰은 여성을 해치지 않는다는 관념42) 또는 여성이 남성보다 곰과 더 가까운 친족이라는 관념43) 가운데 어떤 관념 때

---

41) И. А. Лопатин, op. cit., p.206.
42) Г. М. Василевич, *Эвенки*, Ленинград, 1969, p.217.

문이든 여성들은 곰 의례에 참가하지 못하거나 의례 후 곰 고기를 먹지 못한다.

II형은 근본적으로 신화소 ①, ②, ③, ④의 결합으로 이루어진 I형의 공통적인 구조를 바탕으로 하고 있다. 다만 I형의 공통적인 구조에 신화소 ⑤를 첨가하고 있을 뿐이다. 따라서 II형의 곰 신화는 I형의 곰 신화에 신화소 ⑤를 덧붙여서 혼인 규범을 설명하기 보다는 곰과 관련된 의례나 그 기원을 설명하는 데 초점을 맞추고 있다. II형의 곰 신화의 화제가 신화소 ⑤에 있는 셈이다.

3) III형 : 정령 발생을 설명하는 신화

III형의 곰 신화는 정령 발생에 대한 설명과 관련된 내용을 포함한다. [자료12]가 이 유형에 해당된다.

이 유형에 포함되는 곰 신화의 구조를 보이면 다음과 같다.

① 사람과 곰 동거   ② 곰 살해   ③ 자녀 출생
④ 유기(遺棄)   ⑤ 정령 발생

III형에 포함되는 곰 신화는 대체로 다섯 개의 신화소의 유기적인 관계에 의해 구조화된다. [자료12]의 신화소 ①에서 누나는 수곰과 동거하였다. 신화소 ②에서 남동생이 누나와 싸우고 있던 자형-곰을 죽였다. 그 후 누나는 새끼 곰 두 마리와 어린아이 두 명을 낳았다. 그 가운데 누나는 새끼 곰 두 마리를 집 밖으로 내던졌다. 그러자 새끼 곰들은 두꺼비로 변하여 '아도'가 되었다.

---

43) B. A. Тураев ed., *История и Культура Эвенов*, Санкт-Петербург, 1997, p.121.

나나이족의 민속에서 '아도'는 원래 쌍둥이를 의미한다. 나나이족은, 쌍둥이가 어떤 정령 때문에 태어난다고 믿기 때문에 그를 숭배한다.[44] [자료12]에서 새끼 곰이 쌍둥이로 태어나 유기된 후 '아도'로 변한다. 따라서 [자료12]는 여성과 곰의 혼인에서 비롯된 정령 '아도'의 기원에 대해 말하고 있다. 기본적으로 Ⅰ형의 구조를 바탕으로 정령의 발생에 대해 설명하고 있는 것이 Ⅲ형의 곰 신화이다.

4) Ⅳ형 : 민족 기원을 설명하는 신화

Ⅳ형의 곰 신화는 민족 기원에 대한 설명과 관련된 내용을 포함한다. [자료3], [자료7] 등이 이 유형에 해당된다.

이 유형에 포함되는 곰 신화의 공통적인 구조를 보이면 다음과 같다.

① 남매혼   ② 자녀 출생   ③ 아내 살해
④ 기아(棄兒)   ⑤ 자살   ⑥ 사람과 동물 동거(민족 기원)

Ⅳ형에 포함되는 곰 신화는 대체로 여섯 개의 신화소의 유기적인 관계에 의해 구조화된다. 신화소 ①은 각편에서 남매의 성별에 따라 ㉠ '오빠와 누이동생의 혼인'과 ㉡'남동생과 누나의 혼인' 등의 변이소로 나타날 수 있다. 신화소 ②는 자녀의 성별에 따라 ㉠'아들 출생'과 ㉡'딸 출생' 그리고 ㉢'남매 출생' 등의 변이소로 나타날 수 있다. 신화소 ③은 살해의 의도에 따라 ㉠'의도적 살해'와 ㉠'비의도적 살해' 등의 변이소로, 살해의 주체에 따라 ⓐ'오빠(남편)에 의한 누이동생(아내) 살해'와 ⓑ'남동생(남편)에 의한 누나(아내) 살해' 등의 변이소로 나타날 수 있

44) А. П. Деревянко ed., op. cit., p.429.

다. 신화소 ④는 기아의 대상에 따라 ㉠'아들 기아'와 ㉡'딸 기아' 그리고 ㉢'남매 기아' 등의 변이소로 나타날 수 있다. 신화소 ⑤는 자살의 주체에 따라 ㉠'오빠(남편) 자살'과 ㉡'남동생(남편) 자살' 등의 변이소로 나타날 수 있다. 신화소 ⑥은 ㉠'아들과 암호랑이 동거'와 ㉡'딸과 수곰 동거' 등의 변이소로 나타날 수 있다.

변이소들의 결합에 따른, Ⅳ형 곰 신화 각편들의 개별적인 구조를 도표로 나타내면 다음과 같다.

신화소	①		②			③				④			⑤		⑥	
변이소	㉠	㉡	㉠	㉡	㉢	㉠		㉡		㉠	㉡	㉢	㉠	㉡	㉠	㉡
						ⓐ	ⓑ	ⓐ	ⓑ							
[자료 3]	○				○	○						○	○			○
[자료 7]	○				○	○						○			○	○

[도표 3]

[도표3]에 의하면, Ⅳ형 곰 신화의 각편들에서 신화소 ①의 변이소는 모두 ㉠'오빠와 누이동생의 혼인'으로 나타난다. 신화소 ②의 변이소는 모두 ㉢'남매 출생'으로 나타난다. 신화소 ③의 변이소는 살해 주체가 의도적으로 대상을 살해한다. 그리고 신화소 ①의 변이소에 따라 ⓐ'오빠(남편)에 의한 누이동생(아내) 살해'로 나타난다. 신화소 ④의 변이소는 신화소 ②의 변이소에 따라 ㉢'남매 기아'로 나타난다. 신화소 ⑤의 변이소는 [자료3]에서는 ㉠'오빠(남편) 자살'로 나타나지만, [자료7]에서는 그 변이소가 나타나지 않는다. 마지막으로 신화소 ⑥의 변이소는 [자료3]에서는 ㉡'딸과 수곰 동거'로 나타나지만, [자료7]에서는 ㉠'아들과 암호랑이 동거'와 ㉡'딸과 수곰 동거'로 함께 나타난다.

[자료3]과 [자료7]에 의하면, 오빠와 누이동생의 혼인으로부터 사람

이 탄생한다. '근친상간'은 '최초의 창조'의 시대에서는 불가피하고 필연적인 사실이었다.[45] 이 같이 '최초의 조상'들의 근친상간에 의해 사람이 비롯된다는 관념은 시베리아 여러 민족들의 신화에서 찾아볼 수 있다.[46] 그러나 이러한 관념은 족내혼이라는 혼인제도 안에서만 허용된다. 혼인형태가 점차 족외혼으로 바뀌면서 그것은 규범의 위반 또는 죄로 금기시된다. 따라서 근친상간의 금기를 위반한 주체는 그에 대한 처벌을 받는다. [자료3]에서 오빠(남편)가 누이동생(아내)을 의도적으로 살해한 다음 아이들을 짐승에게 던져버리고 스스로 자살하는 것이나, [자료7]에서 오빠(남편)가 누이동생(아내)을 의도적으로 살해한 다음 아이들을 짐승에게 던져버리는 것은 금기의 위반에 대한 도덕적 처벌이다. 기아는 근친상간을 회피하려는 도덕적 규범에 의한 결과이다.

금기의 위반에 대한 처벌로 버려진 아이들은 짐승에 의해 양육된다. [자료3]과 [자료7]에서 남자아이는 암호랑이에 의해 양육되고, 여자아이는 수곰에 의해 양육된다. 그 후 [자료3]에서는 여자아이와 수곰의 혼인에서 오로치족이 시작된다. [자료7]에서는 남자아이와 암호랑이의 혼인에서 오로치족이 시작되고, 여자아이와 수곰의 혼인에서 우데게족이 시작된다. 이들 신화에서 호랑이와 곰은 '동물조상'의 토템으로 간주되고 있다. 따라서 민족의 기원은 근친상간의 회피에 따른 '토템적인 혼인'에서 비롯되고 있는 셈이다.

한편, [자료6]은 민족 기원을 설명하는 유형과 의례 제정을 설명하는 유

---

45) C. B. Березницкий ed., *История и Культура Нанай цев*, Санкт-Петербург, 2003, p.161.

46) 곽진석, 「시베리아 오로치족의 신화와 신앙에 대한 연구」, 『구비문학연구』 제12집, 한국구비문학회, 2001 ; 곽진석, 「시베리아 나나이족의 창조신화에 대한 연구」, 『구비문학연구』 제23집, 한국구비문학회, 2006.

형의 혼합형이다. 신화 전반부에서는 IV형의 신화소 ④(ⓒ'남매 기아')와 ⑤[47] 그리고 ⑥(ㄱ'아들과 암호랑이 동거'와 ⓛ'딸과 수곰 동거')의 결합에 의해 한 민족의 기원을 설명하고 있고, 후반부에서는 II형의 신화소 ③ (ㄱ'비의도적 살해', ⓐ'오빠에 의한 매제(妹弟)—곰 살해')과 ⑤(ㄱ'곰에 의한 의례 제정', ⓒ'곰 금기')의 결합에 의해 의례 제정을 설명하고 있다.

5) V형 : 곰 숭배를 설명하는 신화

V형의 곰 신화는 곰 숭배에 대한 설명과 관련된 내용을 포함한다. [자료22]와 [자료23] 등이 이 유형에 해당된다.

이 유형에 포함되는 곰 신화의 공통적인 구조를 보이면 다음과 같다.

① 난관 봉착   ② 곰 양육
③ 귀환   ④ 그 결과

V형에 포함되는 곰 신화는 대체로 네 개의 신화소의 유기적인 관계에 의해 구조화된다. 신화소 ①은 각편에서 난관에 봉착하는 주체에 따라 ㄱ'남성'과 ⓛ'여성' 등의 변이소로, 난관의 내용에 따라 ⓐ'방황'과 ⓑ'유기(遺棄)' 등의 변이소로 나타날 수 있다. 신화소 ②는 양육 주체에 따라 ㄱ'암곰'과 ⓛ'수곰'으로, 양육 대상에 따라 ⓐ'남성'가 ⓑ'여성'으로 나타날 수 있다. 신화소 ③은 귀환 주체에 따라 ㄱ'남성'과 ⓛ'여성' 등의 변이소로 나타날 수 있다. 신화소 ④는 ㄱ'곰의 복수'와 ⓛ'곰 숭배' 등의 변이소로 나타날 수 있다.

변이소들의 결합에 따른, V형 곰 신화 각편들의 개별적인 구조를

---

47) [자료6]에서는 자살의 주체가 '오빠—남편'인지 '남동생—남편'인지 불분명하다. 또 자살의 이유도 불분명하다. 다만 아버지가 아이들을 숲에 남겨두고 강물에 뛰어들고 있을 뿐이다.

도표로 나타내면 다음과 같다.

신화소	①				②				③		④	
변이소	㉠		㉡		㉠		㉡		㉠	㉡	㉠	㉡
	ⓐ	ⓑ	ⓐ	ⓑ	ⓐ	ⓑ	ⓐ	ⓑ				
[자료 22]	○				○				○		○	
[자료 23]		○			○				○			○

[도표 4]

[도표4]에 의하면, Ⅴ형 곰 신화의 각편들에서 신화소 ①의 변이소는 모두 ㉠'남성', 그리고 [자료 22]에서는 ⓐ'방황', [자료 23]에서는 ⓑ'유기'로 나타난다. 신화소 ②의 변이소는 모두 ㉠'암곰'과 ⓐ'남성'으로 나타난다. 신화소 ③의 변이소는 신화소 ①과 ②의 결과에 따라 모두 ㉠'남성'으로 나타난다. 마지막으로 신화소 ④의 변이소는 [자료22]에서는 ㉠'곰의 복수'로, [자료23]에서는 ㉡'곰 숭배'로 나타난다.

[자료22]와 [자료23]에 의하면, 암곰이 길을 잃거나 유기된 남성을 양육한다. 이럴 경우 암곰은 '어머니-동물'의 모습을 지닌다. 이것은, 동물이 모성을 지닌다는 모계사회의 관념에서 비롯된다.[48] [자료22]에서 곰의 양육에 의해 남성은 집으로 돌아올 수 있었다. 그러나 그 남성은 사냥을 떠나면서 자신을 양육했던 곰이 자신을 죽일 것이라고 말한다. 남성과 그를 양육했던 암곰의 관계가 비극적 결말을 맞이하는 셈이다.[49] 이와 달리 [자료23]에서는 유기된 아이를 양육했던 암곰이 '어머니-동물'로서 숭배되고 있다. 따라서 [자료22]에서처럼 남성과 암곰이 결국 비극적 결말을 맞는 것은, 암곰이 더 이상 '어머니-동물'로서의 숭배 대상이 아님을 말해준

---

48) 한국의 경우 〈단군신화〉를 비롯하여 곰과 관련된 각종 전승에도 이러한 관념이 반영되어 있다.
49) 앞에서 언급했던 만주 지역의 에벤크족, 오로첸족, 비라르족 곰 신화뿐만 아니라 한국의 경우 단군신화를 제외한 곰과 관련된 각종 전승에서도 남성과 암곰의 관계가 비극적으로 끝난다.

다. 이것은 한편으로 모계사회적인 관념의 퇴화와도 무관하지 않다.

6) Ⅵ형 : 인간·동물 출현을 설명하는 신화

Ⅵ형의 곰 신화는 인간과 동물 출현에 대한 설명과 관련된 내용을 포함한다. [자료16], [자료18], [자료20] 등이 이 유형에 해당된다.

이 유형에 포함되는 곰 신화의 구조를 보이면 다음과 같다.

Ⅵa형	Ⅵb형	Ⅵc형
① 동물 창조	① 곰 살해	① 땅 출현
② 인간 창조	② 내장·가죽 분리	② 자연물 출현
③ 인간 보호	③ 인간·동물 출현	③ 곰 출현

Ⅵ형에 포함되는 곰 신화는 대체로 세 개의 신화소의 유기적인 관계에 의해 구조화된다. 이럴 경우 Ⅵ형에 포함되는 곰 신화는 인간·동물 출현의 성격에 따라 크게 Ⅵa형과 Ⅵb형 그리고 Ⅵc형 등 세 개의 하위 유형으로 나뉜다. 이럴 경우 [자료16]은 Ⅵa형에 속하고 [자료18]은 Ⅵb형에 속하며 [자료20]은 Ⅵc형에 속한다.

Ⅵ형에 포함되는 곰 신화에서 곰은 인간·동물의 창조 또는 출현과 직·간접적으로 관련되어 있다. [자료16]에서 동생은 유익한 동물을 만들었고, 형은 해로운 동물을 만들었다. 그 후 동생은 인간을 창조했고, 형은 그 인간을 못쓰게 만들려고 했다. 그러나 동생의 보조자인 곰은 형의 사악한 행위를 막아 인간을 보호하였다. 창조 과정에서의 선한 존재와 악한 존재의 대립은 신화에서 일반적으로 나타나는 현상이다.[50] 특히, 시베리아 신화에서는 동생이 선한 존재로, 그리고 형은 악한

---

50) Uno Holmberg, *The Mythology of All Races*, Vol. Ⅳ, New York, p.373.

존재로 형상화된다.[51] 따라서 VIa형에 포함되는 곰 신화는, 곰이 창조자의 보조자 역할을 담당하는 인간 창조와 관련된 내용을 설명한다.

[자료18]에서 곰의 신장과 머리, 내장 그리고 가죽을 놓아둔 곳에서 각각 아이와 노인, 노파 그리고 사슴이 나타났다. 따라서 VIb형에 포함되는 곰 신화는, 곰으로부터 인간과 동물이 출현하는 내용을 설명한다.

[자료20]에서 땅위에 곰이 가장 먼저 나타났고, 그 후에 나머지 동물들이 나타났다. 곰이 '최초의 지상 거주자'인 셈이다. 에벤크족의 관념에 의하면, '최초의 지상 거주자'인 곰은 '인간의 조상'이면서 동시에 '짐승의 모습을 한 인간'이다.[52] 곰의 최초 출현은 곧 인간의 최초 출현을 의미한다. 따라서 VIc형에 포함되는 신화는, 짐승의 모습을 한 인간인 곰이 최초로 지상에 출현하는 내용을 설명한다.

7) Ⅶ형 : 자연 현상을 설명하는 신화

Ⅶ형의 곰 신화는 자연 현상에 대한 설명과 관련된 내용을 포함한다. [자료17]과 [자료19] 등이 이 유형에 해당된다.

이 유형에 포함되는 곰 신화의 구조를 보이면 다음과 같다.

Ⅶa형	Ⅶb형
① 도하(渡河)	① '태양 사슴' 추적
② 사물 출현	② 천체 출현

Ⅶ형에 포함되는 곰 신화는 대체로 두 개의 신화소의 유기적인 관계

---

51) Г. М. Василевич, "Ранние Представления о Мире у Эвенков", *ТИЭ*, Том 51, Москва, 1989, pp.175-179.

52) А. Ф. Анисимов, op. cit., p.130.

에 의해 구조화된다. 이럴 경우 VII 형에 포함되는 곰 신화는 자연 현상의 성격에 따라 크게 VIIa형과 VIIb형 등 두 개의 하위유형으로 나뉜다. 이럴 경우 [자료17]은 VIIa형에 속하고 [자료19]는 VIIb형에 속한다.

[자료17]에서 강을 건너던 곰의 발뒤꿈치, 무릎, 견갑골, 피, 배설물 등이 각각 숫돌, 연마기, 돌, 붉은 물감, 검은 물감 등으로 변하였다. 따라서 VIIa형에 포함되는 곰 신화는, 곰으로부터 자연의 사물들이 처음으로 출현한 내용을 설명한다.

[자료19]에서 '우주 곰'이 태양을 훔친 '태양 사슴'을 스키를 타고 추적하였다. 이때 생겨난 스키 흔적이 은하수이다. 또 '우주 곰'이 다 먹지 못한 사슴의 다리는 '큰곰자리' 성좌가 되었고, '우주 곰'은 대각성(大角星) 별이 되었다. 따라서 VIIb형에 포함되는 곰 신화는, 곰으로부터 천체가 출현한 내용을 설명한다.

4. 시베리아 만주-퉁구스족 곰 신화와 곰 숭배

시베리아뿐만 아니라 아메리카로부터 북유럽과 동유럽까지 광범위하게 '곰 축제'가 거행되었다. 이러한 사실은 시베리아 여러 민족들이 곰을 숭배하였다는 것을 말해 준다. 따라서 시베리아 곰 신화에는 그 신화를 전승하던 민족들의 곰 숭배 신앙이 그 바탕에 깔려있다. 신화는 일반적으로 신앙을 모태로 하여 형성되기 때문이다.

우선 시베리아에서 곰 숭배는 애니미즘적인 사고와 밀접히 관련된다.

곰 숭배에 있어서 가장 중요한 것은 '곰 축제'이다. 이것은 곰 사냥에서도 거행되고 특별히 사육된 곰의 의식적인 살해에서도 거행된다. '곰

축제'를 거행하는 목적이 고기를 위한 것이든 친척들이 함께 모이기 위
한 것이든 아니면 사냥의 행운을 빌기 위한 것이든 '곰 축제'는 토테미
즘적인 층과 함께 애니미즘적인 층과 관련된다.[53)]

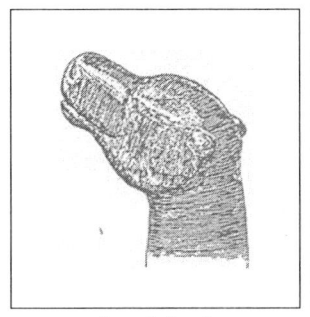

[그림1] 54)　　　　　　[그림2] 55)

　　[그림1]은 시베리아 이르쿠츠크 주 브라츠크에서 발견된, 신석기 시
대의 곰 머리 형상이다.[56)] 이 형상은 '숲의 주인' 또는 '숲의 동물'의 모
습을 형상화한 것으로 곰 숭배와 관련되어 있다.[57)] 이 '숲의 주인'은 성
공적인 사냥을 가능케 하는 역할을 지니고 있다. [그림2]도 시베리아
나나이족에 의해 '숲의 사람', '숲의 주인'으로 숭배되는 곰 형상이다.
이 두 경우처럼 자연의 정령으로 간주되는 곰 숭배는 애니미즘적인 층
과 관련된다.
　　시베리아에서 곰 숭배는 토테미즘적인 사고와도 밀접히 관련된다.

---

53) А. М. Золоторев, op. cit., pp.122–130.
54) А. П. Окладников, "Культ Медведя у Неолитических Племен Восточно
　　й Сибири", А. П. Окладников ed., *Археоллгия Северной , Центральной
　　и Восточной Азии*, Новосибирск, 2003, p.528.
55) Т. А. Кубанова, *Ритуальная Скульптура Нанай цев*, г. Комсомольск-на-
　　Амуре, 1992, p.16.
56) Ibid., p.528.
57) 시베리아 만주-퉁구스족의 관념에서 '숲의 주인'은 일반적으로 곰 형상으로 묘사된다.
　　cf) А. В. Смоляк, op. cit., p.124.

시베리아 여러 민족들은 곰을 자신들의 '최초의 조상', '최초의 어머니' 또는 '동물-조상'으로 간주하여 숭배한다. 시베리아에서 곰이 토템으로 숭배되었다는 것은 곰의 명칭이 갖는 의미에서도 알 수 있다. 곰의 명칭은 일반적으로 '할아버지', '할머니', '아버지', '어머니', '노인', '노파', '백부·숙부' 등의 의미를 갖고 있기 때문이다.

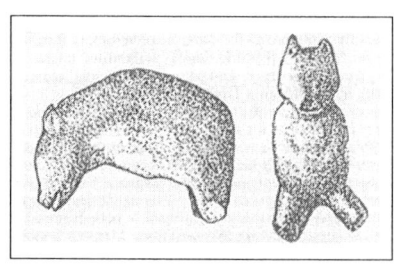

[그림3] 58)

[그림3]은 시베리아 이르쿠츠크 주 일리마 강 유역에서 발견된, 신석기 시대의 곰 조각이다. 이것은 사슴뿔로 조각된 곰 형상으로서 토템을 표현한 것이다. 이 유물을 통해 선사시대부터 곰이 토템으로 숭배되고 있었다는 것을 알 수 있다.

마지막으로 시베리아에서 곰 숭배는 샤머니즘적인 사고와도 밀접히 관련된다.

시베리아 샤머니즘에서 곰은, 그 자체가 가장 강력한 샤먼이 되기도 하고59) 또는 샤먼의 보조령이나 보호령이 되기도 한다. 샤먼은 각종 의례에서 보조령이나 보호령의 도움을 받아 죽은 사람의 영혼을 저승으로 인도하기도 하고 또는 저승으로 간 영혼을 되찾아 오기도 한다.

58) А. П. Окладников, op. cit., p.530.
59) С. В. Березницкий, *Мифология и Верования Орочей*, Санкт-Петербург, 1999, p.126.

그리고 질병을 치료하기도 하며 점을 치기도 한다.

[그림4] 60)

　[그림4]는 에벤크족 샤먼의 주요한 정령을 형상화한 복장들이다. 왼쪽 위 그림은 사슴뿔과 함께 곰이 장식된 샤먼의 관이다. 왼쪽 아래 그림은 곰 발 가죽으로 만든 샤먼의 장갑이다. 그리고 오른쪽 그림은 곰발 형상이 새겨진 샤먼의 신발이다. 여기서 보이는 곰 형상들은 샤먼의 보조령이다. 샤먼은 의례를 거행하는 동안 보조령 동물로 변신하거나 아니면 보조령 동물의 도움을 받아 그에게 부과된 여러 가지 임무를 수행하게 된다. 특히, 에벤크족 샤먼은 곰을 사슴과 함께 '위의 세계'의 보조령으로 간주하여 숭배한다. 시베리아에서 곰은 애니미즘과 토테미즘 그리고 샤머니즘적인 층에 걸쳐서 숭배되었다. 이 같은 곰 숭배가 시베리아 만주-퉁구스족 곰 신화를 형성하는 바탕이 되었음은 물론이다.

---

60) А. Ф. Анисимов, op. cit., p.172.

5. 결론

곰의 신앙적, 신화적 의미는 시베리아 문화를 이해하는 데 매우 중요하다. 곰은 시베리아의 각종 의례와 신화 속에서 핵심적인 자리를 차지하기 때문이다. 이런 점에서 시베리아 만주-퉁구스족 곰 신화의 양상 및 유형과 의미를 살펴보는 것은 시베리아 문화를 이해하는 지름길이 될 것이다. 그것은 다른 한편으로 우리나라 신화, 나아가서 상고대 문화를 이해하는 데도 단서를 제공할 것이다.

시베리아 만주-퉁구스족 곰 신화의 양상을 특징적인 모티프를 통해 살펴보면 다음과 같다. 첫째, 특정한 표지를 통해 곰의 정체를 알아보는 모티프, 둘째, 곰과 관련하여 여성에게 금기가 주어지는 모티프, 셋째, 오빠와 누이동생, 또는 남동생과 누나가 동거하는 모티프, 넷째, 여성과 수곰 또는 남성과 암곰이 동거하는 모티프, 다섯째, 오빠가 '매제-곰'을 또는 남동생이 자형-곰을 살해하는 모티프, 여섯째, 곰 사냥과 관련하여 사람들에게 금기가 주어지는 모티프 등이 특징적이다.

신화가 무엇을 설명하고 있는가에 따라 시베리아 만주-퉁구스족 곰 신화의 유형은 대체로 일곱 가지로 분류된다. Ⅰ형: 혼인 규범을 설명하는 신화, Ⅱ형: 의례 제정을 설명하는 신화, Ⅲ형: 정령 발생을 설명하는 신화, Ⅳ형: 민족 기원을 설명하는 신화, Ⅴ형: 곰 숭배를 설명하는 신화, Ⅵ형: 인간·동물 출현을 설명하는 신화, Ⅶ형: 자연 현상을 설명하는 신화 등이 그것이다. Ⅰ형 곰 신화는 족내혼에서 족외혼으로 바뀌어가던 고대의 혼인 규범에 대해 설명하고 있다. Ⅱ형 곰 신화는 곰과 관련된 의례나 그 기원을 설명하고 있다. Ⅲ형 곰 신화는 정령의 발생에 대해 설명하고 있다. Ⅳ형 곰 신화는 민족 기원에 대해 설명하고 있다. Ⅴ형 곰 신화는 곰 숭배에 대해 설명하고 있다. VI형 곰 신화는 인간과 동물 출현에 대해 설명하고 있다. 이럴 경우 VI형은 인간·동물 출현의 성격에 따라 크게 VIa형과 VIb형 그리고 VIc형 등 세 개의 하위유형으로 나뉜다. VIa형은, 곰이 창조자의 보조자 역할을 담당하는 인간 창조와 관련된 내용을 설명한다. VIb형은, 곰으로부터 인간과 동물이 출현하는 내용을 설명한다. VIc형은, 짐승의 모습을 한 인간인 곰이 최초로 지상에 출현하는 내용을 설명한다. VII형 곰 신화는 자연 현상에 대해 설명하고 있다. 이럴 경우 VII형은 자연 현상의 성격에 따라 크게 VIIa형과 VIIb형 등 두 개의 하위유형으로 나뉜다. VIIa형은, 곰으로부터 자연의 사물들이 처음으로 출현한 내용을 설명한다. VIIb형은, 곰으로부터 천체가 출현한 내용을 설명한다.

신앙은 신화의 모태이다. 따라서 시베리아 전역에서 거행되던 '곰축제'에서 알 수 있는 것처럼 시베리아 만주-퉁구스족 곰 신화는 곰 숭배 신앙을 모태로 하여 형성되었다. 시베리아에서 곰은 애니미즘과 토테미즘 그리고 샤머니즘적인 층에서 숭배되었다. 이런 점은 고고학적인, 인류학적인 자료에서도 확인된다. 애니미즘적인 층에서 곰은 '숲의 주인' 또는 '숲의 사람' 등 자연의 정령으로 숭배되었다. 그리고 토테미즘인 층에서 곰은 '최초의 조상' 또는 '최초의 어머니' 등 각 민족의 토템으로 숭배되었다. 마지막으로 샤머니즘적인 층에서 곰은 샤먼의 보조령 또는 보호령으로 숭배되었다. 샤먼은 보조령인 곰의 도움을 받아 각종 사명을 수행하게 된다. 이 같은 곰 숭배가 시베리아 만주-퉁구스족 곰 신화를 형성하는 모태가 되었다.

Ⅱ. 시베리아 신화와 의례에 나타난 활/화살의 의미

1. 서론

시베리아에서 가장 오래된 생산유형은 수렵이다. 따라서 이 지역에서 가장 널리 퍼진, 그리고 가장 오래된 생산도구 가운데 하나는 활/화살이었다. 이 도구는 사냥을 통해 사람들의 생존을 가능하게 하였다. 뿐만 아니라 활/화살은 개인이나 종족의 보호를 위한 전쟁도구로도 사용되었다. 이런 점은 시베리아에서 발견되는 암각화에도 잘 나타나 있다.

[그림1] 1)   [그림2] 2)

[그림1]은 알타이에서 발견된 암각화의 일부분이다. 이 그림은 사냥과 관련된 주제를 포함하고 있다. 여기서 활로 무장한 두 명의 사냥꾼이 짐승을 사냥하고 있다. [그림2]는 예니세이강 유역에서 발견된 암각화의 일부분이다. 이 그림은 전쟁과 관련된 주제를 포함하고 있다. 여기서 도끼와 방패로 무장한 무사와 활로 무장한 무사가 상대를 바라보면서 맞서 있다. [그림1]과 [그림2]로 미루어 볼 때, 활/화살은 수렵과 전쟁에서 매우 중요한 도구로 사용되었음을 알 수 있다.

사회 또는 신앙의 변화와 맞물려 단순히 수렵이나 전쟁의 도구로 인식되던 활/화살에 다양한 상징적인 의미가 부여된다. 신화(神話)나 각종 의례 그리고 신화(神畵)mythogramm 등을 통해서 볼 때 활/화살은 각종 주술적 도구로 기능하기도 하고 사악한 정령을 퇴치하거나 정령과 교통하는 도구로 기능하기도 하기 때문이다. 그런가 하면 활/화살은 '사람의 영혼'을 의미하기도 하고 시베리아 초기 샤먼을 나타내는 특징적인 기호를 나타내기도 하며 우주구성에 대한 샤먼들의 관념을 형상화하는 수단이 되기도 한다.

---

1) И. В. Октябрьская и Д. В. Чермисин, "Охота Среди Скал", *Гуманитарные Науки в Сибири*, No. 3, СОРАН, 1997, p.65.
2) О. С. Советова, *Петроглифы Тагарской Эпохи на Енисее*, Новосибирск, 2005, p.131.

이 글에서는 시베리아 신화와 의례에 나타난 활/화살의 다양한 기능과 의미를 살펴보고자 한다. 이를 위하여 먼저 활쏘기 모티프가 중요한 기능을 수행하는 시베리아 신화의 유형과 주인공의 성격을 살펴볼 것이다. 그다음 시베리아 민족들의 산속(産俗), 혼례, 장례 등 각종 의례에서 보이는 활/화살의 기능과 의미를 살펴볼 것이다. 마지막으로 시베리아에서 샤머니즘이 발생하면서 야기된 활/화살에 대한 관념의 변화도 살펴볼 것이다. 여기서 도출되는 결과는, 한반도뿐만 아니라 동북아시아 문화에서 활/화살이 갖는 기능이나 의미의 보편성과 특수성을 밝히는 데 도움을 줄 것이다.

2. 시베리아 활쏘기 신화의 유형과 주인공

활/활쏘기 모티프가 주요한 서사적 기능을 담당하는 '활쏘기 신화'는 시베리아 여러 민족들에게 있어서 다양하게 전승되고 있다. 이 신화들은 서사 속에서 활/활쏘기의 기능에 따라 여러 유형으로 구분될 수 있다.

1) 창조신화에서 주술적 도구/행위로서의 활/활쏘기

① 다수의 해와 달을 조정하는 주술적 도구/행위와 관련된 신화

시베리아 여러 민족들의 창세신화에서 활/활쏘기 모티프는 다수의 해와 달을 하나로 조정할 때 중요한 기능을 수행한다.

[자료 1]

아주 오래 전 강과 산이 만들어질 때 하늘에는 세 개의 해가 빛났다. 오랫동안 땅에서는 모든 것이 죽었고, 또한 잿더미로 변했다. 강의 물고기들은 수면으로 나오자마자 타서 죽었다. 사람들은 땅 속 깊은 곳으로 피신했다. 사람들은 밤에만 물고기를 잡을 수 있었고, 또 시원한 공기를 호흡할 수 있었다. 이 때 물-땅의 신이 괴로워하는 사람들을 보고 자신의 보조자인 '아도'адо를 그들에게 보냈다. '아도'는 물고기가 수면 밖으로 나와 헤엄치지 못하도록 머릿속에 조그만 돌을 집어넣었다. 그 다음부터 물고기는 물속에서 헤엄치게 되었고, 그로 인해 뜨거운 햇볕에 타 죽지 않고 살아남았다. 그 후 '아도'는 세 개의 해가 떠오르는 곳으로 갔다. 그는 산에 숨어 있다가 첫 번째 해가 나타나자마자 화살을 쏘아 떨어뜨렸다. 두 번째 해는 남겨 두었다. 세 번째 해가 떠오르자마자 화살을 쏘아 역시 떨어뜨렸다. 이후에 사람들은 땅 속에서 밖으로 나와 시원한 공기를 마시면서 살 수 있게 되었다. 그때부터 사냥이나 어로를 할 때 '아도'에게 도움을 부탁하면서 그를 숭상하게 되었다.3)

[자료 2]

처음에 한 남녀만 있었는데, 이후에 그들은 아들을 낳았다. 이 최초의 사람들은 영원히 죽지 않았다. 그들의 후손은 번창했고, 늙어서 죽으면 그를 대신해 새로운 사람이 부활했다. 시간이 흐르자 사람들이 많아져 사는 곳이 비좁았다. 이 때문에 최초의 사람들은 불안했다. 이때 아들이 말했다. "사람들의 부활은 반드시 중지되어야 합니다. 만약 우리가 죽게 된다면 그들은 더 이상 부활하지 못할 것입니다." 그 후에 아들은 동굴 속으로 들어가 버렸고, 아버지는 큰 돌로 동굴 입구를 막았다. 많은 시간이 흘렀지만 사람들의 부활은 이전처럼 계속되었다. 그때 아버지는 아들이 들어가 버린 동굴로 가서 돌을 들어내어 입구를 열었다. 그리고 어머니는 짐승가죽으로 다시 동굴 입구를 막은 다음 말했다. "많은 시간이 흘러 마지막 가죽이 썩으면 사람들의 부활이 끝날 것이다." 그 날이 되자 어머니가 다시 말했다. "내일 마지막 가죽이 썩으면 우리 아들과 함께 대다수의 사람들이 죽을 것이다. 그들은 결코 부활하지 못할 것이다." 다음날 아침에 하늘에 세 개의 해가 떠올랐다. 빛 때문에 사람들은 장님이 되었고, 더위 때문에 사람들은 죽었다. 땅은 탔고 강물은 끓었다. 물고기는 물 밖으로 나와 비늘이 빠졌다. 세 개의 해가 진 다음에는 또 세 개의 달이 떠올라 밤에 사람들이 잠을 자지 못할 정도로 밝았다. 노인이 활을 쏘아 두 개의 해와 달을 떨어뜨렸다. 이후에 모든 것이 옛날처럼 정상으로 돌아왔다.4)

---

3) Т. А. Кубанова ed., *Ритуальная Скульптура Нанайцев*, Комсомольск-на-Амуре, 1992, pp.145-146.
4) С. В. Иванов, "Представления Нанайцев о Человеке и его Жизненном

[자료 3]

　사람들이 자꾸 태어나 땅에 사는 사람들이 지나치게 많게 되었다. 그때 세 개의 해가 하늘로 떠올라 사람들은 그 빛 때문에 장님이 되었고, 열 때문에 타 죽었다. 빛과 열이 매우 강해서 땅이 타고 강물이 끓었다. 그래서 물고기들이 물 밖으로 뛰쳐나갔다. 그러다가 해가 져 밤이 되면 세 개의 달이 떠올라 사람들이 잠들지 못했다. 그때 '돌라추-하다이'долачу-хадай 가 활을 만들어 두 개의 해와 달을 쏘아 떨어뜨렸다. 그러자 자연은 이전의 모습으로 돌아갔다. 이와 함께 그는 장례식을 제정했고, 다른 종교적인 의례도 실시했다. 그리고 죽은 사람의 영혼을 저승세계인 '부니'буни로 데리고 갔다. 그때부터 죽은 사람의 세계와 산 사람의 세계가 분리되었고 땅에 사는 사람들의 수가 줄었다.5)

[자료 4]

　처음에 세 개의 해가 있었다. 그때 땅을 덮고 있던 물은 줄어들었고, 땅은 굳어지기 시작했다. 땅은 참기 어려울 정도로 뜨거웠다. 바위와 돌들도 끓었다. 이때 땅에는 단지 '하다우'хадау 한 사람만 있었다. 땅이 완전히 굳었을 때, '하다우'는 활을 쏘아 두 개의 해를 떨어뜨리고 한 개의 해만 남겨 놓았다.6)

[자료 5]

　옛날에 두 개의 해가 하늘에 있었다. 하늘이 땅과 거의 맞닿아 있어서 해와 땅이 매우 가까웠다. 그때 달은 하늘에 없었다. 나무들은 키가 작았지만 그 꼭대기가 하늘을 건드리는 나무도 있었다. 날씨는 매우 더웠고 계속 낮처럼 빛났다. 더위 때문에 사람과 동물이 죽었다. 안개와 증기가 땅을 뒤덮었다. 이때 힘센 남자가 활을 만들어 한 개의 해를 없애버렸다. 없어진 해의 자리에 달이 생겨났다. 사람들은 더위로부터 벗어나게 되었다. 하늘은 높아졌고, 안개도 걷혔다.7)

Цикле", *Природа и Человек в Религиозных Представления Народов Сибири и Севера*, Ленинград, 1976, p.161.

5) А. М. Золотарев, *Родовой Строй и Религия Ульчей*, Хабаровск, 1939, p.165.

6) В. А. Аврорин и Е. П. Лебедева ed., *Орочские Сказки и Мифы*, Новосибирск, 1966, pp.193~194.

7) В. В. Подмаскин, *Духовная Культура Удэгейцев*, Владивосток, 1991, p.118.

[자료 6]

　처음에 '호다이'ходай 라 불리는 오빠와 '마민지'мямeнди라 불리는 누이가 살고 있었다. 어느 날 누이가 손가락을 다쳐서 핏방울이 땅에 떨어졌다. 그 얼룩으로부터 세 사람―남자 한 명과 여자 두 명―이 생겨났다. 이들로부터 지상의 모든 사람들이 나타나게 되었다. 그러나 세 개의 해가 하늘에 나타나 매우 뜨거웠다. 어느 날 누이가 오빠에게 말했다. "활을 쏘아 두 개의 해를 없앨 수 없습니까? 사람들이 어렵게 사는 것을 차마 눈뜨고 볼 수 없지 않습니까?" 오빠는 누이의 말을 듣고 활과 화살을 가지고 높은 산으로 올라갔다. 그는 활을 당겨 한 개의 해를 쏘았다. 화살은 해에 명중했고, 그 해는 빛이 꺼졌다. 그는 또 다른 해도 쏘았는데 역시 그 해도 빛이 꺼졌다. 이후에 사람들은 편안하게 살게 되었고, 더 많은 아이들을 낳을 수 있게 되었다. 그러자 사람들이 빨리 증가되면서 살 수 있는 땅이 부족하였다. 그 때 누이가 오빠에게 다른 세계로 가는 문을 열도록 부탁했다. 오빠는 오랜 여행을 통하여 그 문을 찾아서 열었다. 이후에 사람들은 죽게 되었고, 그들의 영혼도 저승으로 가게 되었다.[8]

　[자료1]과 [자료2], [자료6]은 나나이족의 신화, [자료3]은 울치족의 신화, [자료4]는 오로치족의 신화, [자료5]는 우데게족의 신화다. 이 신화들에서 활/활쏘기 모티프는 중요한 기능을 수행한다. 이 모티프를 통해 다수의 해와 달이 하나로 조정되기 때문이다. 이때 활/활쏘기는 다수의 해와 달을 조정하는 주술적 도구/행위가 된다.

　민족마다 하늘에 출현하는 해와 달의 개수가 다르고, 또 달의 출현 여부도 다르지만 일반적으로 두 개 내지 세 개의 해와 달이 하늘에 나타난다. [자료1]과 [자료6]에서는 세 개의 해만 출현하고, [자료2]에서는 세 개의 해와 달이 출현한다. 그리고 [자료3]과 [자료4]에서는 세 개의 해만, [자료5]에서는 두 개의 해만 하늘에 나타난다. 이 같은 현상의 신화적 의미는 출현한 해와 달의 개수와 상관없이 그것들이 출현한 원인과

---

8) С. В. Иванов, op. cit., p.162.

그것들이 출현함으로 인해 지상에 미치는 영향을 통해 해석될 수 있다.

[자료1]과 [자료4], [자료5], 그리고 [자료6]에서 두 개 또는 세 개의 해가 처음 세계가 형성될 때부터 빛나고 있었다. 세계가 처음 창조되던 태초에 다수의 해가 이미 존재하고 있었던 셈이다. 그 결과 지상에 사는 사람과 동물은 뜨거운 날씨 때문에 죽어갔다. 이러한 상황은 처음 창조된 세계의 불완전성 또는 결함을 의미한다. 이것은 사람이 처음 창조될 때 정신적 또는 육체적 결함을 지니고 있었던 점과 유사하다.9)

그러나 [자료2]와 [자료3] 그리고 [자료6]에서는 다수의 해와 달의 출현 원인이 다른 데 있다. [자료2]에서 '최초의 남녀'가 영원히 죽지 않고, 또 그들의 후손도 죽지 않자 사람들이 많아져 사는 곳이 비좁았다. 이때 '최초의 사람들'이 저승으로 가는 동굴 입구를 열자 사람들은 비로소 죽기 시작하였다. 그 결과 낮에는 세 개의 해가 떠올라 사람과 동물들은 그 빛 때문에 장님이 되고 열 때문에 타서 죽었으며, 밤에는 세 개의 달이 떠올라 그 빛 때문에 잠을 자지 못하였다. 이럴 경우 다수의 해와 달이 출현한 원인은, '최초의 사람'이 자연의 규범을 위반하거나 자연의 균형을 파괴한 데 있다. 처음에 사람들은 죽지 않고 영원히 살도록 창조되었는데 '최초의 사람'이 그것을 무효화시켰기 때문이다. 그리고 [자료3]에서는 사람이 자꾸 태어나 지나치게 많게 되자 세 개의 해와 달이 출현하였다. 그 결과 해와 달의 열과 빛 때문에 사람들은 타서 죽고 잠들지 못하였다. 이 경우에도 지상에 사람이 너무 많아져 자연의 균형이 깨짐으로써 다수의 해와 달이 출현하고 있다. [자료6]에서 처음에 지상에는 오로지 남매만 살고 있었다. 그러나 사람이 번창되기

---

9) Uno Holmberg, *The Mythology of All Races*, Vol. Ⅳ, New York, 1964, p.377.

위해서는 근친상간이 불가피하였다. 이러한 상황을 누이의 손가락에서 떨어진 핏방울로부터 사람이 태어나게 되었다고 우회적으로 표현하고 있다. 이 이후에 하늘에 세 개의 해가 나타나게 된다. 따라서 세개의 해가 출현하는 원인은 근친상간이라는 윤리적 규범의 위반에 있다. 이 결과 사람들은 가혹한 환경에 처하게 된다.

주술적인 활로 다수의 해와 달을 하나로 조정하여 태초의 혼란이나 무질서를 바로잡는 주제는 시베리아 암각화에서도 확인된다.

[그림3] 10)

[그림3]은 아무르강 하류 사카치-알리안 지역에서 발견된 암각화인데, '우주창조도'(宇宙創造圖)라고 할 만한 그림이다. [자료1]~[자료6]의 신화적인 세계가 형상화된 것이 [그림3]인 셈이다. 이 그림은 몸통에 3중의 동심원을 가지고 있는 사슴과 그것을 향해 활을 겨누고 있는 사람, 그리고 새와 뱀 등으로 구성되어 있다. 동심원을 가진 사슴은 '태양사슴'이라 불리는 것으로, 동심원은 곧 태양 상징이다. 이 같은 상징성은 그 자체가 태양인 '신화적인 뱀'으로 해서 더욱 배가되고 있다. 또한 오리, 백조와 같은 물새는 땅의 창조와 같은 우주발생에 관여하는 새로 보인다.[11] 이러한 상징적인 문맥을 고려할 때 사슴을 향해 활을 겨

---

10) А. П. Окладников, *Петроглифы Нижнего Амура*, Ленинград, 1971, p.208.

누고 있는 궁수(弓手)는 신화 속의 '아도', '최초의 남자', '돌라추-하다 이', '하다우', '힘센 남자', '호다이' 와 같은 영웅으로 보아도 틀리지 않을 것이다. 온갖 생명의 상징에 힘입은 영웅이 세계에 새로운 질서를 부여하고 있는 그림이 곧 [그림3]이다.

② 잃어버린 해를 되찾는 주술적 도구/행위와 관련된 신화

시베리아 여러 민족들의 창세신화에서 활/활쏘기 모티프는 잃어버린 해를 되찾을 때도 중요한 기능을 수행한다.

[자료 7]

우주사슴 '호글렌'хоглэн은 '하늘의 숲'을 뛰쳐나온 후 산 꼭대기에서 해를 바라보다가 그것을 붙잡아 숲으로 들어가 버렸다. 이 때문에 '중간의 세계'에서는 밤이 시작되었다. 사람들은 놀라고 당황해서 어찌할 바를 몰랐다. 그들은 어둠 속에서 어렵고 무섭게 그리고 굶주린 채로 살았다. 이 불행한 상황을 어떻게 해야 할지 아무도 몰랐다. 그때 사람들 가운데서 영웅 '마니'мани가 나타났다. 그는 발에 가벼운 스키를 신고 '호글렌'을 추적하기 시작했다. 한밤중에 사슴을 붙잡아 '영웅의 활'로 화살을 쏘아 그를 죽였다. 그리하여 영웅은 '호글렌'이 훔쳐간 해를 되찾았고, 그 후 '중간의 세계'에서 낮이 회복되었다. 하지만 영웅은 다시는 사람들에게로 돌아올 수 없었고, 하늘에 남아 '낮과 해의 보호자', '생명의 원천'이 되었다. 그때부터 지상에서는 낮과 밤의 교체가 일어났다.[12]

에벤크족의 관념에 의하면, 신들의 세계인 '위의 세계'의 숲에는 '우주사슴'космический лось '호글렌'이 산다. 이 '우주사슴'은 낮에는 하늘의 숲으로 들어가 버려 지상에서 볼 수 없다. 그러나 밤에는 하늘의 숲에서 나오기 때문에 지상에서 볼 수 있다. 이때 '우주사슴'은 '큰곰

---

11) Ibid., pp.90-100.
12) А. Ф. Анисимов, *Религия Эвенков*, Москва и Ленинград, 1958, p.70.

자리'와 동일시되고, 그 새끼는 '작은곰자리'와 동일시된다. 따라서 에 벤크족의 관념에서 '우주사슴'은 별자리 생성과 관련되어 있다. 다음의 이야기는 이와 관련된 에벤크족의 신화이다.

세 명의 사냥꾼들이 암사슴을 추격했다. 그러다가 이 용감한 사냥꾼들은 그들 가운데서 누가 더 훌륭한 사냥꾼인가에 대해 말다툼을 했다. 오랫동안 말다툼을 했지만 말로는 서로를 설득시킬 수가 없어서 행동으로 증명하기로 했다. 그들은 눈 덮인 숲에서 새끼를 거느리고 있던 암사슴을 발견하고는 추격하기 시작하였다. 그 사슴을 처음으로 죽이는 사람을 더 훌륭한 사냥꾼으로 결정하기로 했다. 그러나 그 사슴은 평범한 사슴이 아니라 신성한 사슴이라서 따라잡기가 매우 어려웠다. 스키를 타고 사람들이 사는 '중간의 세계'를 뛰어다니던 사냥꾼들은 새끼를 거느린 암사슴이 '위의 세계'에 있다는 것을 알았다. 그들은 '위의 세계'로 간 후 사슴과 함께 별로 변했다. 〈큰 곰자리〉 국자의 네 개의 별 앞에 신화적인 사슴 '호글렌'이 있고, 〈큰곰자리〉 꼬리의 세 개의 별 뒤에 세 명의 사냥꾼이 있다.[13]

이와 달리 시베리아 에벤크족의 신화인 [자료7]에서는 '우주사슴'이 낮과 밤의 교체와 관련되어 있다. '우주사슴'인 '호글렌'이 해를 훔쳐 하늘의 숲으로 도망치자 지상에는 어둠이 시작되었다. 그러자 문화영웅 '마니'가 뒤쫓아 가서 활을 쏘아 '호글렌'을 죽였다. 그때부터 지상에서 낮과 밤의 교체가 일어났다. 이럴 경우 활/활쏘기 모티프는 우주의 질서를 정립하는 중요한 기능을 수행한다.

이 같은 주제는 알단강 유역에서 발견된 암각화에 잘 표현되어 있다.

---

13) А. Ф. Анисимов, op. cit., p.69.

[그림4] 14)

이 그림에서 한 사냥꾼이 다리 사이에 해를 품고 있는 사슴을 향해 활을 겨누고 있다. 이와 관련된 신화가 에벤크족에게 전해진다. "어느 날 사슴이 해를 훔쳐 하늘로 도망쳤다. 그러자 지상에는 밤이 지속되었고, 사람들은 매우 당황했다. 이때 사냥꾼이면서 용사(勇士)인 '마니'가 나타나 해를 훔쳐간 사슴을 죽이고 해를 되찾아 사람들에게 돌려주었다. 매일 이런 일이 반복되었다. 이때부터 밤과 낮의 교체가 일어나게 되었다."15) [그림4]는 이와 같은 에벤크족의 신화를 형상화한 것으로 보인다.

③ 새로운 것을 만들고 시작하는 주술적 도구/행위와 관련된 신화

시베리아 여러 민족들의 창세신화에서 활/활쏘기 모티프는 새로운 것을 처음으로 만들고 시작할 때도 중요한 기능을 수행한다.

[자료 8]

영웅 '사르탁빠이'сартакпай 는 아직 숲이 없고, 돌이 따뜻할 때 '우치크'учы

14) A. I. Martynov, *The Ancient Art of Northern Asia*, Translated and Edited by D. B. Shimkin and E. M. Shimkin, Urbana and Chicago, 1991, p.227.
15) А. И. Мазин, *Традиционные Верования и Обряды Эвенков-Орочонов*, Новосибирск, 1984, p.18.

к지방에 살고 있었다. 그는 자신이 소유하고 있던 넓은 지역의 산과 강 이름을 지었고, 또 거기에서 사는 짐승과 새 이름도 지었다. '카툰'катунь강의 물줄기가 산에 의해 막히자 그는 활을 쏘아 구멍을 뚫은 다음 강물을 평지로 흐르게 했다. 그리고 그는 '비유'бию강을 만들기 위해 자신의 손바닥을 옆으로 세워서 계곡으로 흐르는 강물을 막았다. 그렇게 해서 호수가 만들어졌다. 그 후 그는 손가락 하나로 이 호수에서 강물이 평지로 흐르게 하였다.16)

　알타이족의 신화인 [자료8]에서 영웅 '사르탁빠이'는 처음으로 산과 강의 이름도 짓고 짐승과 새의 이름도 지었다. 그런가 하면 그는 강물을 막아 호수를 만들기도 하고 그 호수 물을 평지로 흐르게 하기도 하였다. 산이 강물을 막을 때는 활을 쏘아 물길을 트기도 한다. 이때 활/활쏘기 모티프는 자연에서 새로운 것을 처음으로 만들고 시작하는 주술적 도구 또는 행위와 관련된다.

　[자료1], [자료2], [자료3], [자료4], [자료5], [자료6]에서 다수의 해와 달을 하나로 조정하는 주체는 각각 '아도', '최초의 남자', '돌라추-하다이', '하다우', '힘센 남자', '호다이' 등이다. [자료7]에서 잃어버린 해를 되찾는 주체는 '마니'다. 그리고 [자료8]에서 강과 산, 짐승과 새의 이름을 짓고 새로운 물길과 호수를 만드는 주체는 '사르탁빠이'다. 이들은 각 민족들의 신화에서 다양한 이름으로 나타나지만 한결같이 문화영웅으로서의 면모를 갖추고 있다. 그들은 불완전하거나 혼란스러운 우주의 질서를 바로잡고 처음으로 자연만물에 이름을 부여하며 새로운 것을 처음으로 만들고 시작하기 때문이다.

---

16) C. A. Токарев ed., *Мифы Народов Мира*, Том 2, Москва, 1998, p.540.

2) 토템신화에서 주술적 도구/행위로서의 활/활쏘기

① 토템을 살해하는 주술적 도구/행위와 관련된 신화

시베리아 여러 민족들의 토템신화에서 활/활쏘기 모티프는 토템을
살해하는 중요한 기능을 수행한다.

[자료 9]

처음에 남자와 여자가 각각 삼나무와 전나무 뿌리에 살고 있었다. 그러나 그들은
서로를 모른채 살고 있었다. 어느 날 그들은 자신들이 살고 있는 나무로부터 밖으로
나와 만났다. 그 후 그들은 혼인하여 먼저 여자 쌍둥이를 낳고, 다음에 남자 한 명, 그
다음에 다시 남자 한 명을 낳았다. 이 최초의 남자와 여자는 원래 남매간이었다. 그
들의 아이들은 짐승들이 하는 말을 듣고 나서 부모의 죄를 알아 버렸다. 아이들의 어
머니가 말했다. "우리는 남매간이다. 우리는 서로 결혼할 상대를 찾을 수 없었다. 그
는 나를 사랑했고 나도 그를 사랑하여 결혼했다." 이 같은 사실을 안 후 아이들은 사
악한 정령으로 변했다.[17]

[자료 10]

매우 오래 전에 한 남매가 함께 살고 있었다. 어느 날 누이가 오빠를 떠나 호랑이
와 혼인하여 함께 살았다. 오빠는 누이를 찾기 위해 돌아다니다가 그녀와 호랑이가
함께 사는 집을 발견하였다. 그는 그곳에서 요람에 담긴 남녀 두 아이를 발견하고는
그들을 데리고 돌아왔다. 그 아이들로부터 '악탕카'актанка 부족이 시작되었다.[18]

[자료 11]

한 여자가 세 명의 아이들과 함께 살고 있었다. 어느 날 두 아이가 숲 속으로 들어
간 다음 돌아오지 않았다. 겨울이 지나고 봄이 왔지만 아이들은 끝내 돌아오지 않았
다. 그녀가 강가에 나가 울고 있는데 갑자기 곰이 나타났다. 곰은 도망치는 그녀를

---

17) С. В. Березницкий ed., *История и Культура Нанай цев*, Санкт-Петербур
г, 2003, p.159.
18) Ibid., p.160.

뒤따라와 말했다. "너는 왜 우느냐? 울지 마라. 네가 아이를 낳을 수 있도록 해주겠다. 그 아이들은 똑같이 나나이족의 구성원이 될 것이다. 집으로 가서 나를 기다려라." 그녀는 집에서 곰이 오기를 기다렸다. 곰이 그녀의 집에 온 후 그녀는 아이들을 낳았다. 아이들이 성장하자 그녀는 그들에게 말했다. "잘 지내거라. 나는 곰에게로 가야한다. 앞으로 3년 동안 곰과 내게 활을 쏘지 말거라." 아이들은 2년간 곰에게 활을 쏘지 않았지만, 3년째 되던 해 사냥을 갔다가 곰을 만나 그를 쏘아 죽였다.[19)]

[자료9]와 [자료10] 그리고 [자료11]은 나나이족의 신화이다. 이 신화들은 모두 사람의 탄생에 대해 이야기하고 있다.

[자료9]에서는 남매혼에 의해 사람이 탄생하고 있다. 아무르강 유역의 여러 민족들처럼 나나이족은 그들의 '최초의 조상'이 남매 사이였다고 믿는다. 실제로 먼 과거에는 민속적으로 남매 사이나 친족 사이에 혼인이 이루어졌다.[20)] 이것은 과거에 그들에게 동일토템 내부에서 배우자를 택하는 족내혼이라는 혼인제도가 있었음을 말해준다. [자료9]는 이런 흔적을 분명히 보여주고 있다.

그런데 나나이족의 경우 현재 남매 사이나 친족 사이의 혼인은 금지된다. 족외혼으로 혼인형태가 바뀌면서 근친상간은 규범의 위반으로 금기시되었다. 이런 인식이 형성되면서 신화에서는 근친상간을 윤리적으로 우회하려고 한다. 그 우회 방법 가운데 하나가 족내혼의 흔적이라고 할 수 있는 토템동물과의 결합이다. [자료10]에서 알 수 있는 것처럼 함께 살고 있던 오빠를 떠난 누이는 나나이족의 토템동물인 호랑이와 혼인을 하게 된다.[21)] 여기서 태어난 아이들로부터 한 부족이 시

---

19) Ibid., p.154.
20) Ibid., p.160.
21) Ibid., pp.152-159.
   나나이족은 일반적으로 곰과 호랑이를 자신들의 토템으로 간주한다.

작된다. 남매 사이의 결합을 토템동물과의 결합으로 대체하여 한 부족의 시작을 윤리적으로 우회하여 설명하고 있는 셈이다.

그러나 [자료11]에서는 이와 사정이 다르다. 우선 여성과 토템동물인 곰의 결합에서 족내혼의 흔적을 발견할 수 있다. 하지만 이것은 단순히 윤리적으로 우회된 표현이 아니다. 이것은 족내혼에 대한 윤리적 징계이다. 족내혼에 있어서 한 대상인 토템동물이 결국 죽기 때문이다. 이때 토템동물을 살해하는 주술적인 도구가 활이다. 신화적인 인물은 활을 사용하여 윤리적 규범을 어긴 토템동물을 죽이고 있는 것이다.

[자료 12]

오누이가 살고 있었다. 누나는 자라서 처녀가 되었고, 남동생은 어린 소년이었다. 남동생은 늘 울고 또 울었고, 자신의 누나와 결혼하고 싶어 했다. 남동생이 자꾸 울자 누나가 그에게 말했다. "음, 나와 혼인하고 싶으면 재단을 할 수 있는 판자를 만들어 다오!" 남동생이 떠난 후에 누나는 숲으로 완전히 떠나 버렸다. 남동생이 돌아왔을 때 누나는 집에 없었다. 남동생은 며칠 기다려보다가 누나를 찾기 위해 집을 떠났다. 가는 도중에 어떤 집을 우연히 보았다. 그 집에는 짐승의 안 쪽 지방층으로 만들어진 지붕이 덮여 있었다. 그는 집 모서리로 접근하여 짐승 지방으로 만든 지붕에서 한 조각을 떼어 먹으면서 노래하기 시작했다. "누나를 잃어 버렸다. 정말로 귀찮다. 모든 사람이 가서 찾고 있다." 그 때 한 미녀가 집안에서 대답했다. "동생아, 난 여기서 산다. 집안으로 들어오너라." 남동생이 들어가서 살펴보니 정말로 누나가 그 집에서 살고 있었다. 그녀는 동생에게 많은 음식을 먹인 후 동생을 자신의 침상 아래에 잘 숨기고 말했다. "내 남편은 곰이다. 그는 널 죽일지도 모른다. 그래서 널 여기에 숨겨두는 것이다." 그녀의 남편은 평범한 곰이 아니라 정말 이상한 곰이었다. 그의 남편이 돌아와서 말했다. "음, 집안에서 처남 냄새가 나는 것 같은데, 그를 보여주시오! 그를 죽이지 않겠소. 어떻게 자신의 처남을 죽일 수가 있겠소?" 그러자 곰의 아내는 자신의 남동생을 남편에게 보여주었다. 그들은 함께 살았다. 곰은 매일 어딘가로 가서 돌아다녔다. 그러는 동안에 남동생은 자랐다. 그는 자신의 힘을 시험해 보기 위해 활을 쏴 보았다. 어느 날 그는 활과 화살을 집어 들고 자신의 자형이 어떻게 싸우고 있는지 보기 위해 떠났다. 이때 누나가 말했다. "네 자형 목에는 흰 반점이 있고, 그의 적-악마 목에는 붉은 반점이 있다. 네 자형을 맞추지 않도록 잘 살펴보아라!" 남동생은 그들이 있는 장소에 도착하여 붉은 반점을 가진 곰을 향해 활을 쏘았다. 그러나 화살은 그의 자형에게 명중하였다. 자형은 그곳에서 죽고 말았다. "자형을 쏘고 말았구나!" 남동생은 집으로 돌아와 누나에게 말했다. "누나, 내가 자형을 쏘아 버렸습니다." 누나는 슬퍼하면서 숲속으로 가버리고 말았다. 누나는 가면서 남동생에게 말했다. "숲에서 두 마리 새끼를 거느린 암곰을 쏘지 마라! 그 암곰은 바로 네 누나다." 남동생 혼자만 누나의 집에 남게 되었다. 어느 날 남동생은 숲으로 갔다가 두 마리 새끼를 거느린 암곰을 보았다. 그가 어떤 곳으로 가든지 항상 이 암곰을 만났다. 결국 어느 날 그는 암곰을 죽이고 말았다. 암곰의 가죽을 벗기고 내장을 꺼낼 때 그의 칼이 암곰의 뱃속에서 가슴가리개와 목에 거는 장식물과 부딪히는 소리가 났다. 거기서 그는 실수로 자신의 누나를 죽인 것이라고 생각했다. 그는 암곰을 엄숙히 매장하고 두 마리 새끼 곰을 집으로 데리고 왔다. 그곳에서 새끼 곰은 그와 함께 살았다. 가을이 오기 전에 새끼 곰들은 아궁이에서 재를 파내었다. 울음과 함께 파면서 노래했다. "외숙부, 우리는 당신의 아궁이가 있는 곳에서 우리의 굴을 팝니다. 우리는 굴을 파서 우리의 집을 만듭니다. 우리는 굴을 파고, 입구를 팝니다. 우리는 굴을 팝니다." 그들은 이렇게 울면서 아궁이에서 재를 파냈다. 그 때 남동생이 굴 대신에 새끼 곰들에게 통나무집을 만들어 주려고 했다. 그는 통나무집을 다 만들고 집으로 돌아갔지만 그곳에 새끼 곰들은 없었다. 사라져 버렸다. 그래서 오로치족 사람들은 이전에 곰은 사람이었다고 생각한다. 그래서 곰과 관련된 모든 것은 금기시된다.[22]

[자료12]는 시베리아 오로치족의 신화이다. 여기서도 활로 윤리적 규범을 어긴 토템동물을 죽이고 있다. 그러나 [자료11]과 달리 윤리적 규범의 위반에 동참한 누나까지도 활에 맞아 죽는다. '곰—남편'이 죽자 누나는 숲으로 떠나면서 동생에게 두 마리 새끼를 거느린 암곰을 쏘지 말도록 부탁했다. 그 곰은 바로 누나가 변신한 것이기 때문이다. 그러

---

22) В. А. Аврорин и Е. П. Лебедева, op. cit., pp.188-189.

나 동생은 결국 누나의 부탁을 잊고 활을 쏘아 그 암곰을 죽이고 만다. 이것은 윤리적 금기를 위반한 곰과 누나에 대한 처벌이기도 하다.

3) 샤먼신화에서 의례적 도구/행위로서의 활/활쏘기

① 샤먼이나 신의 주술적 도구/행위와 관련된 신화

시베리아 여러 민족들의 샤먼신화에서 활/활쏘기 모티프는 의례를 거행할 때 중요한 기능을 수행한다.

[자료 13]

〈전략〉

샤먼은 정령을 부르는 의식인 '느가시그다이'нгасигдаи를 거행했다. 한 사람은 방망이로 북을 치고, 다른 사람들은 두 개의 막대기로 북을 쳤다. 북을 치는 사람은 굿을 하지 않고 보통 북만 두드렸다. 세 번째로 방울을 울렸다. '느가시그다이'를 거행하는 사람들은 모두 샤먼의 보조령을 불러냈다. 샤먼은 북을 쳤다: 붐-붐-붐! 그 소리가 크게 들렸다. 사람들은 모두 샤먼 주위에 조용히 앉아 있었다. 단지 샤먼의 노래만 들렸다. 그 후 샤먼은 자신의 가슴으로 활을 쏘도록 지시했다. 샤먼은 마치 죽은 사람처럼 땅에 쓰러졌다. 그러고는 다리에 경련이 일어났다. 샤먼은 꼼짝도 하지 않고 누워 있었다. 잠시 후 샤먼의 다리가 움직이자마자 화살을 뽑았다. 샤먼에게 철쭉을 달인 물을 뿌렸다. 샤먼은 앉아 있었다. 눈 깜짝할 사이에 석탄을 입에 집어넣은 다음 불꽃을 밖으로 내뿜었다. 그리고 맨발로 모닥불 위를 걸으면서 굿을 했다. 샤먼의 정령은 날아갔다. 샤먼은 앉아 있는 사람들에게 정령이 어디로 날아갔는지 물었다. 사람들이 대답했다. "산 위로 날아갔습니다." "강 상류로 날아갔습니다." 샤먼은 다시 물었다. "어디에 앉았느냐?" 사람들이 대답했다. "해가 뜨는 방향에 있는 나무에 앉아 있습니다." 굿이 끝나자마자 사람들은 모두 음식을 나누어먹었다.[23]

---

23) М. Д. Симонов, В. Т. Кялундзюга, М. М. Хасанова ed., *Фольклор Удэге йцев : Ниманку, Тэлунгу, Ехэ*, Новосибирск, 1998, p.301.

[자료13]는 샤먼 의례와 관련된 우데게족의 샤먼신화이다. 샤먼은 정령을 불러내기 위해 '느가시그다이'라는 의례를 거행한다. 이 의례 과정에서 샤먼은 가슴에 화살을 맞고 마치 죽은 사람처럼 쓰러진다. 그 후 샤먼의 영혼은 자신의 보조령이나 보호령의 세계로 간다. 이른 바 샤먼의 '영혼여행'이 이루어지는 것이다. 이것은 물론 의례적인 죽음과 재생을 통해 더욱 영력(靈力)을 강화시키는 절차이다. 그 결과 그는 석탄을 입에 넣은 다음 불꽃을 내뿜고, 또 맨발로 모닥불 위를 걷는 등 샤먼으로서의 권능을 발휘한다. 이것은 굿의 성공을 위한 필요조건이다. 따라서 샤먼의 의례적 죽음과 재생의 의례 절차에서 활/활쏘기 모티프는 매우 중요하다.

활/활쏘기는 샤먼의 입무식(入巫式)에서도 중요한 역할을 담당한다. 《①샤먼의 조상령에 의해 선택된 후보자는 우선 자신의 소명을 굳게 믿어야 한다. 샤먼의 말에 따라 정령은 신참자의 귀와 뇌로 들어가 그에게 노랫말을 속삭였다. 후보자는 천막 안으로 들어가 몸을 이리저리 흔들면서 노래했다. 가끔 숲으로 가서 낮 동안 한 곳에 앉아 있기도 했고, 때때로 정령이 노래하는 말을 흉내 내기도 했다. 또 가끔 정령이 후보자의 꿈에 나타나 '샤먼의 새' 가운데 한 마리를 죽인 다음 여러 부분으로 나누어 매일 한 부분씩 먹도록 하였다. 이것은 새의 모습을 한 보조령이 샤먼 후보자의 몸속으로 들어가는 것을 의미한다. '위의 세계'의 지배령дух-хозяин은 샤먼의 조상령과 보조령을 주관하고, 그리고 샤먼 후보자에게 그것들을 전달한다. 후보자는 그의 지시를 수행하지 않으면 처벌을 받을 수도 있다. 숲으로 간 후보자는 사슴이나 늑대 흉내를 내면서 그 동물로 변신하였다. 그런 후에 후보자는 집으로 돌아왔다. ②이 같은 준비단계 이후에 후보자는 한 쪽 끝이 사람 머리 형

상을 한 북 방망이를 만들었다. 그에게는 아직 무복(巫服)이 없다. 후보
자는 머리 형상에 천을 씌운 후 북 방망이를 땅에 꽂고 하루 종일 앉아서
무가(巫歌)를 노래했다. 그는 2년을 그렇게 보내면서 꿈에 사슴을 보았
다. 훗날 사슴 가죽으로 북을 만들 것이다. 그는 자신에게 일어난 여러
가지 징후와 자신이 있는 곳을 친척들에게 알렸고, 또 조상령이 자신에
게 지시한 동물을 수색하여 죽였다. 죽은 사슴 고기를 사냥꾼의 집으
로 가지고 왔다. 샤먼 후보자는 벗겨진 사슴 가죽을 걸치고 누웠다. 그
는 누워서 세 번 사슴처럼 소리쳤다. 이때 사냥꾼은 작은 활을 만들어
그를 향해 쏘았다. 이것은 '사슴-샤먼'의 살해를 모방하는 것이다. 그
다음 후보자는 북 테두리와 손잡이인 십자목을 만들었다. 북의 영력을
갱신하기 위해 사슴을 죽인 다음 그 머리와 뿔 그리고 가죽을 나무에 매
달아 후보자를 선택한 샤먼의 정령에게 제물로 바친다. 이 이후에만 후
보자는 굿을 거행할 수 있다. 그는 점차 무복과 거기에 매다는 각종 장
신구 그리고 지팡이 등을 갖추었다.》 24) 이것은 에벤크족 샤먼의 입무
식에 대한 기록이다. ①은 입무의 준비단계이다. 이 단계에서 샤먼 후보
자는 샤먼으로서의 소명을 받아들인다. 그 다음 ②는 입무의 본격단계
이다. 이 단계에서 샤먼 후보자는 무구(巫具)와 무복 그리고 무복에 매
다는 각종 장식물을 갖춘다. 그런데 입무의 본격단계에서 가장 중요한
절차는 '사슴-샤먼'의 살해를 모방하는 것이다. 샤먼의 보조령인 사슴
가죽을 걸친 샤먼 후보자를 의례적으로 죽인 다음 재생하는 절차를 거쳐
그는 하나의 샤먼으로 새롭게 태어나게 된다. 비로소 그는 샤먼으로서
권능을 지니게 된다. 이 같은 의례적인 죽음과 재생 절차에서 활/화살
이 매우 중요한 기능을 수행하고 있음은 물론이다.

---

24) Г. М. Василевич, Эвенки, Ленинград, 1969, pp.251~252.

한편, 활/활쏘기는 부랴트족 샤머니즘에서도 신의 주술적 도구/행위로 간주된다. 부랴트족 샤머니즘에 의하면 서쪽에는 55명의 착한 '텡그리'тенгри, 즉 '하늘의 신'이 있고 동쪽에는 44명의 악한 '텡그리'가 있다. 서쪽의 '텡그리' 가운데 '사힐가타 부달-텡그리'сахилгата будал-тенгри는 천둥과 벼락의 신이다. 그는 빛나는 활로 화살을 쏘아 사람을 사악한 정령으로부터 보호한다.[25] 여기서 활/활쏘기는 사악한 정령을 쫓는 신의 주술적 도구/행위인 셈이다.

3. 시베리아 의례와 활/화살

활과 화살은 시베리아의 각종 의례에서 중요한 역할을 한다. 특히, 부랴트족의 산속, 혼례, 장례 등에서 활과 화살은 매우 상징적인 의미를 가진다.

부랴트족의 산속에서, 유아를 훔치는 사악한 정령을 쫓기 위해 채찍과 화살 그리고 가시가 있는 식물을 요람에 걸어둔다. 가끔 화살과 함께 작은 화살 통을 요람에 넣기도 한다. 또는 요람의 유아 머리맡에 은으로 만든 작은 활과 세 개의 화살을 매달기도 한다. 부랴트족의 샤머니즘 적인 관념에 의하면, 사악한 정령은 채찍이나 가시가 있는 식물을 무서워한다. 그리고 화살도 사악한 정령을 위협하는 물건의 범주에 포함된다.[26] 이 같은 산속으로 미루어 볼 때, 활과 화살은 사악한 정령으로부터 유아를

---

25) С. А. Токарев ed., *Мифы Народов Мира*, Том 1, Москва, 1998, p.197.

26) Н. И. Веселовский , "Роль Стрелы в Обрядах и Её Символическое Знач ение", *Записки Восточного Отделения Руского Географического Общест ва*, Том 25, Вып. 1-4, Петроград, 1921, p.277.

보호하기 위해 그 정령을 위협하고 추방하는 역할을 수행한다.

부랴트족 혼례에서도 활과 화살은 중요한 역할을 한다. 부랴트족 가운데 '운긴스키이'унгинский 부족의 혼례에서 신부 일행이 신랑 집에 도착하면 일행 중 가장 어른, 즉 '투루쉬'туруши들을 앞으로 먼저 내보낸다. 그들 가운데 한 사람은 쇠로 만든 끝장식이 달린 화살을 잡고 천막 속으로 들어간 후 주위를 둘러보지 않고, 또 누구와도 인사를 나누지 않는다. 그리고는 천막의 기둥에 화살을 꽂는다. 그 후에 그가 주위 사람들과 인사를 나누고 자리에 앉으면 향응이 베풀어진다.[27]

또 이와 유사한 사례도 있다. '투루쉬'가 신랑 집에 도착하면, 그는 말에서 내린 후 천막으로 들어가 기둥에 화살을 꽂는다. 그 화살은, 혼례가 끝날 때까지 기둥에 그대로 꽂혀 있다. 만약 화살이 잘못 꽂혔더라도 그것이 마루에 떨어질 때까지 손을 대서는 안 된다. 만약 그렇게 한다면, 신혼부부에게 불행한 일이 일어날 것이라고 믿는다. 또는 그들 가운데 한 사람이 죽을 것이라고 믿는다.[28]

이상의 두 경우에서 화살은 '사람의 영혼'을 의미한다. 화살통에 넣어 가져온 화살이 천막에 첨가되듯이 신부는 신랑의 후손을 많이 낳아야 한다. 화살의 첨가는 곧 후손의 증대인 셈이다. 그래서 신부가 신랑의 집으로 들어갈 때 그녀는 의례적으로 불에 약간의 장작을 넣기도 한다.[29] 새로이 넣은 장작으로 인해 불이 더욱 피어오르듯이 그녀는 신랑의 가문을 번창시켜야 하는 것이다.

---

27) Г. Н. Потанин, "Очерки сев.-зап. Монголии", *СПБ.*, Вып. 4, 1883, p.344.

28) М. Н. Хангалов, "Свадебные Обряды, Обычаи, Поверия и Предания у Бурят Унгинского Инородческого Ведомства Балагансого Округа", *Этногр. Обозр.*, No. 1, 1898, p.54.

29) Ibid., p.54.

이와 달리 '빌쉬르스키이'бильширский 부족의 혼례에서는 천막에서 신부가 나오면, 신랑은 신부의 오른쪽에서 그녀의 손을 잡고 천막 주위를 걷는다. 만약 신랑이 혼례에 참석할 수 없어도 혼례는 행해진다. 이럴 경우 신부는 오른손에 신랑을 대신하는 화살을 잡는다. 만약 화살이 없으면 혼례는 거행되지 않는다. 왜냐하면 사악한 정령이 신랑을 대신하여 신부의 오른손을 잡기 때문이다. 그러면 신부는 그 정령에게 시집가는 것이 되고, 또 신부는 혼인 후 빨리 죽게 된다. 사악한 정령은 신부를 약탈하기도 하고 신부에게 해를 주기도 하는 것이다. 이 경우에도 화살은 '사람의 영혼'을 의미한다. 화살은 신랑과 동일시되고 있다. 여기에 더하여 화살은 사악한 정령의 퇴치와도 관련된다. 신부가 화살을 잡고 있으면 사악한 정령이 접근할 수 없기 때문이다.[30] 이런 점은, 화살이 혼인 첫날밤 신혼부부에게서 사악한 정령을 추방하는 것과 무관하지 않다.

산속과 혼례에서와 마찬가지로 활과 화살은 장례에서도 중요한 역할을 한다. 부랴트족 가운데 '쿠진스키이'кудинский 부족은 죽은 사람을 화장터로 보낼 때 그의 화살통에서 화살 한 개를 꺼내 뒤를 향해 쏜다. 이 행위를 통해 장례 행렬을 따르는 참가자와 죽은 사람으로부터 사악한 정령을 쫓는다. 그리고 집으로 돌아올 때 그 화살을 찾아 가지고 온다.[31]

이상에서 알 수 있는 것처럼 활과 화살은 시베리아의 각종 의례, 즉 산속, 혼례, 장례에서 사용된다. 이런 의례들에서 활과 화살은 여러 가지 모습을 갖고 있다. 그것은 사악한 정령을 추방하는 주술적인 기능

30) Н. И. Веселовский , op. cit., p.282.
31) М. Н. Хангалов, op. cit., p.287.

을 갖기도 하고 사람의 영혼을 의미하기도 하며 다산의 상징이기도 하
다.

시베리아에서 발견된 암각화에서도 활/화살은 각종 의례와 관련하
여 다양한 주제를 표현하고 있다.

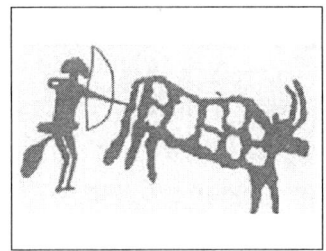 

[그림5] 32)   [그림6] 33)

[그림5]는 알타이에서 발견된 암각화의 일부분이다. 특징적인 버섯
모양의 모자를 쓴 사람이 활로 황소 또는 산양으로 보이는 동물을 사
냥하고 있다. 버섯 모양의 모자를 쓴 사람을 샤먼으로 볼 수 있다면34),
[그림5]는 동물의 번식을 기원하는 사냥의례 장면을 묘사하고 있는 것
으로 보인다. 부랴트족 전설에 의하면, 옛날에 샤먼은 사냥의 우두머
리였다. 이때 샤먼은 그 성격에 있어서 사냥의 우두머리, 전쟁의 우두
머리 그리고 사제(司祭)의 기능을 통합하고 있었다.35)

---

32) В. И. Молодин и Д. В. Черемисин, "Петроглифы Эпохи Бронзы Плоскор
ья Укок", *Проблемы Археологии, Этнографии, Антропологии Сибири и
Сопредельных Территорий*, Edited by А. П. Деревянко и В. И. Молодин,
Новосибирск, 1997, p.249.

33) О. С. Советава, *Петроглифы Тагарской Эпохи на Енисее*, Новосибирск,
2005, p.69.

34) Е. П. Маточкин, "Лучник и Птица Петроглифов Карагема", *Гуманитарн
ые Науки в Сибири*, No. 3, СОРАН, 1997, p.58.

35) Л. П. Потапов, "Лук и Стрела в Шаманстве у Алтай цев", *СЭ*., No. 3,
1934, p.76.

[그림6]은 예니세이강 유역에서 발견된 암각화의 일부분이다. 활이나 몽둥이를 든 여러 사람들이 산양으로 보이는 동물을 에워싸고 있다. 특히, 이 그림에서 꼬리가 달린 모자를 쓴 사람은 샤먼으로 보인다. 따라서 [그림6]도 샤먼을 중심으로 동물의 번식을 기원하는 사냥의 례 장면을 묘사하고 있는 것으로 보인다.36)

[그림7] 37)

[그림7]은 알타이에서 발견된 암각화의 일부분이다. 이 그림은 혼례와 관련된 주제를 포함하고 있다. 여기에 묘사된, 새를 쏘는 궁수(弓手) 모티프는 시베리아에 넓게 분포되어 있다. 특히, 알타이어에서 샤먼이라는 말은 사수 또는 궁수를 의미하기도 한다. 그래서 활과 화살로 무장한 샤먼은 자신을 '하늘의 궁수'небесный лучник로 의인화한다.

에벤크족 이야기에서 '하늘의 궁수'는 태양신의 딸로 생각되는 두 마리 오리를 향해 화살을 쏘고, 또 다른 이야기에서 '태양의 처녀'는 영웅이 쏜 화살을 맞고 아들을 낳는다. 이 이야기들에는 여성 : 하늘 : 해 : 새라는 관념이 반영되어 있다. 따라서 [그림7]은 여성의 상징인 새와 샤먼인 '하늘의 궁수'가 쏘는 '하늘의 화살'의 혼인에 대한 관념을 표현하고 있다.38)

---

36) Ibid., p.66.

37) В. Д. Кубарев, "Антропоморфные Хвостатые Персонажи Алтайских Гор", *Антропоморфные Изображения*, Новосибирск, 1987, p.150.

38) Е. П. Маточкин, op. cit., p.59.

4. 활/화살에 대한 관념의 변화와 시베리아 샤머니즘

고대의 모계사회의 종교적인 상부구조를 이루던 토테미즘은 샤머니즘이 발생하면서 그 속으로 흡수, 변형되었다. 토테미즘적인 신앙이 샤머니즘적인 이념과 숭배의 형태로 변형된 것은 고대의 모계사회의 해체, 그리고 그에 맞물린 토테미즘적인 숭배의 해체의 결과인 셈이다.[39]

이러한 과정에서 이전의 독립적인 토템 숭배는 부분적으로만 남았고, 또 부족의 토템은 샤먼의 보조령으로 그 역할이 격하되었다. 그리고 샤머니즘이 발생하면서, 세계가 하나로 통합된 수평적 세계관이 세계가 여러 층으로 분할된 수직적 세계관을 대체하였다.

이상과 같은 변화와 함께 시베리아에서 수렵이나 전쟁 도구로 사용되던 활/화살에 다양한 샤머니즘적인 관념이 부여되기 시작하였다.

북이 등장하기 전까지 활은 시베리아 샤먼에게 중요한 의례 도구였다. 알타이족의 경우 '북'과 '활', '북채'와 '화살' 사이에 어원적으로 직접적인 연관성이 있다. 또 '샤먼'은 동시에 '사수'(射手) 또는 '궁수'(弓手)를 의미하기도 한다.[40]

많은 알타이족 샤먼들은 과거에 북 대신 작은 활을 가지고 의례를 거행했다. 이때 샤먼은 활을 통해서 정령과 직접적으로 교통한다. 이후에 북의 출현과 함께 활의 기능과 의미를 북이 이어받았다. 그러나 이 경우에도 북은 활로 인식되거나 활과 함께 사용되었다. 각종 의례 때 샤먼은 북을 이용하여 사악한 정령에게 화살을 발사한다. 이럴 경우

---

39) A. Ф. Анисимов, op. cit., p.149.
40) C. A. Токарев ed., *Мифы Народов Мира*, Том 1, Москва, 1998, p.76.

북은 활을 의미하고, 북채는 화살을 의미한다. 또 정령의 의지를 알기
위해 거행하는 의례에서 활은 부분적으로 북과 함께 사용된다.[41]

북이 활의 기능과 의미를 이어받으면서 활은 샤먼의 복장에 작은
모형으로 보존된다.

[그림8] [42]

[그림8]은 알타이족 샤먼의 외투 뒷면이다. 여기에 화살과 함께 활이 매
달려 있다. 이것들은 북이 등장하기 이전처럼 샤먼이 각종 의례를 거행할
때 정령과 교통하거나 사악한 정령을 쏘는 기능을 그대로 간직하고 있다.

알타이 샤먼들은 과거에 활과 함께 굿을 거행했다. 그들은 활을 가
지고 '사냥의 정령'에게 굿을 한다. 굿이 끝나면 활을 집에 걸어둔다.
부랴트족 샤먼은 활의 도움을 받아 점을 친다. 활시위를 팽팽하게 당
긴 다음 거기서 나는 소리를 통해 점을 치기도 하고, 활을 귀에 가까이
대거나 혹은 활시위에 불을 비추어서 점을 치기도 한다. 그리고 사모
예드족이나 알타이족 샤먼은 반드시 화살을 지니고 제물을 바치는 의

41) Л. П. Потапов, op. cit., p.70.
42) Е. Д. Прокофьева, "Шаманские Костюмы Народов Сибири", СМАЭ, Том 27,
    1971, p.61.

레를 거행한다. 이런 경우들은 모두 활과 화살이 샤먼들의 숭배 도구
였음을 말해준다.[43)

　샤먼과 활의 밀접한 관계는 시베리아 암각화에서도 확인할 수 있다.

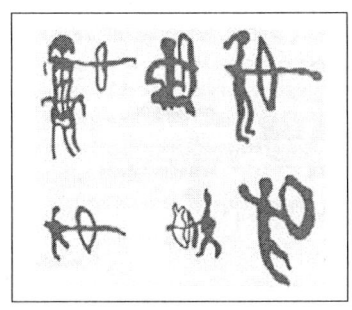

[그림9] [44)

　시베리아 암각화는 시베리아 샤머니즘의 '종교적인 신앙 복합체'를
잘 형상화하고 있다. 따라서 거기에는 초기 시베리아 샤먼들의 특별한
형상이 묘사되어 있다. 그들은 평범한 사회구성원이 아니기 때문이다.
그들이 샤먼임을 나타내는 특별한 기호 가운데 하나는 손에 들고 있는
활/화살이다.[45) 물론 손에 들고 있는 북도 샤먼임을 나타내는 기호 가
운데 하나이다. 이런 점을 염두에 둔다면, 시베리아에서 볼 수 있는 [그
림9]는 초기의 샤먼을 형상화한 것으로 파악해도 틀리지 않을 것이다.
이 그림에서 샤먼들은 다양한 활과 함께 다양한 형상으로 묘사되어 있다.

　샤먼의 북에서는 활/화살이 우주구성에 대한 샤먼들의 관념을 형상
화하기도 한다.

---

43) Л. П. Потапов, op. cit., pp.71~74.

44) M. Hoppál, "On the Origin of Shamanism and Siberian Rock Art", *Studies on
Shamanism*, Edited by A-L Siikala and M. Hoppál, Helsinki, 1992, p.138.

45) Ibid., pp.134~139.
　　Hoppál은 머리, 몸체, 손과 같은 인물 형상과 행위를 통해 암각화에 표현된 초기 시베
　　리아 샤먼들의 특징적인 기호들을 살폈다.

[그림10] 46)

　[그림10]은 활/화살이 그려진 알타이족 샤먼의 북이다. 이 활/화살에 그들의 샤머니즘적인 우주구성에 대한 관념이 형상화되어 있다. 북의 모양은 평평하면서 둥근 땅의 투사다. 위쪽의 수평적인 직선은 활시위고, 아래쪽의 다섯줄로 된 산 모양은 활대다. 그리고 갈지자형 문양을 가진 세로축은 화살이다. 활시위에 걸려 있는 이 활시위와 활대에 의해 수직적인 세계가 세 부분으로 구분된다. 활시위 위쪽은 세 개의 해와 두 개의 달이 빛나는 하늘, 즉 '위의 세계'고 활시위와 활대 사이는 땅, 즉 '중간의 세계'며 활대 아래쪽은 지하계, 즉 '아래의 세계'다.47) 활/화살이 샤머니즘적인 우주구성과 관련된다는 점에서 샤먼의 북에 그려진 활은 곧 '우주활'космический лук이라고 할 수 있다.

　활시위의 왼쪽 끝은 수평선의 동쪽 문과, 그리고 오른쪽 끝은 서쪽 문과 동일시된다. 동쪽 문에는 해가 있고, 서쪽 문에는 달이 있다. 이것은 하루 동안의 해의 순환, 즉 일출 및 일몰과 일치한다. 이 경우 일출은 아침, 봄, 탄생을 의미하고, 일몰은 저녁, 가을, 죽음을 의미한다.

46) M. Jankovics, "Cosmic Models and Siberian Shaman Drums", *Shamanism in Eurasia*, Part 1, Edited by M. Hoppál, Göttingen, 1984, p.167.
47) С. А. Токарев ed., op. cit., p.76.

따라서 활시위와 관련하여 다음과 같은 병립적인 의미체계가 성립된다.

왼쪽:해:일출:아침:봄:탄생 :: 오른쪽:달:일몰:저녁:가을:죽음

샤머니즘적인 관념에 의하면, 지하계는 화살의 뾰족한 끝과 동일시되고, 시간적으로 한밤중과 동일시된다. 따라서 이들 사이에 다음과 같은 의미체계가 성립된다.

지하계 : 화살의 뾰족한 끝 : 한밤중

[그림10]에서 화살의 끝이 위치하고 있는 지하계는 일출과 일몰 사이의 경계, 즉 한밤중과 일치한다. 따라서 지하계는 생물학적인 순환 과정에서 탄생과 죽음의 경계 지역이라고 할 수 있다. [그림10]은, 한 생명이 태어난 다음 죽고, 죽어서 지하계로 가 다시 태어나는 샤머니즘적인 영혼의 순환 과정을 보여주고 있는 셈이다.

그리고 [그림10]에서 활대는 '우주적인 여성의 배'를 상징한다. 이 경우 여성의 '우주배'로서의 활 또는 활대의 상징적 의미는 화살의 남근 상징의 토대 위에 놓여 있다. 따라서 여성 상징인 활 또는 활대와 남성 상징인 화살의 결합은 신화적인 은유에서 '대지모'(大地母)와 '천부' (天父)의 '신성혼'(神聖婚) 또는 '우주혼'(宇宙婚)을 의미하기도 한다.[48]

---

48) Ibid., p.76.

5. 결론

활/화살은 시베리아 신화와 의례에서 다양한 기능과 의미를 갖는다. 이 같은 점은 시베리아 암각화나 샤먼의 북에서도 확인된다.

시베리아 창조신화에서 활/활쏘기는 다수의 해와 달을 조정하는 주술적 도구 또는 행위와 관련되기도 하고, 잃어버린 해를 되찾는 주술적 도구 또는 행위와 관련되기도 하며, 새로운 것을 만들고 시작하는 주술적 도구 또는 행위와 관련되기도 한다. 이런 점에서 활을 쏘는 창조신화의 주인공은 '문화영웅'의 면모를 지니고 있다.

그리고 토템신화에서 활/활쏘기는 토템을 살해하는 주술적 도구 또는 행위와 관련된다. 이럴 경우 활은 족내혼을 금하는 윤리적 규범을 어긴 토템동물을 징계하는 주술적 도구일 뿐만 아니라 그것을 수락한 사람도 처벌하는 중요한 도구이다.

샤먼신화에서 활/활쏘기는 샤먼이나 신의 주술적 도구 또는 행위와 관련된다. 이 신화에서 샤먼은 화살을 맞고 의례적인 죽음을 경험한다. 이 이후에 그는 재생 절차를 거쳐 샤먼으로서의 각종 권능을 발휘하게 된다. 이런 점은 샤먼의 입무식에서도 나타난다. 또 활은 시베리아 부랴트족 샤머니즘에서 사악한 정령을 퇴치하여 사람을 보호하는 신의 주술적인 무기로도 사용된다.

시베리아의 각종 의례, 즉 산속, 혼례, 장례에서도 활/화살은 중요한 기능과 의미를 갖는다. 산속에서 활/화살은 유아를 훔치는 사악한 정령을 위협하고 추방하는 기능을 수행한다.

혼례에서는 화살이 산속에서와 다른 의미를 지니고 있다. 신부 측에서 가져간 화살을 신랑 측 천막 기둥에 꽂는다. 이때의 화살은 '사람의 영혼'을 의미한다. 신랑 측 천막에 화살을 꽂는 것은 곧 후손의 증대를 의미하기 때문이다. 또 다른 경우에 화살은 신랑을 의미하기도 한다. 신랑이 혼인을 하는 날 부재할 경우 신부는 손에 신랑을 대신하여 화살을 잡기도 하기 때문이다.

활/화살은 장례에서도 중요한 기능을 수행한다. 이때의 활/화살은 장례 참석자와 죽은 사람으로부터 사악한 정령을 쫓는다.

각종 의례에서 중요한 기능과 의미를 갖는 활/화살은 시베리아 암각화에서도 사냥의례나 혼인의례와 관련하여 다양한 주제를 내포하고 있다.

시베리아에서 활/화살은 처음 수렵이나 전쟁을 위한 도구로 사용되었다. 그 후 모계사회의 해체와 그에 따른 토테미즘의 붕괴와 함께 샤머니즘이 발생하면서 활/화살에는 다양한 샤머니즘적인 관념이 부여되었다. 샤먼들에 의해 정령과 교통하는 수단으로 간주되기도 하였고 사악한 정령을 물리치는 도구로도 간주된 것도 그 가운데 하나이다. 샤먼의 외투에 작은 활을 걸어두는 것도 이 때문이다. 시베리아 암각화에서 초기 샤먼들을 형상화하는 특징적인 기호 가운데 하나가 활/화살인 것도 이와 무관하지 않다.

그런가 하면 샤먼 북에 그려진 그림에서 알 수 있는 것처럼 활/화살은 샤머니즘적인 우주구성관을 형상화하기도 한다. 북 모양은 평평하면서 둥근 땅을 형상화했다. 활시위와 활대를 통해 '위의 세계'와 '중간의 세계'

그리고 '아래의 세계' 등 삼계(三界)로 구분된다. 화살은 이 같은 삼계를 이어주는 교통로 구실을 한다. 또 샤머니즘적인 관념에 의하면 활시위의 왼쪽 끝은 해, 일출, 아침을 의미하고 오른쪽 끝은 달, 일몰, 저녁을 의미한다. 따라서 활시위는 하루 동안의 해의 순환을 나타내게 된다.

Ⅲ. 시베리아 에벤크족 샤먼 북에 나타난 세계관

1. 서론

    지금까지 고고학, 언어학, 인류학, 신화학, 종교학 등에서는 시베리아 문화를 한반도 문화의 원천이라는 관점에서 주로 접근하였다. 이런 연구들을 통해 한반도 문화와 시베리아 문화의 친연성이 상당 부분 밝혀졌다.[1] 그 결과는 한반도 문화가 범시베리아적인 문화의 영향 아래서 형성되었다는 것을 말해준다. 이런 점에서 우리들의 정신적, 문화적 기층이 시베리아 문화에 있다고 해도 과언은 아닐 것이다.

---

[1] 이러한 결과를 총체적으로 정리한 업적은 이선복 · 노혁진 · 한영희 · 박선주 공저, 『한국 민족의 기원과 형성(상)』, 한림과학원총서42, 1996과 조흥윤 · 김열규 · 김택규 · 성백인 공저, 『한국 민족의 기원과 형성(하)』, 한림과학원총서48, 1996 등이다.

이럴 경우 시베리아 문화 전체를 비교의 시야에 둔다면 초점이 흐려질 수도 있다. 시베리아에는 많은 민족이 거주하고 있고, 또 그 민족들 사이에도 문화적 공통성뿐만 아니라 차별성이 엄연히 존재하기 때문이다. 따라서 한반도 문화와 시베리아 문화 사이의 관련성을 살피고자 할 때는 비교의 대상을 좁힐 필요가 있다. 물론 언젠가는 전체 시베리아 문화와 한반도 문화의 비교연구가 수행되어야 하겠지만 우선은 한반도 문화와 시베리아에 거주하는 개별민족 문화의 비교연구가 선행되어야 한다.2) 그래야만 비교의 초점도 명확해질 뿐 아니라 자료를 해석할 때 선택적 오류도 범하지 않을 것이기 때문이다.

시베리아에 거주하는 많은 민족들 가운데 알타이어족 만주-퉁구스 그룹에 속하면서 에벤크어를 사용하는 에벤크족이 있다. 이 민족은 동쪽으로 오호츠크해 해안에서 서쪽으로 예니세이강까지, 그리고 북쪽으로 북빙양에서 남쪽으로 아무르강까지의 시베리아 전 지역에 거주한다. 그들은 경제활동의 유형에 따라 크게 두 그룹으로 나누어진다. 하나는 사냥과 순록 사육을 주로 하는 그룹으로서 시베리아 북부지역에 거주하고, 다른 하나는 말과 가축 방목을 주로 하는 그룹으로서 시베리아 남부지역에 거주한다.3) 이 민족의 문화는 고고학이나 인류학 그리고 종교학 등의 연구 성과로 미루어 볼 때 한반도 문화와 밀접한 관련성을 맺고 있다.

---

2) 기존에 한반도 문화와 시베리아 문화의 상호관련성을 논의하면서 이 글에서 다루는 에벤크족의 문화를 부분적으로 언급한 업적은 있었다.
  이필영, 「북아시아 샤머니즘과 한국 무교의 비교연구─종교사상을 중심으로」, 『백산학보』 제25호, 백산학회, 1979.
  이정재, 『동북아의 곰문화와 곰신화』, 민속원, 1997.
  김열규, 『동북아시아 샤머니즘과 신화론』, 아카넷, 2003.
3) B. A. Тишков ed., *Народы и Религии Мира*, Москва, 2000, p.649.

　이 글에서는 이상에서 언급한 점들을 염두에 두고 샤먼 북, 즉 무고 (巫鼓)에 나타난 에벤크족의 세계관을 살펴보고자 한다. 여기서 샤먼 북을 분석 대상으로 삼은 이유는 먼저 시베리아에 거주하는 다른 민족 들처럼 에벤크족 문화의 모태가 샤머니즘이기 때문이다. 북에 표현된 에벤크족 샤먼들의 다양한 관념은 곧 에벤크족 문화의 기층이기도 하다. 다음으로 북은 시베리아 샤먼들의 가장 중요한 의례 도구이기 때문이다.4) 따라서 샤먼 북에는 에벤크족의 고유한 세계관이 잘 나타나 있다.

　이처럼 에벤크족 샤먼 북에 나타난 그들의 세계관을 통해 에벤크족 문화의 기층을 밝히는 것은 우리 상고대 문화의 원천을 추적하는 작은 단초가 될 수도 있을 것이다.

2. 에벤크족 샤먼 북의 자료들

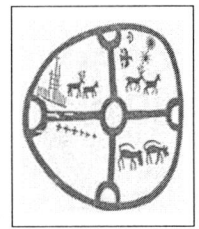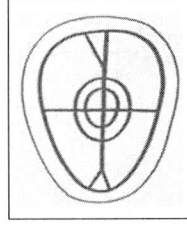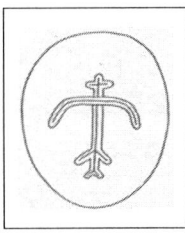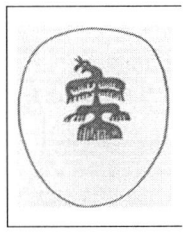

[그림1] 5)　　　　[그림2] 6)　　　　[그림3] 7)　　　　[그림4] 8)

4) A. Lommel, *Shamanism: The Beginnings of Art*, New York · Toronto, 1967, p.126.
5) M. Jankovics, "Cosmic Models and Siberian Shaman Drums", *Shamanism in Eurasia*, Part 1, Edited by M. Hoppál, Göttingen, 1984, p.164.
6) Ibid., p.171.
7) Ibid., p.172.
8) Ibid., p.172.

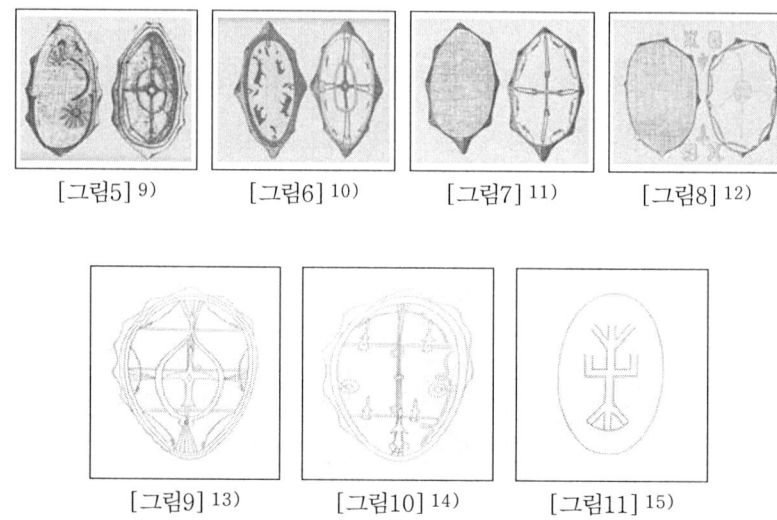

[그림5] [9)]   [그림6] [10)]   [그림7] [11)]   [그림8] [12)]

[그림9] [13)]   [그림10] [14)]   [그림11] [15)]

3. 에벤크족 샤먼 북의 유형과 기능

G. Nioradze는 시베리아 민족들의 샤먼 북을 외형에 따라 크게 두 유형으로 구분하였다.[16] 하나는 난형(卵形), 즉 타원형으로 주로 시베리아 동부에 거주하는 민족들에게서 나타나고, 다른 하나는 원형(圓形)

9) А. И. Мазин, *Традиционные Верования и Обрфды эвенков-Орочонов*, Нов осибирск, 1984, p.162.

10) Ibid., p.171.

11) Ibid., p.196.

12) Ibid., p.198.

13) А. Ф. Анисимов, *Религия эвенков в Историко-Генетическом Изучении и Проблемы Происхожде ния Первобытных Верований*, Москва-Ленинг рад, 1958, p.159.

14) Ibid., p.160.

15) Ibid., p.158.

16) G. Nioradze, 이홍직 역, 『시베리아 제민족의 원시종교』, 신구문화사, 1976, p.109.

으로 주로 시베리아 서부에 거주하는 민족들에게서 나타난다. 북의 외형을 기준으로 할 때 에벤크족 샤먼 북은 [그림1]~[그림11]에서 알 수 있는 것처럼 난형이다. 이 같은 난형의 북은 나나이족, 오로치족, 니기달족 등 동시베리아에 거주하는 민족들에게서도 보인다.

이와 달리 L. P. Potapov는 샤먼 북의 유형을 손잡이 형태, 즉 손잡이에 얼굴 형상이 없는 형태, 얼굴 형상이 한 개 있는 형태, 그리고 얼굴 형상이 두 개 있는 형태 등 기본적으로 세 가지로 구분하였다.17) 이런 기준에서 보면 에벤크족 샤먼 북은 손잡이에 얼굴 형상이 없는 유형에 속한다.

그리고 G. N. Potanin도 손잡이 형태에 따라 샤먼 북의 유형을 세 가지로 구분하였다.18) 십자형 손잡이에 얼굴 형상이 있는 '사얀 알타이형', 십자형 손잡이가 가죽 끈에 의해 북 테에 묶여 있되 수직의 지주는 북의 직경과 거의 비슷하고 수평의 막대는 가죽 끈에 의해 북 테에 붙어 있는 '사모예드형', 십자형 손잡이가 가죽 끈이나 줄에 의해 북 테에 매달려 있는 '퉁구스형'이 그것이다. 이런 유형 가운데 에벤크족 샤먼 북은 퉁구스형에 속한다. [그림5], [그림6], [그림7]에서 볼 수 있는 것처럼 북의 안쪽에 나무나 쇠로 만든 십자형 손잡이가 가죽 끈이나 줄로 북 테에 매달려 있다. 이것은 다른 유형의 북 손잡이와 구분되는 샤먼 북의 특징이다.

그런데 이와 달리 [그림10]에서는 수직 지주에 수평 막대 두 개가 가로 놓여 있다. 또 그 수평 막대에는 에벤크족 샤먼의 동물 보조령인 새 형상 네 개가 매달려 있다. 이런 점은 G. Nioradze에 의하면 시베리아 서부

---

17) L. P. Potapov, "Shamans' Drums of Altaic Ethnic Groups", Edited by V. Diószegi, *Popular Beliefs and Folklore Tradition in Siberia*, Indiana Univ., 1968, p.227.
18) Ibid., pp.205~206에서 재인용.

에 거주하는 오스챠크족, 예니세이족, 알타이족 등의 원형 북에서 나타나는 특징이다.[19] 에벤크족 샤먼 북의 손잡이 형태가 보이는 이런 복합성은, 에벤크족이 시베리아 동부에서 서부까지, 그리고 남부에서 북부까지 광범위한 지역에 분포되어 있다는 사실에서 기인하는 것으로 보인다.

샤먼 북의 유형에 대한 이상과 같은 다양한 관점을 종합해서 살펴볼 때, 에벤크족 샤먼 북은 일반적으로 난형이고 얼굴 형상이 없는 북 손잡이가 가죽 끈으로 북 테에 묶여서 매달려 있는 형태다.

시베리아의 각종 무구(巫具)들은 샤먼을 트랜스 상태를 유도한 다음 그로 하여금 '비상과 여행'을 가능하게 한다.[20] 여기서 시베리아 샤머니즘의 핵심이 '영혼의 여행' 또는 '영혼의 자유'에 있음을 확인하게 된다.

샤먼의 각종 무구들 가운데 그러한 기능을 가장 핵심적으로 수행하는 것은 북이다. 그러나 북의 개별적인 기능은 시베리아 민족들에게서 조금씩 차이를 보인다. 샤먼의 북에 자주 해와 달 그리고 별들이 그려진다. 이 그림에는 각 민족의 점성술이 반영되어 있다. 북은 이런 그림들을 통해 방향지시나 달력의 기능을 수행한다. 알타이 지역에 거주하는 하카스족의 경우, 북의 외면을 가로지르는 수직의 흰 줄과 북에 그려진 〈큰곰자리〉 별이 미지의 지역을 방황할 때 방향을 지시해 준다고 생각한다.[21]

스칸디나비아 반도에 거주하는 랩족의 경우, 북은 샤먼을 트랜스 상태에 빠지게 하고 점을 치거나 운수를 예언하는 역할을 한다. 그런가 하면 북은, 신이 원하는 제물이 무엇인지 알아내는 역할도 한다. 즉, 정

19) G. Nioradze, op. cit., p.109.
20) Uno Holmberg, *The Mythology of All Races*, Vol. Ⅳ, New York, 1964, p.522.
21) M. Jankovics, op. cit., p.151.

보를 얻는 수단이 되기도 한다.[22]

에벤크족의 경우, 북은 의례 때 샤먼의 보조령이나 보호령을 불러내기도 하고 각종 정령을 불러 모으기도 한다. 또 불러내어진 샤먼 보조령의 임시 거처가 되기도 한다. 그런가 하면 북은, 샤먼이 각종 영혼을 타계(他界)로 운반할 때 배 또는 뗏목의 구실을 하기도 한다. 이럴 경우 북 방망이는 노의 구실을 하게 된다.[23] 특히, 바이칼 호수 서쪽 지역에서 북은 운반 수단으로서의 배 또는 뗏목으로 간주되고, 동쪽 지역에서는 북이 사슴으로 간주된다.[24] 이외에도 북은 새로 간주되기도 한다. 샤먼이 '위의 세계'로 갈 때는 북이 독수리로, '아래의 세계'로 갈 때는 물새로 간주되는 경우도 있다.[25] 이런 사고는 북에 대한 의미론적 이원성에서 기인한다.[26] 북은 사슴이나 새와 같은 샤먼의 동물분신으로 간주되고, 그리하여 의례 동안 샤먼의 운송 수단으로서 역할을 하게 되는 것이다.

샤먼의 동물분신으로 간주되는 사슴이나 새는 에벤크족 샤먼의 관이나 모자에도 나타난다.

---

22) E. Manker, "Seite Cult and Drum Magic of the Lapps", Edited by V. Diószegi, *Popular Beliefs and Folklore Tradition in Siberia*, Indiana Univ., 1968, p.32.

23) А. И. Мазин, op. cit., p.75.

24) Г. М. Василевич, *эвенки*, Ленинград, 1969, p.254.

25) А. Ф. Анисимов, op. cit., p.152.

26) E. A. Alekseenko, "Some General and Specific Features in the Shamanism of the Peoples of Siberia", *Shamanism in Eurasia*, Part 1, Edited by M. Hoppál, Göttingen, 1984, p.93.

[그림12] 27)　　　　　　[그림13] 28)　　　　　　[그림14] 29)

[그림15] 30)　　　　　　[그림16] 31)　　　　　　[그림17] 32)

[그림12]~[그림17]은 에벤크족 샤먼들의 관과 모자 사진 자료다. [그림12], [그림13], [그림16], [그림17]에서 관이나 모자가 사슴뿔로 장식되어 있다. 사슴은 샤먼의 동물분신으로서 의례 동안 샤먼이 타계로 여행할 때 운송수단이 되는 동물이다. 샤먼의 관이나 모자에 사슴뿔이 장식되는 것은 시베리아 샤머니즘의 일반적인 특징이기도 하다. 특히, [그림12]에서 곰이 사슴뿔에 매달려 있다. 에벤크족에게 있어서 곰은

---

27) А. Ф. Анисимов, op. cit., p.172.
28) Е. Д. Прокофьева, "Шаманские Костюмы Народов Сибири", *СМАЭ*, Том 27, 1971, p.36.
29) Ibid., p.36.
30) А. И. Мазин, op. cit., p.170.
31) Ibid., p.170.
32) Ibid., p.170.

사슴과 함께 '위의 세계'의 보조령으로 간주되기 때문이다.[33]

그리고 [그림14]에서는 샤먼 모자 위에 새 모양이 장식되어 있고, [그림15]에서는 샤먼 모자에 새 그림이 장식되어 있다. 이것 또한 새 가운데 독수리나 백조 등이 '위의 세계'의 보조령으로 간주되기 때문이다. 이처럼 샤먼은 의례 동안 이런 보조령의 도움을 받아 임의로 타계를 여행할 수 있는 권능을 지니게 된다.

4. 북에 나타난 에벤크족 샤먼의 세계관

시베리아 샤먼들의 북에는 그들의 세계관이 표현되어 있다. 북의 형태나 북에 그려진 그림은 그것을 잘 보여준다. 에벤크족의 경우에도 샤먼 북의 형태나 그림에 그들의 샤머니즘적인 세계관이 반영되어 있다. 시베리아 여러 민족의 샤먼 북이 보이는 형태상의 차이에도 불구하고 북에 그들의 세계관이 재현되어 있다는 점은 공통적이다.

1) 세계란 world-egg

다른 시베리아 민족들처럼 에벤크족 샤먼 북의 외형은 일반적으로 난형 아니면 원형이다. 이런 사실은 [그림1]~[그림11]에서도 잘 드러난다. 이럴 경우 난형 또는 원형은 둥근 하늘, 즉 우주를 형상화한 것이다.[34] 그래서 북에 천체들의 위치가 표시된다. 해와 달 그리고 별이 '위의 세계'를 나타내는 북의 위쪽에 그려지는 것도 이 때문이다.

---

33) А. И. Мазин, op. cit., p.78.
34) M. Jankovics, op. cit., p.153.

우주 모형을 형상화한 북의 형태로 미루어볼 때 에벤크족 샤먼 북은 '세계란' 또는 '우주란'을 상징한다. 그것으로부터 우주가 발생하고 창조자나 문화영웅이 탄생한다. 또 그것이 창조자나 문화영웅으로 변신하기도 한다.[35] '세계란'은 모든 것의 원천이자 시작이다. 여기에는 생명의 시초가 곧 '세계란'이라는 생각이 담겨 있다. 영혼이 달걀 모양을 하고 있다는 시베리아 나나이족의 '난혼'(卵魂)[36]에 대한 관념도 생명의 원천이라는 점에서 '세계란'의 관념과 무관하지 않을 것이다. 그런가 하면 시베리아 꼬략족[37]이나 야쿠트족[38]의 경우에도 알에서 어린아이가 태어나는 모티프를 지닌 이야기가 전해진다.

에벤크족에게는 '생명력의 소유자'로서의 알에 대한 고대적인 관념이 있다. 그들에게 "알은 모두 마찬가지다"라는 속담이 있다. 이 말은 사람에게는 단지 하나의 생명만 있다는 것을 의미한다. 또 "알이 어디 떨어지든지 죽는 것은 마찬가지다"라는 속담도 있다. 이 말은 두 번 죽지 않고, 또 한 번의 죽음도 피하지 못한다는 것을 의미한다.[39] 이런 속담으로 미루어볼 때 에벤크족은 알을 생명의 원천으로 간주하고 있음을 알 수 있다.

2) 세계수 world-tree

'세계수'는 일반적으로 세계의 축의 상징으로 믿어진다. '세계수'는 세계의 중심을 상징하는 '중심의 나무'다. 이와 더불어 그것은 '생명의 나무'

---

35) C. A. Токарев ed., *Мифы Народов Мира*, Москва, 1998, p.681.
36) A. V. Smoljak, "Some Notions of the Human Soul among the Nanais", Edited by V. Diószegi and M. Hoppál, *Shamanism in Siberia*, Budapest, 1978, p.445.
37) J. Michael, *Myths of the World*, Kyle Cathie Ltd., 1993, pp.9-10.
38) G. Nioradze, op. cit., p.16.
39) Г. М. Василевич, op. cit., p.223.

그리고 '샤먼의 나무'로도 불려진다.[40] [그림2]와 [그림3]처럼 에벤크족 샤먼 북에 그려진 나무와 [그림11]처럼 북 덮개에 그려진 나무는 '세계수'를 상징한다. [그림2]에서는 나무의 중앙 가로축을 중심으로 '아래의 세계'를 나타내는 뿌리 부분과 '위의 세계'를 나타내는 꼭대기 부분이 분기된 가지 형태로 강조되어 있다. [그림3]과 [그림11]에서도 나무의 중앙 가로축을 중심으로 '위의 세계'와 '아래의 세계'가 구분되어 있다. 특히, [그림4]는 북 손잡이의 중심을 장식하는 그림이다. 이것은 '세계수'의 변형이라 할 수 있는 '세계산'에 둥지를 짓고 사는 '신화적인 새'의 형상을 보여준다.

한편으로, 에벤크족 샤먼에 의해 '세계수'는 '생명의 나무'로 간주된다. 이럴 경우 '세계수'는 생명 또는 재생의 상징이다. 에벤크족 신화에는 사람이 나무에서 태어나는 모티프가 있다. 이 모티프는 나무에 사람의 영혼이 살고, 사람이 죽으면 그의 영혼이 살던 나무도 함께 죽는다는 관념을 바탕으로 하고 있다. 이런 관념에 기초해서 사람을 나무 구멍에 장례하는 고대의 전통이 생겨났다. 이 같은 사람과 나무의 관련성은 에벤크어에서 조상령을 의미하는 '무그디'мугды와 그루터기를 의미하는 '무그제'мугдэ 에서도 나타난다.[41] 또 에벤크족 샤먼은 '세계수'를 '나무-사람'으로 묘사 하기도 한다. 이것도, 나무가 생명 탄생의 원천이라는 것을 의미한다.[42]

이러한 관념은 에벤크족 고유의 것은 아니다. Попов에 의하면, 서부 시베리아 돌간족은 '세계수'를 씨족의 '생명나무'로 간주하면서 '어머니-나무'로 부른다.[43] 또 동부 시베리아 울치족도, 모든 씨족은 자신들의 특별한 나무를 갖고 있는데 그 나뭇가지에는 작은 새 모양을 한 사람

40) С. А. Токарев ed., p.398.
41) Г. М. Василевич, op. cit., p.215.
42) А. Ф. Анисимов, op. cit., p.88.
43) Ibid., p.83에서 재인용.

들의 영혼이 살고 있다고 생각한다.44)

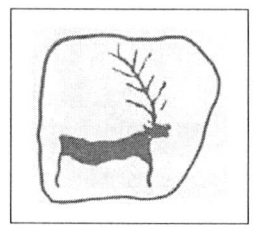

[그림18] 45)

　[그림18]은 시베리아 예니세이강 상류에서 발견된 암각화다. 여러 갈래로 뻗은 뿔이 있는 사슴을 형상화한 그림이다. 이럴 경우 여러 갈래로 뻗은 뿔은 가지를 뻗은 나무, 즉 '생명의 나무'의 은유다.46) '생명의 나무'에는 생명력과 다산 그리고 풍요를 기원하는 관념이 담겨 있다. 이런 모티프는 시베리아 여러 지역의 암각화뿐만 아니라 신라의 금관에서도 찾아볼 수 있다.

　다른 한편으로, '세계수'는 '샤먼의 나무'로 간주된다. 이럴 경우 '세계수'는 첫째로 샤먼의 생명이나 힘과 관련되고, 둘째로 '위의 세계'와 '아래의 세계'로의 샤먼 여행 또는 희생물이 바쳐지는 통로와 관련된다. '세계수'가 '샤먼의 나무'로 간주될 때, 첫째 그 나무에는 샤먼의 영혼 또는 그 동물분신이 산다는 관념과 관련되어 있다. 에벤크족 샤먼은 모두 '샤먼의 나무'를 가지고 있는데, 자신의 생명을 그 나무에 의지한다. 둘째 '샤먼의 나무' 근처에서 입무의례가 거행된다. 이 의례를 통해 동물분신으로 변형된 샤먼 후보자의 영혼은 미래의 샤먼으로 교육된다. 이

---

44) А. М, Золотарев, *Родовой Строй и Религия Ульчей*, хабаровск, 1939, p.41.

45) A. I. Martynov, *The Ancient Art of Northern Asia*, Translated and Edited by D. B. Shimkin and E. M. Shimkin, Univ. of Illinois Press, 1991, p.271.

46) Ibid., p.101.

후에 샤먼 후보자는 능력을 소유한 샤먼으로 새롭게 태어나게 된다.[47]

'세계수'가 '샤먼의 나무'로 간주될 때, 그 나무는 샤먼이 타계로 여행하는 통로나 희생물을 바치는 길로 여겨진다. 에벤크족 샤먼은 특히 이 '샤먼의 나무'를 '투루'тури라고 부른다.[48] 이 나무는 '샤먼의 세계수'로 간주되는 것이다. 에벤크족 관념에 의하면 '뚜루'는 세 개의 샤머니즘적인 세계, 즉 '위의 세계', '중간의 세계', '아래의 세계'와 연결된다. 따라서 이 나무는 샤먼이 하나의 세계에서 다른 세계로 이동하는 '샤먼의 길'로 간주된다. [그림2]와 [그림3] 그리고 [그림11]에 보이는 나무 형상도 이와 관련이 있다.

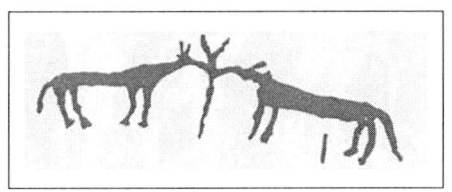

[그림19] [49]

[그림19]는 예니세이강 유역에서 발견된 암각화다. 말로 생각되는 두 마리 동물이 나무 기둥에 묶여 있는 그림이다. 이 때 중앙의 나무 기둥은 '세계수'를 형상화한 것으로 보이고, 말은 샤먼의 보조동물을 형상화한 것으로 보인다.[50] 에벤크족 샤먼의 관념에 의하면, 그들은 의례 동안 사슴을 타고 '위의 세계'로 가고 말을 타고 '아래의 세계'로

---

47) А. Ф. Анисимов, op. cit., p.162.

48) А. Ф. Анисимов, "Шаманский Чум у Эвенков и Проблема Происхождения Шаманского Обряда" *Труды Института Этнографии*, Том 18, Ленинград, 1952, p.202.

49) A. I. Martynov, op. cit., p.263.

50) Ibid., p.103.

간다.51) 따라서 이 그림은, 샤먼이 의례 동안 그의 보조동물인 말을 타고 '세계수'인 '샤먼의 나무'를 통해 '아래의 세계'로 여행하는 관념을 형상화한 것으로 보인다.

에벤크족의 '샤먼의 나무'인 '투루'는, 샤먼이 의례 동안 각종 정령에게 희생물을 바치는 길로도 생각된다.

[그림20] 52)

[그림20]은 에벤크족 샤먼의 의례 장소를 그린 그림이다. 그림 오른쪽에 희생물의 가죽과 기로 장식된 '투루'와 샤먼 천막 옆에 십자형 막대가 놓인 '투루'가 서 있다. 이 때 희생물의 가죽은 사슴 가죽이다. 샤먼은 이 나무를 통해 최고의 정령에게 희생물을 바친다.

3) 삼계 three-worlds

에벤크족의 관념에 의하면, 우주는 '위의 세계'와 '중간의 세계' 그리고 '아래의 세계' 등 세 개의 세계로 구성되어 있다. 이 가운데 '위의 세계'와 '아래의 세계'는 샤먼 가운데 특히 강한 샤먼만이 접근할 수 있다.

---

51) Г. М. Василевич, op. cit., p.254.
52) A. I. Martynov, op. cit,. p271.

'위의 세계'는 '우구 부가'угу буга로 불린다. 우리가 사는 '중간의 세계'와 유사한 곳인데, 이곳으로 가는 입구는 북극성이다. 이 세계는 세 개의 층으로 이루어져 있다. 땅에서 첫 번째 층에는 '에네칸 부가'эне кан буга가 살고 있다. 그녀는 최고의 여신인 동시에 사람과 동물의 주인이기도 하다. 두 번째 층에는 죽은 사람의 영혼이 산다. 사람이 죽으면 그 영혼 '헤얀'хэян이 이곳으로 와서 살았을 때처럼 삶을 영위한다. 그리고 세 번째 층에는 해와 달, 별이 배치되어 있다.

'중간의 세계'는 '둘린 부가'дулин буга로 불린다. 우리가 사는 세계다.

'아래의 세계'는 '헤르구 부가'хэргу буга로 불린다. 이곳으로 가는 입구는 땅의 틈이나 구멍, 동굴, 소용돌이 등이다. 이 세계도 세 개의 층으로 구성되어 있다. 땅에서 첫 번째 층에는 선한 정령과 함께 사악한 정령이 산다. 이 가운데 사악한 정령은 영구히 사람들에게 불행을 준다. 두 번째 층에는 '아래의 세계'를 지배하는 신이 산다. 또 이 층에는 강이 흐르는데, 샤먼만이 이 강을 건널 수 있다. 세 번째 층에는 죽은 사람이 산다. 이곳은 죽은 사람들의 세계, 즉 '부니'буни다. 여기에 사는 사람들은 비록 '중간의 세계'에서 사는 사람들과 육체적으로나 형태적으로 비슷하지만, 살아 있는 사람들이 아니다. 그들은 호흡이 없고 심장의 박동도 없으며 따뜻한 피도 없는 존재다.[53]

에벤크족 샤먼의 북의 안팎에는 이상과 같은 우주구성에 대한 관념

---

[53] 에벤크족의 우주구성에 대한 관념은 지역에 따라 다양하게 나타난다. 여기에 서술한 것은 А. И. Мазин, *Традиционные Верования и Обрфды эвенков-Орочонов*, Новосибирск, 1984 ; А. Ф. Анисимов, *Религия эвенков в Историко-Генет ическом Изучении и Проблемы Происхождения Первобытных Верований*, Москва-Ленинград, 1958 ; Г. М. Василевич, *эвенки*, Ленинград, 1969 에서 보고된 내용 가운데 공통점을 중심으로 정리한 것이다.

이 반영되어 있다. [그림6]의 왼쪽 그림은 북의 바깥쪽을 그린 것이다. 이 그림의 위아래와 옆에 작은 돌기가 돌출되어 있다. 위쪽의 돌기는 '위의 세계'로 가는 입구를 형상화 하였고 아래쪽의 돌기는 '아래의 세계'로 가는 입구를 형상화하였으며 양옆의 돌기는 '부니', 즉 저승으로 가는 입구를 형상화하였다.[54]

이런 관점에서 보면, [그림1]에서 위쪽의 반원은 '위의 세계'로, 아래의 반원은 '아래의 세계'로, 양옆의 반원은 '부니'로 가는 입구를 형상화한 것으로 보인다. 그리고 가운데 있는 구멍은 세계, 우주의 중심을 상징하는 '세계의 배꼽', '우주의 배꼽'[55]이라 불릴 만한 것이다. 십자형은 그곳으로 가는 길이라고 말할 수 있을 것이다. 이러한 관념은 [그림5]와 [그림6], [그림8]의 오른쪽 그림과 [그림9], [그림10]에서 알 수 있는 것처럼 북의 손잡이에도 그대로 투영되어 있다. 북 손잡이 중앙에 구멍이 있고, 그것을 중심으로 사방으로 길이 연결되어 있기 때문이다.

[그림1]에서 십자형 가로축을 중심으로 위쪽은 '위의 세계'를, 아래쪽은 '아래의 세계'를 형상화하고 있는 것으로 보인다. '위의 세계'에는 천체현상이 표현되어 있다. 오른쪽 윗간에서 왼쪽에 달이, 오른쪽에 해가 표현되어 있고, 해와 어떤 행성이 선으로 연결된 합삭(合朔)의 천체현상도 표현되어 있다. [그림6]의 왼쪽 그림에서는 왼쪽 위에 해가 있고 오른쪽 위에 달이 있다.

[그림5]의 왼쪽 그림에서 위쪽의 반원형 줄무늬는 땅, 즉 '중간의 세계'를 형상화한 것이고, 아래쪽의 반원형 줄무늬는 '아래의 세계'를 형상화한 것이다. '중간의 세계'를 형상화한 줄무늬 위쪽 끝에는 달이 있

---

54) А. И. Мазин, op. cit., p.76.
55) M. Jankovics, op. cit., p.154.

고, 아래쪽 끝에는 해가 있다. 에벤크족의 관념에 의하면, 해는 '중간의 세계'에서와 마찬가지로 '아래의 세계'에서도 빛난다. 그리고 북 위쪽에 앉아 있는 사람은 샤먼을 형상화한 것이다.56)

에벤크족 샤먼 북의 테두리에는 공명기가 만들어져 있다. [그림5]~[그림10]에서 볼 수 있는 테두리의 볼록한 것이 그것이다. [그림5]의 북에는 9개, [그림6], [그림7] 그리고 [그림9]와 [그림10]의 북에는 8개, [그림8]의 북에는 7개의 공명기가 북 테두리에 만들어져 있다. 그것들은 '하늘' 또는 '세계'를 의미하는데57), 그 개수는 북을 만든 에벤크족의 각 부족의 우주구성론에 따라 다른 것으로 보인다. 그리고 [그림5], [그림7], [그림8]의 오른쪽 그림과 [그림9]는 북의 안쪽을 그린 것이다. 그 그림에는 몇 개의 사선을 그은 직선 또는 곡선이 있다. 이 선들은 각각의 북에 형상화된 '하늘' 또는 '세계'에 나타나는 어떤 행성의 궤도를 표현한 것으로 보인다.

4) 보조령 helping spirit

에벤크족 샤먼은 자신들의 보조령을 '세벤'сэвэн이라 부른다. '세벤'은 샤먼의 말을 이해하고 그의 부탁을 들어준다. '세벤'은 동물의 모습을 하고 있다. 일반적으로 짐승 가운데서는 곰·사슴·순록·말·도마뱀·뱀, 새 가운데서는 독수리·까마귀·물새·백조·갈매기·오리·도요새, 물고기 가운데서는 연어·꼬치고기·모캐 등의 모습을 하고 있다.58) 물론 샤먼의 여러 보조령의 동물 모습은 에벤크족의 토

56) А. И. Мазин, op. cit., p.76.
57) M. Jankovics, op. cit., p.153.
58) А. Ф. Анисимов, *Религия эвенков в Историко-Генетическом Изучении*

테미즘에서 기인하는 것으로 보인다.

샤먼은 보조령에게 일정한 역할을 부여한다. 죽은 사람을 저승인 '부니'буни로 인도할 때 물고기나 사슴이 샤먼의 보조령이 된다. 환자의 영혼을 공중에서 수색할 때는 새가, 물속에서 수색할 때는 물고기가, 땅에서 수색할 때는 사슴이 샤먼의 보조령이 된다. 그리고 샤먼이 병을 일으킨 정령과 싸울 때도 새가 보조령이 된다. 샤먼은 의례 동안 보조령 동물로 변신하거나 아니면 보조령 동물의 도움을 받아 그에게 부과된 임무를 수행하게 된다. 이를 위해 에벤크족 샤먼은 자신들의 보조령 동물의 모습을 모방한 새 유형, 사슴 유형, 곰 유형, 말 유형의 복장을 갖추어 입기도 한다.[59]

에벤크족 샤먼 북에는 앞에서 언급한 각종 동물 보조령 모습이 표현되어 있다. [그림1]에서 '위의 세계'를 형상화한 북 위쪽에 독수리로 보이는 새가 표현되어 있다. 독수리는 에벤크족 샤먼에게 '위의 세계'의 보조령으로 간주된다. 그래서 독수리를 죽이지 않을 뿐만 아니라 그 고기도 먹지 않는다. 또 금속으로 만든 독수리나 독수리 발의 형상을 샤먼의 복장에 매달기도 한다[60] [그림1]에는 북의 아래쪽에 정체가 분명하지 않은 새들도 표현되어 있다. 그러나 샤먼이 '아래의 세계'로 갈 때 물새가 그의 보조령이 된다[61]는 점을 고려하면 북 아래쪽의 새는 물새로 이해된다. 북의 아래쪽은 '아래의 세계'를 형상화하고 있기 때문이다. 그리고 [그림9]와 [그림10]의 새 형상물도 '위의 세계' 아니면

и Проблемы Происхожде ния Первобытных Верований , Москва-Ленинг рад, 1958, p.154.
59) Г. М. Василевич, op. cit., p.254.
60) А. И. Мазин, op. cit., p.78.
61) А. Ф. Анисимов, op. cit., p.154.

'아래의 세계'로 가는 샤먼의 보조령으로 생각된다.

[그림1]에서 북의 위쪽에는 샤먼의 '위의 세계'의 보조령인 사슴이 표현되어 있다. 이런 사슴은 [그림5]와 [그림6]에서도 나타난다. [그림1]에서는 샤먼의 '아래의 세계'의 보조령인 말이 표현되어 있다. 샤먼은 사슴을 타고 아니면 사슴으로 변신하여 '위의 세계'로 가고, 말을 타고 아니면 말로 변신하여 '아래의 세계'로 간다고 믿어진다. 그리고 [그림6]에서는 '위의 세계', '아래의 세계', '부니'로 가는 입구를 뒷다리로 서 있는 곰이 지키고 있다. 이 곰도 에벤크족 샤먼의 주요한 보조령 가운데 하나다.

[그림6]에서 북의 안쪽 테두리에 여섯 마리의 물고기 형상이 매달려 있다. 에벤크족 샤먼의 관념에 의하면, 물고기는 샤먼의 '아래의 세계'의 보조령으로 생각된다. 이런 관념은, 물 위를 헤엄치거나 물속으로 들어가는 물새가 샤먼의 '아래의 세계'의 보조령으로 간주되는 것과 유사하다.

5. 결론

에벤크족은 퉁구스족으로서 시베리아 전 지역에 걸쳐 거주한다. 이 민족의 문화는 고고학, 인류학, 종교학 등 다른 분야의 연구 성과로 미루어 볼 때 한반도 문화와 밀접한 관련성을 맺고 있다. 이런 점을 염두에 두고 에벤크족 샤먼 북에 나타난 그들의 세계관을 살펴보았다. 여기서 샤먼 북을 분석 대상으로 삼은 이유는, 첫째 다른 시베리아 민족들처럼 에벤크족 문화의 모태도 샤머니즘이고, 둘째 샤먼 의례에서 북

은 중요한 도구라는 점에서 북에는 샤머니즘에 바탕을 둔 그들의 전통
적인 세계관이 잘 반영되어 있을 것이기 때문이다.

에벤크족 샤먼 북의 유형은 외형을 기준으로 할 때 난형에 속한다.
이 유형은 동시베리아 민족들에게서 주로 나타난다. 이와 달리 샤먼
북의 손잡이 형태를 기준으로 할 때는 손잡이에 얼굴 형상이 없고, 십자형
손잡이가 가죽 끈으로 북 테에 매달려 있는 유형에 속한다. 특히, 후자
와 같은 손잡이 형태는 일반적으로 퉁구스족에게서 나타나는 유형이
다.

시베리아 샤먼의 각종 도구들은 의례 동안 샤먼을 트랜스 상태로 이끈
다음 그들 영혼의 비상과 여행을 가능하게 한다. 샤먼의 도구들 가운데
이런 기능을 가장 중심적으로 행하는 것은 북이다. 에벤크족의 북은
샤먼의 보조령이나 보호령 그리고 정령을 불러낸다. 또 불러내어진 보
조령이 임시로 거처하는 장소가 되기도 한다. 그런가 하면 샤먼이 죽은
사람의 영혼을 타계로 운반할 때 배 또는 뗏목의 구실을 하기도 한다.
이 때 북은 샤먼의 보조령 구실을 하는 동물로 간주된다.

에벤크족 샤먼의 북에는 그들의 세계관이 반영되어 있다. 첫째, 북의
외형에서 연상되는 것처럼 북은 '세계란'을 상징한다. 에벤크족 샤먼에게
있어서 '세계란'은 생명의 소유자를 의미한다.

둘째, '세계수'에 대한 관념이 표현되어 있다. 우선 '세계수'는 생명 또는
재생의 상징인 '생명의 나무'로 간주된다. 그리고 '세계수'는 '샤먼의 나무'
로도 간주된다. 이 때 '세계수'는 샤먼의 생명이나 힘과 관련되기도 하고,
샤먼의 타계 여행 통로 또는 희생물을 바치는 길과 관련되기도 한다.

셋째, 북에는 천체가 있고 신과 죽은 사람의 영혼이 사는 세계인 '위
의 세계'와 우리가 사는 세계인 '중간의 세계' 그리고 정령과 신, 죽은

사람들이 사는 세계인 '아래의 세계'가 형상화되어 있다.

넷째, 북에는 샤먼의 보조령이 토테미즘에서 유래된 동물 모습으로 표현되어 있다. 샤먼은 의례 동안 보조령 동물로 변신하거나 그들의 도움을 받아 죽은 사람을 저승으로 인도하거나 환자의 영혼을 수색한다.

시베리아 문화와 한반도 문화의 관련성은 여러 분야에서 밝혀지고 있다. 그 연구들의 결과를 종합적으로 살펴볼 때 한반도 문화는 범시베리아적인 문화의 영향 아래서 형성되었다고 할 수 있을 것이다. 이런 사실은 한반도 문화의 기층이 시베리아 문화에 있다는 것을 말해준다. 따라서 이상에서 논의된 것들도 결국에는 한반도 문화의 시원을 추적하는 일과 무관하지 않을 것이다.

Ⅳ. 시베리아 샤머니즘과 한국 민담의 모티프

1. 서론

샤머니즘의 본질은 그것이 전승되는 지역마다 심한 편차를 보인다. 그러나 그 편차에도 불구하고 하나의 지배적인 특징이 모든 전승지역에서 발견된다. 즉, 샤먼은 트란스trance에 빠지거나 또는 그 같은 상황을 연출한다. 그리고 이 때 그의 영혼은 육신을 벗어나 모험적인 여행을 떠나기도 한다. 이른바 샤먼의 영혼여행soul-journey이 그것이다. 샤먼은 트란스에서 깨어난 후 그의 영혼이 방문했던 초자연적인 세계, 즉 타계(他界) 또는 이계(異界)에서의 경험을 사람들에게 이야기한다. 샤먼의 영혼여행의 목적은 종종 영혼이 육신을 떠남으로 해서 질병에 걸린 환자의 영혼을 타계 또는 이계에서 찾아오는 것이다.1) 이같은 목적으로 시작된 영혼여행에 대한 여러 묘사들은 전통적인 샤머니즘적 모티프를 포함한다.

샤머니즘은 민담이나 서사시의 기초를 이룬다. 이런 관점에서 Walter Muschg는 샤먼들의 '초자연적 환상dämonische phantasie'을 유럽 시의 시작으로 보기도 하였다. 물론 여러 신화들도 샤머니즘적인 관념 위에서 태어났고, 많은 문학 작품들도 오랫동안 이 모티프들을 바탕으로 창작되었다.2)

이 같은 사정은 우리의 경우에도 마찬가지다. 우리 문화와 샤머니즘의 관련성이 고고학, 신화학, 그리고 민속학 등 여러 분야에서 폭넓게 논의되고 있기 때문이다. 특히, 김열규 교수는 우리의 문화를 시베리아 샤머니즘을 바탕으로 한 동북아의 문화맥락 속에서 깊이 있게 해석하였다.3) 신화, 민속, 그리고 고고학 등 다방면에 걸친 우리 문화에 대한

---

1) Hultkrantz에 의하면, 샤머니즘의 핵심 관념 가운데 하나는 이중적인 영혼관이다.(Å. Hultkrantz, "Shamanism and Soul Ideology", M. Hoppál ed., *Shamanism in Eurasia*, Part 1, Göttingen, 1984, p.34)이 영혼관에는 육신에 구속되어 그것을 떠날 수 없는 육신혼과 잠자거나 꿈꾸는 동안 육신을 이탈할 수 있는 자유혼이라는 양분적 대립이 내포되어 있다. 이럴 경우 일반인에게 있어 평상시의 영혼 탈신은 그들의 질병이나 죽음을 의미한다. 일반인의 질병이나 죽음이 각각 영혼의 일시적 상실이나 영구적 상실과 관련되어 있기 때문이다.
   Uno Holmberg, *The Mythology of All Races*, Vol. IV, New York, 1964, pp.473~476.
2) R. Grambo, "Traces of Shamanism in Norwegian Folktales and Popular Legends", *Fabula* Band 16, 1975, p.20.
3) 김열규,『한국민속과 문학연구』, 일조각, 1975.
   김열규,『한국신화와 무속연구』, 일조각, 1977.
   김열규, "한국 신화 원류 탐색을 위한 시베리아 샤머니즘 및 신화", 조흥윤·김택규·김열규·성백인,『한국 민족의 기원과 형성(하)』, 한림과학원총서 48, 1996. 참조.

그의 연구는 한민족의 역사와 문화의 근원을 이해하는 데 많은 시사점을 던져주고 있다.

그러나 구술문학과 관련된 이 방면의 연구들은 주로 상고대 신화를 대상으로 하고 있다. 이들 연구에서는 상고대 신화를 구성하는 샤머니즘적인 요소를 논의하는 데 그 초점을 맞추고 있다. 하지만 오늘날 우리의 문화 속에서 살아 숨 쉬는 샤머니즘의 흔적을 제대로 추적하기 위해서는 상고대 신화뿐만 아니라 민담에서 드러나는 샤머니즘적인 요소도 논의되어야 할 것이다. 민담은 신화와 달리 오늘날 우리의 생활 속에서도 살아 있는 전승물이기 때문이다. 지금도 생활 주변에서 전승되는 민담에 반영된 샤머니즘적인 요소를 추적함으로써 우리 문화에서 차지할 샤머니즘의 위상도 밝혀질 수 있을 것이다.

인간사회의 발전과정에서 초기단계를 표현하는 민담은 리얼리티, 즉 물질문화, 사회관계, 관습, 종교적 믿음 등을 반영한다. 민담이 일반적인 사회발전에 따른 영적이고 예술적인 표현의 형태로서 나타날 때, 인간정신의 환상적인 창조물로 간주되는 여러 요소들은 엄연히 믿어지는 하나의 현상으로 이해될 수 있다. 따라서 그런 민담들은 종종 샤머니즘적인 믿음과 관념을 반영한다고 볼 수 있다.[4] 따라서 민담에 반영된 샤머니즘적인 모티프를 살펴보는 것은 민담과 샤머니즘, 또는 그 민담이 전승되고 있는 문화와 샤머니즘 사이의 포괄적인 관계를 밝히는 것과 무관하지 않을 것이다.[5]

---

[4] E. Taube, "South Siberian and Central Asian Hero Tales and Shamanistic Rituals", M. Hoppál ed., M. Hoppál ed., *Shamanism in Eurasia*, Part 2, Göttingen, 1984, p.344.

[5] 민담에서 순수하고 근원적인 형태의 샤머니즘적인 특성을 발견하기는 매우 어렵다. 왜냐하면 민담은 다른 서사체와 마찬가지로 그 서사적 조직망narrative framework에 적합하도록 샤머니즘적인 모티프를 변화시키기 때문이다.
R. Grambo, op. cit., p.21.

이 글에서는 먼저 샤머니즘의 본질과 기원에 대한 기존의 논의들을 살펴보고자 한다. 이 결과는 상고대 한반도에서의 지배적인 종교 현상이 샤머니즘이었음을 보여줄 것이다. 이러한 논의 속에서 우리 민족의 생활과 함께해 온 민담에 샤머니즘적인 관념이 반영되어 있을 개연성이 드러날 것이다. 다음으로 이 같은 개연성 위에서 우리의 민담에 반영된 샤머니즘적인 모티프를 밝히고자 한다. 물론 여기서 드러나는 사실들은 단편적인 것에 불과하지만, 우리의 민담과 샤머니즘의 포괄적인 연관성을 보여주기에는 충분할 것이다. 마지막으로 영웅담hero tale의 플롯과 샤머니즘적인 의례의 플롯을 비교함으로써 샤머니즘을 바탕으로 하는 서사체의 전통도 논의하고자 한다.

2. 샤머니즘의 본질과 기원

샤머니즘의 본질은 복합적인 현상에 어떤 관점으로 접근하느냐에 따라 다르게 이해될 수 있다.[6] 그러나 샤머니즘은 지역에 따른 다양한 변이에도 불구하고 지배적이고 보편적인 속성을 지니고 있다.

샤머니즘은, 샤먼이 변화된 의식 상태에 빠짐으로써 엑스타시ecstasy를 성취하는 특별한 기교와 이 의식 상태에서 샤먼은 그를 돕는 보조령에 의해 동반된다는 믿음에 기초되어 있다. 이 엑스타시의 의식 상태에서 샤먼은 타계로 여행하거나 각종 의례에 정령들을 청하여 타계의 대표자와 직접적으로 의사소통할 수 있다고 믿어진다. 이것을 통해 샤먼은 정령에 의해 야기되

---

6) A.-L. Siikala, *The Rite Technique of the Siberian Shaman*, FF Communications, No. 220, Helsinki, 1978, pp. 11-30.

었다고 생각되는 위기에 빠진 사람들을 도울 수 있고, 영혼을 타계에 동반함
으로써 현실계와 타계의 매개자mediator로서의 역할을 수행하며, 혹은 타
계로부터 영혼을 데려 오기도 한다. 따라서 샤먼은 치료자healer, 수렵과 다
산의 후원자patron, 예언자diviner, 보호자guardian 등의 다양한 역할을 수
행한다.7)

샤머니즘적인 믿음shamanistic belief은 여러 다른 지역에서도 발견
되지만, 일반적으로 북유라시아나 시베리아의 그것을 '샤머니즘'이라고
부른다.8) 그러나 이 지역에 사는 민족들의 생태적·문화적 차이는 상
당하다. 그래서 기본적인 유사성에도 불구하고 각 민족의 샤머니즘적
인 믿음은 동일하지 않다. 이처럼 샤머니즘의 기원과 역사를 추적하는
것은 복잡한 문제지만, 샤머니즘은 일반적으로 북방 수렵민족의 애니
미즘적인 관념에 기초되어 있는 것으로 생각된다. 다른 한편으로, 영
혼의 비상과 타계로 여행하는 샤먼의 능력은 샤머니즘의 이념적 기
초로 간주되는 이중적 영혼관과 밀접히 관련된다. 이 믿음에 의하면, 사
람은 육신에 구속된 영혼과 잠자거나 트란스의 상태에서 육신을 자유
롭게 떠날 수 있는 영혼을 가지고 있다.9) 이와 같은 샤머니즘의 기본
적인 이념들, 즉 영혼 비상·영혼 이중관·동물 숭배의식 등과 같은
관념들의 분포로 미루어 볼 때 샤머니즘의 뿌리는 구석기 수렵문화에
있는 것으로 생각된다.10)

---

7) A.-L. Siikala, "Siberian and Inner Asian Shamanism", A.-L. Siikala and M. Hoppál,
   Studies on Shamanism, Budapest, 1992, p.1.
8) A.-L. Siikala, op. cit., p.15.
9) A.-L. Siikala and M. Hoppál, op. cit., p.1.
10) Ibid., p.2.
    M. Eliade도 엑스타시 경험, 영혼 비상을 샤머니즘의 기초로 간주하면서 샤머니즘은 동방의
    구석기시대의 유산에서 자라난 것으로 생각하였다.
    M. Eliade, *Shamanism: Archaic Techniques of Ecstasy*, Princeton Univ. Press, 1974,

'샤먼'Shaman이라는 말이 이미 3세기 전에 서구에 알려졌지만, 샤머니즘에 대한 연구는 아직도 혼미를 거듭하고 있는 실정이다. 그것은 샤머니즘이 국지적인 특수성과 세계적인 보편성을 동시에 포괄하고 있기 때문인 것으로 보인다. 이러한 사정을 반영이라도 하듯이 지금까지 샤머니즘과 그 현상에 대한 연구는 매우 다양하게 이루어졌다.

샤머니즘과 그 현상에 대한 연구는 주로 역사적 관점과 현상적 관점에서 이루어졌다. 이 가운데 샤머니즘적인 이념의 기원과 전개를 밝히는 역사적 연구는 샤머니즘과 종교 사이의 관계를 밝히는 문제와 밀접히 연관되어 있다. Bogoras는 샤머니즘을 하나의 종교로 연구하면서 샤머니즘이 어느 정도 종교의 발전을 보인다고 믿었다. 그래서 그는 Jochelson이나 Harva처럼 샤머니즘을 북아시아의 종교적 숭배의 표현으로 간주하였다. 반면에, Mikhajlovskij는 Findeisen이나 Diószegi처럼 샤머니즘을 종교의 보편적 형태로 보았다.

이와 달리, 샤먼의 제의 기교가 지닌 엑스타시적인 특성이나 샤먼의 가장 중요한 행위인 치료에 관심을 가지는 연구자들은 샤머니즘의 종교적 국면을 간과하면서 샤먼을 정신병자 또는 치료자로 생각하였다. Rychkov는 샤머니즘을 히스테리나 간질과 관련된 정신병리적 현상으로 간주하였다. 그러나 대부분의 연구자들은 샤머니즘이 매우 특별한 정신적 특성을 보이지만 주술이나 종교의 영역에 포함되는 하나의 현상으로 생각하였다.[11]

진화론자들은 샤머니즘의 이념적 기초로서 애니미즘을 강조하였다.

---

pp.3-17.
11) A.-L. Siikala, "The Interpretation of Siberian and Central Asian Shamanism", A.-L. Siikala and M. Hoppál, op. cit., p.19.

Stadling은 샤머니즘은 인류의 가장 원시적인 종교적 사고인 애니미즘적인 세계관을 표현한다고 하였다. 그러나 애니미즘적인 관념은 샤머니즘과 무관한 지역에서도 발견된다. 따라서 이것만으로는 샤머니즘적인 복합체shamanic complex를 설명하는 데 충분하지 않다.

그리고 Hultkrantz와 Paulson은 이중적인 영혼관을 샤머니즘의 핵심으로 보았다. 물론 Jochelson이 언급한 것처럼, 영혼의 개수나 기능으로 미루어 볼 때 시베리아 대부분의 민족들은 영혼의 이중성보다는 복합성을 보여준다. 그러나 수면이나 트랜스 동안 육신을 떠날 수 있는 영혼은 본질적으로 이중적이고, 그리고 이 이중적 영혼관이 샤먼의 타계여행이나 영혼의 상실과 관련된 질병을 설명할 수 있는 기본적인 조건이다.[12]

한편, 샤머니즘에 대한 현상적 접근은 샤머니즘적인 복합체를 샤먼의 엑스타시적인 행위 · 보조령의 체계 · 입무식의 환상 · 샤먼의 타계여행 · 샤머니즘적인 우주발생론의 특징 등과 같은 구성요소로 구분하고, 이 요소들의 문화—역사적 또는 지리적 관련성을 지적한다. 이 같은 현상적 접근에서 가장 중요한 문제는 샤머니즘의 특징 가운데 어떤 것을 가장 근본적인 것으로 간주하느냐 하는 것이다. 그 주장 가운데 하나는 Eliade, Hermanns, Christiansen, Closs, Siikala 그리고 Harner처럼 엑스타시의 역할을 샤머니즘의 가장 중요한 특징으로 간주하는 것이고, 다른 하나는 엑스타시가 종교적 현상으로서 포괄적이지 못하고 또 시베리아 샤머니즘을 총체적으로 설명하는 요소로서 충분하지 못하다는 것이다. 여기서 Eliade는 엑스타시ecstasy를 통해서만 샤먼의 영혼이 육신을 떠나 타계로 여행한다고 믿기 때문에, 정령이 샤먼의 육신으로 들어오는 접신possession을 비(非)—샤머니즘적인 특징으로 보

---

12) Ibid., p.20.

왔다. 이 문제에 대한 Findeisen의 반론이 없는 것은 아니지만, 샤먼의 영혼여행은 샤머니즘의 특별한 특징이다. 단지 샤먼의 영혼여행과 접신은 샤먼 자신과 타계 사이의 의사소통을 일컫는 기능적 차이일 뿐이다.[13]

이상의 샤머니즘에 대한 역사적, 현상적 논의에서도 알 수 있는 것처럼 샤머니즘은 영혼여행이나 이중적인 영혼관을 기본이념으로 하는 북유라시아, 시베리아 지역의 보편적인 종교현상이라고 할 수 있을 것이다.

3. 한국 민담의 샤머니즘적인 모티프

인류학, 민속학, 고고학, 언어학 등 인접학문들의 연구 성과로 미루어 볼 때, 우리 민족과 문화의 기원은 시베리아를 포함하는 동북아시아 문화권에 있는 것으로 생각된다.[14] 이 문화권은 이미 살펴 본 것처럼 샤머니즘이 지배적인 이념으로 나타나는 지역이다. 따라서 상고 한반도의 문화도 여러 고고학적 자료에서 나타나듯이 샤머니즘의 이념과 밀접한 관계를 맺고 있었던 것으로 보인다. 이 같은 상고대 한반도 문화의 배경을 고려할 때, 우리 민족의 시원과 함께했을 민간전승, 특히 민담에 샤머니즘적인 관념이 투영되어 있을 개연성은 더욱 커질 것이다.

그러나 민담에서 샤머니즘적인 믿음과 관련된 순수하고 근원적인 형태의 서사적 모티프를 찾기는 매우 어렵다. 왜냐하면 민담은 다른 서사

---

13) Ibid., p21.
14) 이선복·한영희·노혁진·박선주, 『한국 민족의 기원과 형성(상)』, 한림과학원총서 41, 1996.
조흥윤·김택규·김열규·성백인, 『한국 민족의 기원과 형성(하)』, 한림과학원총서 48, 1996. 참조.

체와 마찬가지로 그 서사적 조직망narrative framework에 적합하도록 샤머니즘적인 모티프들을 변형시켰기 때문이다. 그럼에도 불구하고 상고대 한반도 문화의 기층을 고려할 때, 민담의 서사적 모티프와 샤머니즘적인 믿음 사이에는 포괄적인 연관성이 있다고 해도 좋을 것이다.

1) 타계여행 otherworld journey 모티프

Thompson에 의하면, F0-F199는 타계여행 모티프이다.[15] 이 모티프는 이야기의 주인공이 어떤 목적을 달성하기 위해 자의적이든 비자의적이든 타계를 여행하는 내용을 포함한다. 타계는 천상계와 지하계, 그리고 이 세상 안의 또 다른 세계인 이계 등으로 구분된다.

민담 〈선녀와 나무꾼〉에는 이 같은 타계여행 모티프 가운데 주인공이 아내를 찾아 지상계에서 천상계로 올라가는 모티프가 포함되어 있다. 이때 주인공은 하늘에서 드리운 줄sky-rope이나 두레박sky-basket을 타고 천상계로 올라간다.[16]

시베리아 샤머니즘 및 신화의 핵심적인 모티프는 샤먼의 영혼이 행하는 타계여행 또는 영혼여행이다. 샤머니즘에서 샤먼의 영혼이 보조령의 도움을 받아 타계를 임의로 왕래하면서 초자연적 존재와 접촉하는 것을 타계여행이라고 할 경우, 타계의 내왕이 시베리아 샤머니즘 및 신화의 궁극적인 주제인 셈이다.

그런데, 샤먼의 타계여행을 가능하게 만드는 것은 자유혼에 대한 관

---

15) S. Thompson, *Motif-Index of Folk-Literature*, Indiana Univ. Press, 1955.
16) 이 이외에도 천상계 상승의 신화적 · 의례적 모티프의 변형으로는 주술적 비상 · 덩굴 · 줄기 · 사닥다리 · 나무 · 산 · 바위 · 구름 · 깃털 · 새 · 정령 · 말 · 무지개 · 안개 · 화살 등이 있다.
   S. Thompson, *Motif-Index of Folk-Literature*, Vol. 3, Indiana Univ. Press, 1955, pp.8-14.
   M. Eliade, op. cit., p.121.

넘이다.[17] 육신혼body-soul과 달리 사람이 살아 있는 동안에도 육신을 벗어날 수 있는 자유혼free-soul에 대한 관념이 전제되고서야 타계여행은 가능하기 때문이다.[18]

이처럼 자유로운 영혼의 탈신(脫身)을 수반한 타계여행이야말로 샤먼의 가장 위대하고 고유한 권능이라고 할 수 있다. 샤먼은 이 같은 타계여행을 통해 자신의 보호령으로부터 초자연적인 힘이나 주술적인 물건을 얻기도 하고, 죽은 사람의 영혼을 구제하거나 사자(死者)의 세계로 인도하기도 한다.[19]

샤머니즘의 구술전승에서는 다양한 방법으로 타계여행이 이루어지는데,[20] 그 가운데 샤먼은 하늘에서 땅으로 드리운 줄을 타고 천상계로 올라가기도 한다. 이때 줄이 그곳에 이르는 길인 셈이다.

---

17) 자유혼에 대한 관념을 보여주는 우리 민담과 속신의 예는 김열규, 『한국의 신화』, 일조각, 1977, pp.102-110, 참조.

18) Hultkrantz에 의하면, 육신혼과 자유혼이라는 영혼의 이중성에 대한 관념은 샤머니즘이 보편적인 종교현상으로 인식되는 시베리아에서 가장 명백하게 나타난다. 따라서 영혼의 이중성에 대한 관념은 샤머니즘에 그 기원을 두고 있고, 샤머니즘은 영혼의 이중성을 그 핵심적인 관념으로 삼고 있다고 할 수 있다.

Å. Hultkrantz, "Shamanism and Soul Ideology", M. Hoppál ed., *Shamanism in Eurasia*, Part 1, Göttingen, 1984, p.34.

19) Uno Holmberg, op. cit., p.523.

20) 다양한 방법에 의한 샤먼의 타계여행에 대해서는 다음 글을 참조.

H. M. Chadwick and N. K. Chadwick, *The Growth of Literature*, Vol. III, Cambridge, 1968, pp.192-218.

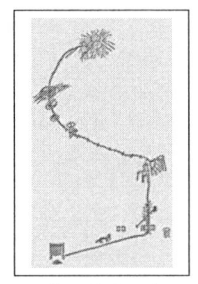

[그림1] 21)

[그림1]은 알타이 샤먼이 최고신 '바이 윌겐'Bai Ülgen이 있는 최상천 (最上天)에 이르는 길을 보여주고 있다. 알타이 샤먼의 입무식에서 샤먼 후보자는 가장 높은 하늘에 있는 황금산에 거주하는 최고신을 방문한다. 이 같은 종교적 드라마에서 행해지는 샤먼 후보자의 최고신 방문은 예 니세이 오스샤먼의 하늘 방문을 연상시킨다.22) 예니세이 오스샤먼은 '날개 달린 악마'의 도움으로 지하계를 여행하기 전에 먼저 천상계를 여행하는데, 이때 그는 줄을 타고 하늘에 오르고 있다고 노래한다.

또한 부리야트 샤먼의 입무식에서도 하늘 방문의 절차가 보인다.23) 부리야트의 전승에 의하면, 힘 있는 샤먼은 천막의 연기 구멍 밖으로 솟아 있는 나무 꼭대기와 천막 밖에 있는 나무를 연결하는 비단줄 위를 걸을 수 있었다고 한다. 물론 이 비단줄은 샤먼이 정령계spirit world인 하늘에 이르는 길의 상징적인 표현이다.

알타이와 에니세이 오스챡, 그리고 부리야트 샤먼의 의식에서 알 수 있는 것처럼 줄은 하늘로 통하는 길을 상징적으로 표현하고 있다. 따 라서 민담 〈선녀와 나무꾼〉에서 나무꾼이 줄을 타고 하늘로 올라가는

21) A. Lommel, *Shamanism : The Beginnings of Art*, New York · Toronto, 1967, p.97.
22) Ibid., pp.204-205.
23) Ibid., pp.205-206.

모티프는 이 같은 샤머니즘적인 모티프를 연상시켜 주기에 충분하다. 즉, 나무꾼이 줄을 타고 하늘로 올라가는 모티프에는 근원적인 형태는 아니지만 샤머니즘적인 관념이 반영되어 있을 것이다.

한편, 민담〈선녀와 나무꾼〉에는 지상의 남편이 선녀인 그 아내를 찾아 하늘로 올라가는 모티프가 포함되어 있다. 이 모티프는 요정인 아내가 한 아들을 낳은 후에 인간인 남편을 떠나는 모티프와 관련이 있다. 특히, 남편이 아내를 찾아 천상계 또는 지하계로 떠나는 모티프는 입무식을 반영하고 있다.[24]

마오리의 전승에 의하면, '토하키'tawhaki의 아내는 하늘에서 내려온 요정인데, 그녀는 첫아이를 낳은 후에 오두막 지붕 위에서 하늘로 올라가버렸다. 이에 '토하키'는 포도나무를 타고 하늘로 올라가서 그 아내를 만난 후에 다시 지상으로 되돌아왔다.[25]

텔레우트 샤먼도 하늘에 사는 아내를 가지고 있는데, '바이 윌겐'을 만나기 위해 천상계를 여행하는 동안 샤먼은 그의 아내를 만난다.[26]

이와 같이 아내를 만나기 위한 천상계로의 여행은 알타이 샤먼들의 입무식에서 흔히 보이는 '바이 윌겐'을 방문하기 위한 천계여행을 닮았다. 따라서 민담〈선녀와 나무꾼〉의 천계여행 모티프에는 샤머니즘적인 관념이 반영되어 있을 수 있다.

2) 구멍 hole · 동굴 cave 모티프

Thompson에 의하면, R0-R99는 납치captivity 모티프이고, R100-

---

24) M. Eliade, op. cit., p.78.
25) H. M. Chadwick and N. K. Chadwick, op., cit., pp.272-273.
26) M. Eliade, op. cit., p.76.

R199는 구출rescue 모티프이다. 이 모티프들은 주인공이 괴물에 의해 지하계로 납치된 공주를 구출하는 내용을 포함하고 있다. 이 때 주인공은 구멍이나 동굴을 통해 괴물이 사는 지하계로 내려간다.

민담 〈괴물에게 납치되어간 세 미녀〉(일명:지하국대적퇴치설화)에는 지하계에 이르는 통로로서의 구멍·동굴 모티프가 포함되어 있다. 이 같은 민담은 자료집에 따라 약간의 차이는 있지만, 그 대체적인 줄거리는 다음과 같다.

　① 여인이 괴물에게 납치당한다.

　② 여인의 부모는 딸을 구해줄 무사를 구한다.

　③ 무사는 부하와 함께 여인을 찾아 출발한다.

　④ 무사는 신령의 도움으로 괴물의 거처를 알게 된다.

　⑤ 무사는 좁은 구멍을 통하여 지하국에 도달한다.

　⑥ 무사는 괴물에게 잡혀온 여인의 도움으로 괴물의 집에 들어간다.

　⑦ 무사는 괴물을 죽이고 여인을 구출한다.

　⑧ 부하들이 무사를 지하에 남겨둔 채 여인을 데리고 가버린다.

　⑨ 무사는 신령의 도움으로 지상에 올라온다.

　⑩ 무사는 부하들을 처벌하고 여인과 혼인한다.

민담 〈괴물에게 납치되어간 세 미녀〉에서 무사는 신령의 도움으로 괴물의 거처와 그 곳에 이르는 방법을 알게 된다. 이 정보에 따라 무사는 바위 밑에 있는 구멍을 통해 괴물이 사는 지하계에 도달한다.

시베리아 샤머니즘적인 우주구성론에 의하면, 우주는 일반적으로 상계인 천상계와 중계인 지상계, 그리고 하계인 지하계로 이루어진다. 이럴 경우 구멍이나 동굴은 지하계에 이르는 통로로 생각된다.[27] 알타이

샤먼은 그 영혼이 타계여행을 수행할 때, '땅의 입'jaws of earth이라고
불리는 구멍을 통해 지하계에 도달한다.[28) 부리야트 샤먼도 바위 밑에
있는 구멍을 지하계로 들어가는 입구로 믿는다.[29)

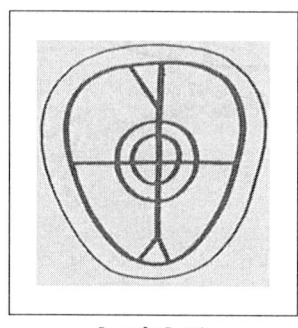

[그림2] 30)   [그림3] 31)

　　샤먼의 북의 형태와 거기에 그려진 그림은 샤머니즘의 이념들, 즉
우주발생론cosmogony과 우주구성론cosmology 등과 관련되어 있다.
따라서 샤먼의 북에 그려진 그림을 통해서 타계에 이르는 길과 관련된
샤머니즘적인 관념을 확인할 수 있을 것이다. [그림2]는 에벤크 샤먼의
북이다. 여기에 그려진 그림에서 가운데 있는 구멍은 '세계 또는 우주의
배꼽'navel of the world or universe으로서 샤먼이 타계를 여행할 때

---

27) 시베리아 샤머니즘에서 구멍이나 동굴이 반드시 지하계에 이르는 통로로 생각되는 것은
　　아니다. 강의 하류나 물밑이 지하계로도 생각되기 때문이다.
　　Uno Holmberg, op. cit., p.487.
28) H. M. Chadwick and N. K. Chadwick, op. cit., p.207.
29) Uno Holmberg, op. cit., p.489.
30) M. Jankovics, "Cosmic Models and Siberian Shaman Drums", M. Hoppál ed.,
　　Shamanism in Eurasia, Part 1, 1984, p.154.
31) G. Nioradze, *Der Schamanismus bei den Siberischen Völkern*, Strecker und Schröder
　　in Stuttgard, 1925, 이홍직 역, 『시베리아 제민족의 원시종교』, 신구문화사, 1976, p.111.

출입하는 입구로 믿어진다. 그리고 [그림3]은 예니세이 샤먼의 북이다. 이 북의 좌우에는 일곱 개의 선이 그려져 있는데, 이것은 동굴을 의미한다. 그들의 관념에 의하면, 사자의 영혼은 먼저 지하계로 간다. 이 때 사자의 영혼은 일곱 개의 선이 상징하는 동굴을 통해 그곳에 이를 수 있다.32)

[그림4] 33)

한편, [그림4]는 야쿠트 샤먼의 상의 장식 중 하나인 동제 또는 철제 인형이다. 원판은 지구를 상징하고 거기에 뚫린 구멍은 지구의 한 문을 상징하는데, 샤먼은 이 구멍을 통해 지하계에 갈 수 있다고 믿어진다. 이처럼 시베리아 샤머니즘에서 구멍이나 동굴은 일반적으로 샤먼이 타계에 이르는 통로로 관념된다.

구멍·동굴 모티프가 구성적인 특징으로 나타나는 이야기의 주인공은 지하계나 초자연적 세계에서 시련ordeal, 입사initiation를 경험한다. 이 때 주인공에게 부여되는 난제나 시련은 원시부족의 입사적 initiatory 시련에 그 기원을 두고 있다. 이 시련에 의해 주인공은 무지

---

32) Ibid., p.33.
33) Ibid., p.97.

의 상태를 벗어나 지혜를 얻게 된다.[34]

동굴은 선사시대부터 종교적인 의미를 가지고 있었다. 선사시대에 동굴은 입사식의 무대나 사자가 묻히는 장소로 사용되었기 때문이다. 실제로 오스트레일리아나 북미 샤먼 후보자들의 입사식에서 구멍이나 동굴은 중요한 역할을 수행하였다. 샤먼 후보자들은 이 동굴에서 그들의 보조령을 만나기도 하기 때문이다. 따라서 민담에 나타나는 구멍·동굴 모티프는 근원적으로 샤머니즘에서의 초자연적 경험과 관련된 것으로 보인다.[35]

3) 변신 metamorphosis 또는 변형 transformation 모티프

인간은 근원적으로 변신에 대한 소망을 지니고 있다. 그것은 바로 이 변신을 통해서 현실적인 한계를 초월하는 것이 가능하다고 믿기 때문이다.[36] 이러한 믿음 때문에 변신 모티프는 문학에서 수없이 되풀이되고 있는 것이다.

Thompson에 의하면, D0~D699는 변형 모티프이다. 이 항에는 다양한 유형의 변신 또는 변형 모티프가 포함되어 있는데, 이러한 사실은 이 모티프가 민간전승에서 매우 보편적인 모티프임을 말해 준다. 다시 말해서, 이 모티프는 전세계의 전승에서 발견될 뿐만 아니라 오래된 모티프들 가운데 하나라고 할 수 있다.

민담 〈소가 된 게으름뱅이〉에는 변신 또는 변형 모티프가 포함되어 있다. 이 민담에서 일하기를 몹시 싫어하는 사람이 소 머리 모양의 탈

---

34) M. Eliade, *Myth and Reality*, Harper, 1963, pp.195-196.
35) R. Grambo, op. cit., p.31.
36) 이재선, 『우리문학은 어디에서 왔는가』, 소설문학사, 1987, p.65.

바가지를 쓰자 소가 되어 버렸다. 여기에 탈을 매개로 한 변신 또는 변형 모티프가 그 서사적 기능을 다하고 있는 것이다.

물론 이 같은 모티프가 민담의 서사에서 직접적으로 샤머니즘적인 관념과 관련되어 있는 것은 아니다. 그러나 변신 또는 변형 모티프가 근원적으로, 아니면 부분적으로 샤머니즘적인 관념을 반영하고 있다고 보아도 좋을 것이다. 왜냐하면 샤먼이 동물형태로 변신할 수 있다는 믿음은 샤머니즘에서 매우 중심적인 관념이기 때문이다.[37]

특히, 이 민담에서처럼 탈을 매개로 한 변신 모티프는 샤머니즘적인 관념을 반영하고 있다. 탈mask은 샤먼의 의례에서 빈번하게 쓰인다. 예를 들면, 부리야트 샤먼은 나무나 가죽 혹은 금속으로 만들어진 큰 탈을 사용한다. 이때 이것들은 종종 동물의 형상으로 그려지기도 하고, 동물의 털로 장식되기도 한다. 또 코략 샤먼도 마찬가지로 나무로 만들어진 탈을 사용한다.[38] 샤먼들은 이 탈을 씀으로써 동물형태로 변신할 수 있는 능력을 지닌 사람으로 믿어진다. 탈은 샤머니즘에서 샤먼의 변신 혹은 변형을 유도하는 중요한 도구인 셈이다.[39]

---

37) A.-L. Siikala, "Shamanic Themes in Finnish Epic Poetry", A.-L. Siikala and M. Hoppál, op. cit., p.82.
38) A. Lommel, op. cit., p.109.
39) 샤먼의 변신은 탈뿐만 아니라 각종 도구들, 즉 장갑·신발·모자·의복 등에 의해서도 이루어질 수 있다. 이 문제에 대해서는 Uno Holmberg, op. cit., pp.512-523, 참조.

[그림5] 40)

　[그림5]는 프랑스 동굴에서 발견된, 탈을 쓰고 춤추는 샤먼의 그림이다. 샤먼의 가장 오래된 초상을 보여주는 이 그림에서 샤먼의 동물형태로의 변신을 확인할 수 있다. 샤먼은 이 같은 변신을 통해 동물형태로 나타나는 보조령이 되어 사냥을 돕기도 하고 타계여행을 수행하기도 한다.

　이와 같은 동물형태의 탈을 매개로 한 샤먼의 변신은 시베리아에서 발견된 암각화에서도 확인된다.

[그림6] 41)

[그림7] 42)

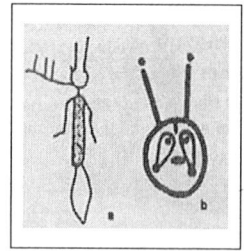

[그림8] 43)

---

40) A. Lommel, op. cit., p.108.
41) M. Hoppál, "On the Origin of Shamanism and the Siberian Rock Art", A.ㄱL. Siikala and M. Hoppál, op. cit., p.142.
42) Ibid., p.139.
43) Ibid., p.143.

[그림6]은 곰 머리 형상, [그림기]은 새 머리 형상, [그림8]은 사슴뿔 형상의 가면을 쓴 샤먼의 이미지를 잘 보여주고 있다. 이럴 경우 곰과 새, 그리고 사슴은 시베리아 샤머니즘에서 타계를 내왕할 수 있다고 믿어지는 우주동물cosmic animal들이다. 이 동물들은 샤먼이 타계를 여행할 때 안내자 구실을 하기도 하고, 또는 샤먼이 직접 이 동물들로 모습을 바꾸어 타계를 여행하기도 한다.[44] 이 같은 샤먼의 변신에서 곰·새·사슴뿔의 형상을 한 탈은 매우 중요한 구실을 하고 있다.

이상에서 알 수 있는 것처럼 민담 〈소가 된 게으름뱅이〉에 보이는 탈을 매개로 한 변신 모티프는 샤머니즘에서의 샤먼의 변신 모티프의 잔영을 내포하고 있는 것으로 보인다.

4) 보조동물 helping animal 모티프

Thompson에 의하면, B300~B349는 보조동물 모티프이다. 이 모티프는 모험을 수행 중인 주인공이 위험과 굶주림에 빠진 동물을 구해준 대가로 그들로부터 도움을 받거나, 시련에 처한 주인공이 자신의 도덕적 선에 대한 보상으로 그들로부터 도움을 받는 내용을 포함하고 있다.

민담 〈얼음 속의 잉어〉에는 이 같은 보조동물 모티프가 포함되어 있다. 병든 홀어머니를 모시고 사는 딸이 어머니의 병을 치료하는 데 효험이 있을 거라고 계시된 잉어를 구하기 위해 추운 겨울 집을 나섰다. 그러나 딸은 그 잉어가 어디에 있는지, 또 어떻게 잡을 수 있는지를 몰랐다. 이때 호랑이의 변신인 개가 나타나 딸을 잉어가 사는 연못으로

---

44) 김열규, 『한국신화와 무속연구』, 일조각, 1977, p.30.

인도했을 뿐만 아니라 직접 물속으로 뛰어들어 잉어를 물고 나왔다. 이럴 경우 개는 주인공의 도덕적 선에 대해 보상하는 보조동물로서 그 서사적 기능을 다하고 있다.

그런데 이 보조동물 모티프에는 샤머니즘적인 관념이 반영되어 있다.

[그림9] 45)

[그림9]는 하카스 샤먼의 북에 그려진 그림이다. 이 그림은 가운데 있는 줄무늬 수평선에 의해 두 부분으로 나뉜다. 윗부분은 상계upper world를 의미하고, 아랫부분은 하계lower world를 의미한다. 그리고 가운데 줄무늬 수평선은 중간계middle world, 즉 지상계에 해당한다. 이 삼계에서 상계에는 새가 그려져 있고, 하계에는 사슴이 그려져 있다. 이 동물들은 각각 샤먼이 상계와 하계를 여행할 때 샤먼의 영혼 그 자체이거나 샤먼의 영혼을 인도하는 보조동물이다.

이 그림에서처럼 샤먼은 일반적으로 동물형태, 또는 인간형태의 보조령을 가지고 있다. 샤먼은 모든 곳에서 그 보조령들을 불러낼 수 있고, 또 그 보조령들은 샤먼의 목소리를 통해 인간에게 직접 말도 할 수 있다. 이 같은 행위를 통해 샤먼은 동물과 존재의 양식을 공유하기도

---

45) M. Jankovics, op. cit., p.173.

하고, 인간과 동물의 분화가 일어나지 않은 태고의 상황을 재창조하기도 한다.[46) 따라서 민담에 나타나는 주인공과 보조동물 사이의 밀착된 관계는 이 같은 샤머니즘적인 관념을 반영하고 있는 것으로 보인다.

5) 우주수 cosmic tree 또는 세계수 wrold tree 모티프

Thompson에 의하면, A652는 세계수 모티프이다. 이 모티프는 하계로부터 상계로까지 닿아 있는 나무에 대한 내용을 포함하고 있다. 이 세계수는 '세계의 축'의 상징이면서 샤먼이 타계로 여행할 때 사용하는 무수(巫樹)이기도 하다.

이 같은 세계수의 흔적을 민담 〈해와 달이 된 오누이〉에서 찾아 볼 수 있다. 이 민담에서 호랑이에게 쫓겨 나무 위로 피신한 오누이는 하늘에서 내린 줄을 타고 상계로 올라가고 있다. 이럴 경우 그 나무는 타계로 갈 수 있는 통로 구실을 다하고 있기 때문에 세계수의 흔적을 가지고 있는 것으로 보인다.

[그림10] [47)

---

46) M. Eliade, op. cit., pp.88–95.
47) M. Jankovics, op. cit., p.169.

[그림10]은 셀쿱 샤먼의 북에 그려진 그림이다. 이 그림은 세계수가 상계와 하계를 연결하면서 세계의 축이 되고 있음을 보여준다. 이럴 경우 세계수는 하늘과 땅의 매개자 구실을 하게 된다. 일반적으로 천 상계·지상계·지하계의 삼계 사이의 통행은 이 세계수를 통해서 가 능한 것으로 믿어진다. 따라서 샤먼은 타계를 여행하고자 할 때 세계 수를 오르기도 하고 그 뿌리들 사이의 구멍을 통해 아래로 내려가기도 한 다.[48] 이런 점에서 민담 〈해와 달이 된 오누이〉에 보이는 나무는 세계 수에 대한 샤머니즘적인 관념을 반영하고 있는 것으로 보인다.

이 이외에도 민담의 모티프 가운데 샤머니즘적인 관념을 반영하고 있는 것으로 보이는 모티프로는 '영혼 피신 모티프'[49], '영혼 동물 모티 프'[50], '질병 퇴치 모티프'[51], '말하는 동물 모티프'[52], '주술적 도구 모 티프'[53] 등이 있다. 이 모티프들은 지면을 달리하여 자세히 논의하고

---

48) Ibid., p.158.
49) 나나이의 믿음에 의하면, 아이들의 질병이나 죽음을 예방하기 위하여 그 부모들이 아이를 샤먼에게 맡기는데, 이때 샤먼은 은신처에서 그 아이의 영혼을 질병이나 죽음으로부터 안전하게 보호한다고 생각한다.
A. V. Smoljak, "Some Notions of the Human Soul among the Nanais", V. Diószegi and M. Hoppál ed., *Shamanism in Siberia*, Budapest, 1978, pp.443~444.
50) 자유혼에 대한 관념을 바탕으로 사람의 영혼이 쥐나 뱀 등 동물형태로 형상화되는 것은 샤먼의 변신과 관련되어 있다.
R. Grambo, op. cit., pp40~42.
51) 샤머니즘의 질병관과 생사관에 의하면, 영혼의 일시적 상실은 질병을 초래하고 그것의 영구적 상실은 죽음을 초래한다. 따라서 상실된 영혼의 회복은 곧 치유와 생명을 의미한 다. 또 질병은 질병령의 몸속 침입으로 설명되기도 하는데, 이때 몸속에 침입한 질병령을 제 거함으로써 질병이 치유될 수 있다고 믿기도 한다.
Uno Holmberg, op. cit., pp.472~482.
52) 샤먼은 트랜스 동안 모든 자연의 언어를 이해할 수 있는 사람으로 믿어진다는 점에서 민담에 보이는 말하는 동물 모티프는 샤머니즘적인 관념을 반영하고 있는 것으로 보인다.
R. Grambo, op. cit., pp.25~26.
53) 민담에서 주인공이 획득하여 사용하는 주술적인 도구들은 근원적으로 샤먼의 복장, 북, 지팡이 등 주술적인 도구들과 유사하다.
Ibid., pp.21~25.

자 한다.

4. 샤머니즘과 서사체의 전통

Chadwick이나 Bowra는 여러 민족들의 문학사에는 '영웅적 시대'가 존재하고 있었다는 것을 전제하면서 영웅은 특정인물이 등장하고 있는 문학에서 가장 요긴한 주인공임을 지적하였다.[54] 이럴 경우 영웅의 등장을 가능하게 하는 일반적인 세계상황, 즉 과도기적 불안, 미달성의 문제를 눈앞에 두고 있는 동요, 혹은 무엇인가가 형성되어 가고 있는 혼돈이 영웅문학적인 사건이 일어나는 배경이다.[55]

이 같은 배경 속에서 행동과 모험, 용감한 헌신 그리고 고귀한 전범 등에 대해 찬미한 작품을 영웅담hero tale이라고 한다면, 그것의 소재 전통은 신화시대를 거쳐 역사시대에 이르기까지 계속 이어지고 있다고 보아도 좋을 것이다. 인간의 삶이 계속되는 한 영웅의 등장을 요구하는 세계상황은 끊임없이 초래될 것이고, 아울러 그들에 관한 이야기도 끊임없이 창조될 것이기 때문이다. 따라서 영웅담의 역사는 매우 길고, 또한 그것의 보편성은 매우 크다고 할 것이다.

이 같은 영웅담은 전세계적으로 다양한 변이형들을 보여주는데, 그것의 공통된 유형은 일반적으로 다음과 같이 정리될 수 있다.[56]

---

54) H. M. Chadwick and N. K. Chadwick, *The Growth of Literature*, Vol. Ⅰ・Ⅱ・Ⅲ, Cambridge, 1968.
   C. M. Bowra, *Heroic Poetry*, London, 1961.
55) 김열규, 『한국신화와 무속연구』, 일조각, 1977, p.249.
56) E. Taube, op. cit., p.345.

① 재난이 발생한다.(불길한 꿈 또는 징조, 갑작스러운 공격, 폭력
  이 수반된 약탈, 유괴 등등)
② 영웅이 적을 찾아서 처벌하고 전멸시키기 위해 탐색을 시작한다.
③ 장애물이나 고난을 극복한 후에 영웅은 초자연적인 적을 만나
  싸워서 그를 정복한다.
④ 영웅은 빼앗긴 물건이나 유괴된 사람을 찾아서 되돌아온다. 그
  리고 최초의 상태가 회복된다.

이러한 영웅담의 근본적인 유형은 본질적으로 샤먼의 의례에서 샤
먼의 행위와 일치한다. 재난이 발생하면, 샤먼은 최초의 상태를 회복
하기 위해 그 이유를 알아내야 하고 그 재난을 야기한 적을 찾기 위해
험난한 탐색을 수행해야 하며 그 적을 전멸시키기 위해 그와 싸워야
한다. 이 과정에서 샤먼은 입무식을 통해 획득한 보조령의 도움을 받
아 타계에서 사악한 정령들과 싸워 빼앗긴 영혼을 되찾는다. 따라서
영웅담의 플롯은 근본적으로 샤머니즘의 의례 구조와 일치한다고 할
수 있다.

그리고 영웅담의 플롯과 샤먼의 의례의 관련성은 그 플롯과 관련된
모티프에서도 확인될 수 있다. 영웅담에서 주인공은 종종 주술적인 방
법으로, 또는 예기치 않게 노부부의 아들로 태어난다. 또 주인공은 매
우 빠른 속도로 자라게 되는데, 이와 같은 초자연적 환경은 어떤 사람
이 미래의 샤먼으로 노부부에게서 태어나는 것과 관련된다. 또 영웅담
에서 주인공은 조상령으로부터 말, 무기, 옷 등 주술적인 도구를 제공
받는데, 이것은 샤먼이 초자연적인 방법으로 보조령으로부터 북이나
옷을 부여받는 것과 관련된다. 그리고 영웅담의 주인공과 샤먼은 여러

동물형태로 변신할 수 있는 적을 추적한다. 이럴 경우 동물형태의 보조령은 샤먼이 타계를 여행하고자 할 때 그에게 도움을 준다. 이 모티프는 영웅담에서 주인공이 신화적인 동물형태로 타계를 여행하는 것과 관련된다. 마지막으로 샤먼은 입무식에서 타계를 여행하여 잃어버린 영혼을 되찾아 돌아온다. 이 같은 모티프는 영웅담에서 주인공이 괴물에게 유괴된 사람을 타계에서 되찾아 돌아오는 것에 반영되어 있다. 따라서 영웅담의 플롯과 샤먼의 의례는 그 유형이나 모티프의 측면에서 매우 밀접히 관련되어 있는 것으로 보인다.

5. 결론

샤머니즘의 본질과 기원에 대한 기존의 논의들을 살펴 볼 때, 상고대 한반도의 지배적인 종교 현상이 샤머니즘이었음을 알 수 있었다. 이러한 맥락 속에서 우리 민족의 삶과 함께해 온 민담에 샤머니즘적인 관념이 반영되어 있을 개연성은 더욱 커질 것이다. 이 글에서는 이 같은 관점을 바탕으로 우리의 민담에 반영되어 있을 샤머니즘적인 모티프를 밝혀보고자 하였다.

샤머니즘의 본질과 기원은 그 복합적인 현상에 어떻게 접근하느냐에 따라 매우 다르게 이해될 수 있다. 그러나 샤머니즘은 그것이 전승되는 지역에 따라 다양한 변이들을 보여주고 있음에도 불구하고 지배적이고 보편적인 속성을 가지고 있다. 즉, 샤머니즘은 샤먼의 영혼여행이나 이중적인 영혼관을 핵심 관념으로 하는 북유라시아 또는 시베리아의 보편적인 종교 현상이라 할 수 있다.

상고대 한반도 문화의 배경을 고려할 때, 우리의 민담에는 샤머니즘
적인 관념이 반영되어 있을 개연성이 매우 크다. 그러나 이 같은 민담
에서 샤머니즘적인 믿음과 연관된 순수하고 근원적인 형태의 모티프
를 발견하기는 매우 어렵다. 민담은 다른 서사체와 마찬가지로 그 서
사적 조직망에 적합하도록 모티프들을 변형시키기 때문이다. 그럼에
도 불구하고 상고대 한반도 문화의 기층을 고려할 때, 민담의 여러 모
티프와 샤머니즘적인 믿음 사이에는 포괄적인 연관성이 개재되어 있
다. 이러한 관점에서 볼 때, 민담에 반영된 샤머니즘적인 모티프로는
타계여행 모티프, 구멍·동굴 모티프, 변신·변형 모티프, 보조동물 모
티프, 우주수·세계수 모티프 등을 들 수 있다. 이 모티프들은 한결같
이 샤머니즘적인 믿음과 밀접히 관련되어 있는 것으로 보인다.

주인공의 행동과 모험, 용감한 헌신, 그리고 고귀한 전범 등에 대해
찬미한 이야기를 영웅담이라고 할 때, 그것은 여러 민족의 문학사에서
오랜 전통을 보여주는 문학양식이다. 이 같은 영웅담의 플롯은 그 유
형과 모티프에 있어서 샤머니즘의 그것과 일치한다. 따라서 샤머니즘
은 영웅담을 포함하는 서사체의 원형 구실을 다하고 있다고 할 수 있
을 것이다.

Studies on Myths of the Manchu–Tungus in Siberia

by

Kwak, Jin Seok

College of Humanities and Social Science

Pukyong National University

JISIKgwaGYOYANG

Seoul, 2011

CONTENS

I. Studies on Myths of the Manchu-Tungus in Siberia

Overview of the Manchu-Tungus in Siberia

Myths and Beliefs of the Orochi in Siberia

Myths and Beliefs of the Ulchi in Siberia

Myths and Beliefs of the Udeges in Siberia

Myths and Beliefs of the Nanays in Siberia

Myths and Beliefs of the Evenks in Siberia

Myths and Beliefs of the Evens in Siberia

World View of the Manchu-Tungus in Siberian Myths and Beliefs

II. Myths and Shamanism in Siberia

Aspects and Patterns of Bear Myths of the Manch-Tungus in Siberia

Meaning of Bow and Arrow in the Siberian Myths and Rituals

World View in the Evenks Shamans's Drums

Siberian Shamanism and Motifs in Korean Folktales

Ⅰ.Studies on Myths of the Manchu-Tungus in Siberia

Myths and Beliefs of the Orochi in Siberia : Some patterns of Orochian myths tell about the creation or appearance of the earth, the creation of human beings and the control of the extra suns and moons. These patterns can be included in the category of Creation myth, and they show there is any similarity with Korean Creation myth. There are also some Orochian totemic myth which show what they think about the relatives of animals. Within this patterns of myths bears and tigers are worshiped as their ancestors.

Orochian traditional belief is shamanism. Therefore they believe in the absolute powers from a shaman and took it for granted that he can control them. A shaman performs ceremonies, using many various sorts of tools such as drums, crowns, spears, canes and etc. These ceremonies, which can be devided into initiatory ceremony, hunting ceremony, healing ceremony, ceremony to convoy soul to the Underworld, and ceremony to thank helping spirit or guarding spirit, are thought to be related to ones which are carried out in Korean shamanism.

According to Orochian view of universe, soul, and disease, they think that people can live in the Underworld, which is directed by good and evil. This thought makes this tribe believe that after they die, their soul are sent to another world, and can achive immortality. When the soul of the dead can't go to the Underworld, a shaman can lead them to the Underworld by performing some ceremonies. Their view of the disease show that they have the belief that the disease should be caused by evil spirits, who steal people's soul and occupy their body. Orochian beliefs in universe, soul and disease have some similarity with thoughts within Korean shamanism.

Myths and Beliefs of the Ulchi in Siberia : Ulchi's religions are based on animism, totemism and shamanism. They think that the things around them are the presentations of a good spirit and a bad spirit, and their fates are controlled by their will. They think there isn't any border between a human beings and a animal, according to view of animism. And they also think that a shaman can cure the patiences, guide their souls to the other world and predict what will happen in their future by performing a special ritual.

Ulchi's myths are classified as following ; Cosmogonic myth including the tenor concerned with the origins of earth, human beings and animals, with astronomy, and with natural phenomena, spiritual myth including tenor consists of the worship spirits of the nature, totemic myth including tenor about the agents related to human and animal's world, and shamanic myth including tenor concerned with special authority of shaman.

According to the Ulchi's view of universe, they consider the world consists of the heavenly world, the earthly world and the underworld. Soul does not get into certain shape, was given to a man by ancestor. They think that man's soul leaved body after his death settle in animal or thing, according to their view of animism. It is believed that they get ill when they lose their souls temporally, according their view of disease.

Myths and Beliefs of the Udeges in Siberia : Udeges's myths are classified as following; Cosmogonic myth including the tenor concerned with the origins of the earth, human beings and animals, with astronomy, and with natural phenomena, totemic myth including tenor about the agents related to human and animals' world, spiritual myth including tenor consists of the worship of spirits of the nature, and shamanic myth including tenor concerned with special authority of shaman.

Udeges's religions are based on animism and shamanism. They think the things around them are the presentations of a good spirit and a bad spirit, and their fates are controlled by their wills. They also think that a shaman can cure the patiences, guide their souls to the other world and predict what will happen in their future by performing a special ritual.

According to the Udeges's view of universe, they consider the world consists of the heavenly world, the earthly world, and the underworld. A person has two souls in the light of their view of soul. It is believed that they get sick when they lose their souls temporally, or a bad spirit invades their bodies and occupies them, according to their view of diseases.

Myths and Beliefs of the Nanays in Siberia : I would tell about myth and belief of Nanays:

First, I would study the creation myth of Nanays in the dimensions of mytheme which are related to 'creating earth', 'creating human being' and 'regulation of sun-moon.'

Secondly, I would look into the healing rites of Nanays in terms of the common structure of shamanic rites.

Then, I would analyze the structure of creation myth and healing rites in Nanays with Korean's comparing them with the those of Korean.

Finally, I would examine their views of cosmos and disease which reflect Nanays' creation myth and healing rites.

The lower Amur River and the Maritime Province of Siberia which Nanays inhabit are an old territory of Buyeo, Kokuryeo and Balhae. These have been related to ancient Korean Peninsula. These remains which have been found can prove these relations between them. Therefore, examining the myth and belief of Nanays have something to do with the origin of our myth and belief. Furthermore that would have something to do with the origin of our culture.

Myths and Beliefs of the Evenks in Siberia : Siberian Evenks myth and their religious belief are closely related. As Evenks society system had changed from matriarchal society toward patriarchal society, totemism that consisted of religious superstructure of Evenks matriarchal society was collapsed and shamanism newly appeared. These changes of Evenks society and their religious belief were reflected on Evenks myths.

With falling down of totemism, totemic animals which were once worshiped were simply considered as a general, pan-ethnic feature connected with creation. With the appearance of shamanism, totemic animals were descended into an assistance of shaman spirits. Also cosmogony, cosmology and pre-shamanistic ideology were replaced with shamanistic ones, or these two ideologies existed in one myth together.

Myths and Beliefs of the Evens in Siberia : 'Urkachak', the bear festival of the Evens in Siberia consists of three parts; the bear hunts with magic, the group ate of bear meat and the ritual revival of bear. The first part of the bear festival, the bear hunts with magic, is sequenced in 'the ready for bear hunt', 'bear hunt', 'to let people know about success in bear hunt' and 'conveying bear meat'. The second part, the group ate of bear meat, is sequenced in 'the ready for bear meat', 'eaters sitting', 'bear meat eating' and 'pastime'. At last part, the ritual revival of bear is sequenced in 'enshrinement of bear bone and skull' and 'decorate on bones and skull'.

The bear festival of the Evens which illustrates bear totem mostly well is based on totemic characteristics. It is why totemic characteristics reflected on all sorts of magic, lots of taboos, and worrying about increasing totemic animals in bear festival. Also the common notion of transformation from human being into bear represents totemic characteristics, too.

II. Myths and Shamanism in Siberia

Aspects and Patterns of Bear Myths of the Manchu-Tungus in Siberia : What bear means religiously and mythically is very important to understand Siberian culture, because bear is very core in Siberian rite and myth.

Siberian Manchu-Tungusic bear myth should be classified as follows: I. myth telling about marriage raw, II. myth explaining making rite, III. myth explaining birth of spirit, IV. myth telling origin of tribe, V. myth explaining bear worship, VI. myth explaining appearance of human or animal, VII. myth explaining natural phenomenon.

As 'Bear Festival' that was performed in the whole Siberia shows Siberia Manchu-Tungusic bear myth are formed on the base of bear worship. In animism, bear was worshipped as spirit of nature like 'lord of forest' or 'people of forest'. In totemism, bear was worshipped as totem of their tribe such as 'first forefather' or 'first mother'. And in shamanism, bear was worshipped helping spirit or protecting spirit of shaman. Like those bear worships were the matrix of making Siberia Manchu-Tungusic bear myth.

Meaning of Bow and Arrow in the Siberian Myths and Rituals : A bow/arrow has a various function and meaning in Siberia myth and ritual.

In Siberia Cosmogonic myth, a bow/ archery is related to shamanistic tools or actions to adjust many suns and moons or to take back the lost sun or to make and begin new things. In totemic myth, a bow/ archery is related to shamanistic tools or actions which kill totem. In shamanic myth, a bow/ archery is related to shamanistic tools or actions of shaman or God.

In Siberia's various ritual, that is, traditional childbirth customs, marriage ceremony, funeral ceremony, a bow/arrow has important functions and meanings. In traditional childbirth customs, a bow/arrow defeat evil spirits that steal little children. In marriage ceremony, an arrow means 'the soul of man' or a bridegroom. A bow/arrow has an important role in funeral ceremony. At this time, a bow/arrow defeat evil spirits from funeral attendants and the deceased.

In various ritual, a bow/arrow, which has been important functions and meanings, connotes diverse themes in association with hunting ritual and marriage ritual in Siberia rock paintings.

World View in the Evenks Shamans's Drums : The Evenks shaman drums belong to oval type externally. The grip of drums has no head shape on its grip, but the cross grip hangs on the rim of drums by leather straps. Evenks shaman drums played role which called up shaman's helping spirit, guarding spirit and other spirits during their rite. Also these drums could be temporary dwelling of helping spirit, and also had to a function of boat or raft which transport the shaman to the other world in their rite as well.

Evenks's world view reflected to their shaman drums.

First, Evenk's shaman drums symbolized world-egg shape externally.

Second, these drums represented 'world-tree' that is 'tree of life' or 'shaman tree'.

Third, these drums took shapes in 'three worlds; 'upper world', 'middle world' and 'lower world'.

Finally, these drums represented helping spirit with animal shapes which helped shaman to accomplish shaman's task in the rite.

The relationship between the Siberian culture and the Korean Peninsula one has been known in various field of culture study. These points tell us that the Korean Peninsula culture based on the Siberian culture. I hope this paper is useful to trace back Korean Peninsula's source.

Siberian Shamanism and Motifs in Korean Folktales : As we consider the foundation of the pre-historic Korean culture. There is a inclusive correlation between many motives of Korean folktales and the shamanistic belief. From this point of view, there are many shamanistic motives reflected in Korean folktales. These are otherworld-journey motif, hole-cave motif, helping animal motif, and cosmic tree-world tree motif etc. I think that these motives have a close correlations with the shamanistic belief.

The hero tale which has a literary mode having a long tradition is equal to shamanism in the type and the motif. So I think that shamanism includes such archetype of narrative as hero tale.

索引

지은이

곽진석

1958년 경남 의령 출생

서강대학교 대학원 국어국문학과 석사, 박사 졸업

러시아 과학원 시베리아 지부 고고학 · 민족학 연구소 객원연구원

현) 부경대학교 국어국문학과 교수

[저서]

『한국민속문학형태론』, 『이야기 구성론』, 『시베리아 만주-퉁구스족 신화』,

『신삼국유사』 등 다수

시베리아 만주-퉁구스족 신화론

초판 인쇄 ㅣ 2011년 3월 30일
초판 발행 ㅣ 2011년 3월 30일

저   자 곽진석

인 지 는
저 자 와 의
합 의 하 에
생 략 함

책임편집 홍선아

발 행 처 도서출판 지식과교양
등록번호 제 2010-19호
주   소 서울시 도봉구 창5동 320번지 행정지원센터 B104
전   화 (02) 900-4520 (대표)/ 편집부 (02) 900-4521
팩   스 (02) 900-1541
전자우편 kncbook@hanmail.net

ⓒ 곽진석 2011 All rights reserved. Printed in KOREA

ISBN 978-89-94955-09-4 93700   **정가** 20,000원

이 도서의 국립중앙도서관 출판도서목록(CIP)은 e-CIP홈페이지(http://www.nl.go.kr/ecip)에서 이용하실 수 있습니다. (CIP제어번호: CIP2011001392)